Miguel Ruano

ECOURBANISMO
ENTORNOS HUMANOS SOSTENIBLES: 60 PROYECTOS

ECOURBANISM
SUSTAINABLE HUMAN SETTLEMENTS: 60 CASE STUDIES

GG®

A Anatxu, por todo

Agradecimientos

El EcoUrbanismo es aún un campo relativamente joven y no muy bien documenta-do. El autor está agradecido a muchas personas que han proporcionado informa-ción y un primer contacto con proyectos frecuentemente poco conocidos; todos ellos merecen reconocimiento pues, sin su contribución, este libro sería muy diferente.

Marisa Bartolucci, *Metropolis;* John Bassett, W.T. Partnership; Peter Berg, Planet Drum Foundation; Annette Blegvad, The Road from Rio; Lluís Boada, director dels Programes de Medi Ambient, Ajuntament de Barcelona; Nico Calavita, San Diego State University; Prof. Roger W. Caves, School of Public Administration and Urban Studies, San Diego State University; Manuel Cendagorta, Antonio de la Cuesta & Guillermo Galván, ITER; Carlos Ceneviva, Liana Vallicelli, Suzana Villagra, Norberto Stavisky & Cleon Ricardo dos Santos, Curitiba; Michael N. Corbett, Town Planners; Ashley Dobbs, Acorn Televillages; Silvia Duràn, KrTU, Generalitat de Catalunya; Josep Maria Ferrer Arpí, Montse Matutano & Toni Puntí, TV3-Televisió de Catalunya; Andrés Font & Rosa Vilanova, ParcBIT, Govern Balear; Paul Gagliardo and Laurel Munson, City of San Diego Water Utilities Dept.; Dr. Mark D. Gross, University of Colorado at Denver; Prof. John Habraken, Massachusetts Institute of Technology; Prof. Thomas Herzog, Munich; Dayna Holt, "Beyond 2000", Beyond Distribution Pty. Ltd.; Mieke Hommels, VIBA; Peter Katz, San Francisco; Jay Johnson, The Weidt Group; Masami Kobayashi, Archi-Media Architects and Associates, Tokio; J. Gary Lawrence, W. Cory Crocker and Rumi Takahashi, Center for Sustainable Communities, Department of Architecture and Urban Planning, University of Washington, Seattle, Washington, USA; Nuria Llaverías, Universitat Internacional de Catalunya; Richard Lowemberg, Tele-Community Planning, Inc.; Javier Martínez Laorden, Ayuntamiento de Logroño; Dale McCormick, Center for Resource Building Technology; Prof. William McDonough, Dean, School of Architecture, University of Virginia; Michel Mossessian, Architecte D.P.L.G., París; Elizabeth Moule and Stephanos Polyzoides, Congress for the New Urbanism; Lawrence P. Murphy, Executive Vice President, Strategic Planning and Development, The Walt Disney Company; Franz J. Nahrada, Globally Integrated Village Project; Karin Neumeister and Renate Vogel, Bund Deutscher Architekten; Xavier Pastor, Greenpeace; Josep Puig, regidor ponent de Ciutat Sostenible, Ajuntament de Barcelona; Mónica Salomone, *El País;* Dr. Seiji Sawada, Tokio; Ray Sterling, Louisiana Tech University; Vicenç Sureda, Cap del Servei del Medi Ambient, Diputació de Barcelona; John Talbott, Director, Eco-Village Project, Findhorn Foundation; Prof. Robert L. Thayer, Jr., Department of Environmental Design, University of California; Ann Thorpe, Publisher, *On The Ground;* Prof. Dr. Yositika Utida, Kioto; W. Davis van Bakergem, School of Architecture, Washington University, St. Louis, Missouri, USA; Nicholas You, Coordinator, Best Practices & Local Leadership Programme, UNCHS (Habitat), Nairobi, Kenia.

La Editorial Gustavo Gili, SA dispone de un cualificado y dedicado equipo de pro-fesionales que también merecen crédito por su contribución a este libro: Elena Llobera y Carmen Hernández; Toni Cabré, diseñador; y, en particular, Mónica Gili y Gustavo Gili que siempre mostraron una sólida fe en este proyecto, incluso en sus momentos menos prometedores. Los arquitectos Manuel Arenas y Mar Reventós tuvieron la amabilidad de diseñar los pictogramas para identificar las siete sec-ciones del libro y proporcionaron ideas para su diseño. El incondicional apoyo, amistoso estímulo y generoso consejo de Anatxu Zabalbeascoa han sido funda-mentales para el autor. Finalmente, hay que agradecer su colaboración a todos los arquitectos, urbanistas y consultores que han contribuido con material para su publicación en este libro, especialmene aquéllos cuyo trabajo no se ha podido incluir debido a la superabundancia de proyectos sumamente interesantes. El tamaño de un libro limita necesariamente la cantidad de información y la profun-didad de análisis de los proyectos. Por ello, se anima a los lectores interesados a que se dirijan directamente a los autores de los proyectos para ampliar la informa-ción sobre aspectos específicos de sus propuestas. La mayoría de arquitectos y urbanistas verdaderamente interesados en cuestiones medio ambientales y en sostenibilidad están dispuestos a compartir sus ideas y conocimientos para cons-truir un mundo mejor. Este libro constituye una prueba tangible de esta filosofía.

1ª edición, 1999
2ª edición, 2000
2ª edición, 2ª tirada, 2002

Traducción y revisión de textos/**Text translation and revision:**
Carlos Saenz de Valicourt, Graham Thomson, Paul Hammond, Carme Muntané
Diseño de la cubierta/**Cover design:** Estudi Coma
Maqueta/**Layout:** Toni Cabré/Editorial Gustavo Gili, SA
Pictogramas/**Pictograms:** Manuel Arenas & Mar Reventós

© Editorial Gustavo Gili, SA, Barcelona, 1998

Printed in Spain
ISBN: 84-252-1723-7
Depósito legal: B. 43.198-2002
Impresión: Igol, SA, Barcelona

To Anatxu, for everything

Acknowledgments

The field of EcoUrbanism is still relatively incipient and somewhat poorly documented. The author is indebted to the many individuals who have provided information and leads to often little-known projects; they deserve recognition as, without their contribution, this book would have been very different. They are:

The publisher, Editorial Gustavo Gili, SA, has a devoted and highly moti-vated team of professionals who also deserve credit for their contribution to this book. They are Elena Llobera and Carmen Hernández, designer Toni Cabré, and, in particular, Mónica Gili and Gustavo Gili, who showed enduring faith in this project even during its bleakest moments. Architects Manuel Arenas and Mar Reventós kindly designed the pic-tograms which identify the seven sections of the book, and provided input to the layout. The unconditional support, friendly encouragement and generous advice of Anatxu Zabalbeascoa has been absolutely funda-mental to the author. Finally, thanks are also due to all the architects, planners and consultants who have contributed materials for inclusion in the book and, especially, to those whose work could not be included due to the overabundance of interesting material. As space limitations con-strain the amount and kind of information which can be presented in a book of this sort, interested readers are encouraged to contact the pro-jects' authors directly to request more information on specific aspects of their schemes. Most architects and masterplanners who are truly interest-ed in environmental and sustainability issues are more than willing to share their knowledge and ideas for the sake of a better future world. This book is tangible proof of such philosophy.

1st edition, 1999
2nd edition, 2000
2nd edition, 2nd print run 2002

Editorial Gustavo Gili, SA
08029 Barcelona Rosselló, 87-89. Tel. 93 322 8161
México, Naucalpan 53050 Valle de Bravo, 21. Tel. 560 60 11
Portugal, 2700-606 Amadora Praceta Notícias da Amadora Nº 4-B. Tel. 214 91 09 36

Índice

ECORESORTS

REVITALIZACIÓN

TELEPUEBLOS

Contents

E C O R E S O R T S

R E V I T A L I Z A T I O N

T E L E V I L L A G E S

Introducción

Introduction

"Il faut le croire pour le voir".
["Hay que creer para ver"]
(Marcel Mariën)

"Il faut le croire pour le voir".
["Believing is seeing"]
(Marcel Mariën)

1. Antecedentes

Nadie sabe qué aspecto tiene un asentamiento humano sostenible, ni tampoco cómo funciona. Hay quien dice que las pequeñas villas europeas de la edad media, o las aldehuelas prehistóricas, por poner dos ejemplos, fueron *sostenibles*. Sin embargo, ambos modelos se basaban en el mismo paradigma no sostenible: los recursos se extraían del entorno mientras que los desperdicios se tiraban, sin más. El hecho de que esos asentamientos fueran pequeños es lo que los hacía *aparentemente sostenibles,* ya que los perjuicios causados al medio ambiente eran mínimos. Sin embargo, la mejor prueba de que esos primitivos asentamientos humanos no eran realmente *sostenibles* es que, a través de un inexorable y cada vez más acelerado proceso de crecimiento, han acabado por producir la civilización urbana actual, que, ciertamente, no es sostenible.

Actualmente, alrededor del 50% de la población humana vive en zonas urbanas, en comparación con un 10% a principios de siglo. Las previsiones indican que hacia el año 2025, el porcentaje de población urbana podría llegar al 75%. Esas cifras muestran por sí solas el éxito alcanzado por el modelo urbano inventado hace más de 7.000 años. Pero el exceso de éxito podría conducir a un posible colapso; las áreas urbanas se están evidenciando como el principal responsable de los problemas medioambientales que amenazan la Tierra. Hoy día, las ciudades contribuyen a la contaminación global una proporción superior al 75%, y utilizan más del 70% de la energía consumida por la humanidad. En 1990, de un total mundial de 35 ciudades con una población mayor de 5 millones de habitantes, 22 pertenecían a países en vías de desarrollo. Esta cifra se doblará en el año 2000. En el 2025, solamente la población urbana del mundo en vías de desarrollo habrá aumentado en 2.000 millones de personas, la mitad de las cuales no dispondrá de servicios básicos como agua corriente, electricidad o alcantarillado. Esta situación dará lugar a unas zonas urbanas extremadamente conflictivas, insalubres e inmanejables, habitadas por unas masas antisociales de individuos desesperados y alienados, lo que resultará en un aumento desproporcionado de la ya fuerte presión sobre el medio ambiente. Dado que las ciudades son las principales causantes de la destrucción ecológica global, parece obvio que los problemas medioambientales deban abordarse y resolverse en primer lugar y principalmente en las ciudades.

2. Un poco de historia

Los primeros indicios documentados de preocupación por la relación entre los entornos natural y artificial en el ámbito de la civilización occidental, aparecen con Vitruvio y sus recomendaciones sobre temas tales como el emplazamiento, la orientación y la iluminación natural [1. Ciudad romana de Timgad, 100 d. C.]. El de Vitruvio fue, sin embargo, un planteamiento centrado en el hombre, en la medida en que veía la naturaleza como un recurso para satisfacer las necesidades humanas. Este punto de vista se mantuvo sin grandes cambios durante dos milenios.

En el siglo xix, las condiciones de extrema insalubridad de las ciudades industriales provocaron una tendencia

1. Background

Nobody knows what a sustainable human settlement looks like or how it functions. Some people say that small European towns in the Middle Ages, or prehistoric hamlets, for instance, were 'sustainable'. Both models, however, were based on the same non-sustainable paradigm: resources were extracted from the environment, while waste was thrown back. The fact that they were small is what made such settlements 'apparently sustainable', since disruption to the natural environment was minor. The best proof, though, that those early human settlements were not truly 'sustainable' is that through an endless and increasingly accelerated growth spiral they eventually evolved into today's urban civilization, which is most certainly not sustainable.

Currently about 50% of the world's population lives in urban areas, while only 10% did so at the turn of this century. Projections indicate that by 2025 a 75% worldwide urban population could be reached. These figures alone demonstrate the success of the urban model invented more than 7,000 years ago. Too much success may nevertheless lead to eventual collapse, and it has by now become clear that urban areas are the main culprits in the very serious environmental woes threatening the Earth. Cities already contribute more than 75% of global pollution and use more than 70% of the energy consumed by humankind. In 1990, out of a world total of 35 cities with more than 5 million inhabitants, 22 were in developing countries. This figure will double by 2000. By 2025 the urban population in the developing world alone will have increased by 2,000 million people, and half of them will have no access to basic services such as running water, electricity or sewerage. This will give rise to extremely conflictive, unhealthy and unmanageable urban areas inhabited by antisocial masses of despairing and alienated individuals, and will enormously increase the already-strong pressure on the natural environment. As cities are the main cause of global ecological destruction it seems obvious that environmental problems must first and foremost be tackled and effectively solved within the cities.

2. A bit of history

In Western civilization, concern about the relationship between the built and the natural environment can be traced back at least as far as Vitruvius's recommendations on issues such as location, orientation and natural lighting [1. The Roman town of Timgad, A.D. 100]. Vitruvius's approach, however, was a human-centered one in that it saw nature as a resource for satisfying human needs. This outlook did not change much during two millennia.

In the 19th century the extremely unhealthy conditions endemic to industrialized cities gave rise

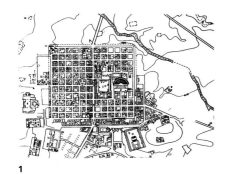

1

de *verde para la salud,* como la que se reflejó en las ciudades jardín de Ebenezer Howard [2] o en el Plan de Reforma y Ensanche para la ciudad de Barcelona, del ingeniero Ildefons Cerdà [3]. Sin embargo, ese pensamiento de índole *higienista* traía consigo las simientes de un nuevo concepto, el de la preservación de la naturaleza, tal y como evidenciaron el movimiento de la *city beautiful* [4], o las *new towns for America,* de Clarence Stein [5]. Sin embargo, el planteamiento seguía siendo esencialmente el mismo: se seguía considerando la naturaleza como bien susceptible de apropiación por parte del hombre, si bien ahora pasaba a ser protegida y utilizada por sus efectos beneficiosos para la salud física y mental del ser humano. Algún progreso se había producido, aunque mínimo y lento desde el punto de vista de la naturaleza.

A pesar de su radical defensa del papel social de la arquitectura y el urbanismo, el movimiento moderno seguía considerando la naturaleza como un mero *telón de fondo* de la urbanización [6. Le Corbusier], y las zonas verdes como una más de las funciones que debía proporcionar la ciudad para el bienestar de sus habitantes [7. Chandigarh]. Entre esas preocupaciones, el asoleo y la ventilación natural ocupaban un papel esencial como factores catalizadores de una vida humana saludable [8. Gropius], pero no se reflexionaba sobre el agotamiento de los recursos. De acuerdo con el espíritu optimista de la época, el efecto potencialmente devastador de la tecnología sobre la naturaleza (y sobre los seres humanos) no solía constituir una preocupación.

Hubo que esperar hasta después de la Segunda Guerra Mundial para que surgiera un tema nuevo que, lentamente, fue fomentando un nuevo modo de pensar en arquitectura y urbanismo. Durante la década de 1950 y principios de los 60, en los albores del aprovechamiento de la energía nuclear para usos civiles, se inició seriamente la investigación sobre fuentes de energía que pudieran reemplazar algún día a los combustibles fósiles. Por vez primera, la tecnología y la ciencia modernas fueron decididamente aplicadas a la exploración de las energías solar, eólica, térmica, de las mareas y otros tipos renovables de energía. Fueron tiempos de optimismo tecnológico, de importantes y significativas innovaciones en todos los campos, desde la medicina a la exploración espacial. Eran tiempos en los que se creía firmemente que no había problema que no pudiera ser resuelto mediante la ciencia moderna [9. Cúpula para la ciudad de Nueva York de R.B. Fuller]. La naturaleza estaba ahí para ser explorada, comprendida y catalogada, de manera que pudiera ser utilizada más eficazmente en beneficio de la humanidad. El enfoque no había cambiado en lo sustancial.

Sin embargo, durante los últimos años sesenta y principios de los setenta, se produjo una cierta pérdida de confianza en la ciencia y el progreso tecnológico. Comenzaba a emerger una fuerte corriente de *retorno a la naturaleza,* especialmente en el movimiento hippy y los sucesos de 1968. A menudo se buscaba inspiración en las culturas orientales, donde la armonía con la naturaleza se considera esencial para el bienestar humano y el equilibrio cósmico. La crisis del petróleo de los años setenta originó una segunda ola de investigación sobre las fuentes energéticas no fósiles. Aunque las razones fueran esencialmente de índole política y geoestratégica (se trataba de reducir la dependencia del mundo occidental respecto a las fuentes energéticas ubicadas en países remotos), es innegable que se produjo una efímera convergencia, si no de intereses, sí al menos de preocupación, entre los políticos y la sociedad en general, por un lado, y los medioambientalistas, proteccionistas y *pensadores alternativos,* por el otro. La palabra 'ecología' se convirtió en un término muy usado (y abusado) en los

to a 'green for health' tendency reflected, for instance, in Ebenezer Howard's 'Garden Cities' [2] or in Ildefons Cerdà's Plan for the Extension of Barcelona [3]. Such 'hygienist' thinking bore within it the seeds of a new concept, that of the preservation of nature, as evidenced in the 'City Beautiful' movement [4] or in Clarence Stein's 'New Towns for America' [5]. Fundamentally, though, the approach had not really changed: nature was still seen as something for humans to appropriate, albeit in this instance by being preserved and husbanded for its benefits to physical and mental health. While both minimal and slow from nature's viewpoint, some progress was being made.

For all its radical redeeming of the social role of architecture and planning, the Modern Movement still considered nature as merely the 'backdrop' to urbanization [6. Le Corbusier] and green areas as just one more function the city had to provide for the well-being of its inhabitants [7. Chandigarh]. Within such concerns, sunlight and natural ventilation were seen as essential factors for healthy human living [8. Gropius], but no consideration was given to resource-depletion issues. In accordance with the optimistic spirit of the times the potentially-harmful effects of technology on nature (and humans) was rarely addressed.

It was not until after World War II that a new issue emerged which would gradually give rise to a new way of thinking about architectural and urban design. In the fifties and the early sixties, and in the wake of the harnessing of nuclear energy, serious research was undertaken on energy sources that might eventually replace fossil fuels. For the first time modern technology and science were emphatically applied to exploring solar, wind, thermal, tidal and other renewable types of energy. Those were times of technological optimism, of important and significant innovation in all fields, from medicine to space exploration, times when a general belief prevailed that any problem could be solved by modern science [9. R.B. Fuller's New York Dome]. Nature was there to be explored, understood and catalogued, so as to be more efficiently used for the benefit of humankind. The approach had even now not changed very much.

By the late sixties and early seventies a lack of confidence in science and technological progress began to prevail. A strong 'back to nature' tendency emerged, particularly with the hippie movement and the events of 1968. Inspiration was often drawn from Eastern cultures, where harmony with nature is considered essential for both human well-being and cosmic balance. The oil crisis of the seventies became the catalyst for a second wave of research in non-fossil energy sources. While the reasons were mainly political and geo-strategic –to reduce Western dependency on oil sources located in distant lands– there was a short-lived convergence of, if not interests, at least areas of concern between politicians and the society at large on the one hand, and environmentalists, protectionists and 'alternative thinkers' on the other. Ecology became a much-used, and often abused, term in the media, and an incipient social awareness of the fragility of the Earth began to appear. It was around this time that Paolo Soleri coined the term 'Arcology' (Architecture+Ecology) and began constructing a car-free solar community called Arcosanti in

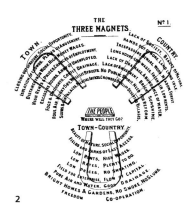

2

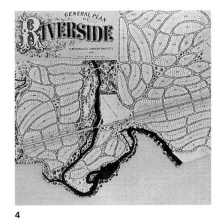

3

4

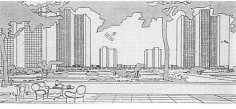

5

6

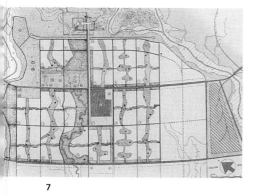

7

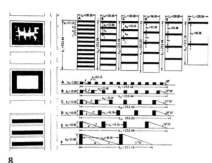

8

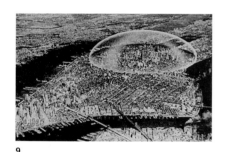

9

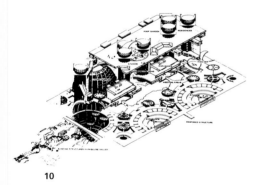

10

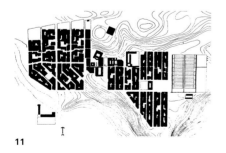

11

medios de comunicación, y comenzó a despuntar una incipiente conciencia social sobre la fragilidad del planeta Tierra. Fue por esa época cuando Paolo Soleri acuñó el término arcología (arquitectura+ecología) e inició la construcción en Arizona (EE UU) de una comunidad solar sin coches, llamada Arcosanti [10]. En Egipto, Hassan Fathy se inspira en la arquitectura local tradicional como punto de partida para sus nuevas ciudades en el desierto [11].

El repentino auge ecónomico de los disparatados años ochenta devolvió la fe en el desarrollo económico y técnico. Parecía como si el bienestar material volviera a ser el máximo objetivo del ser humano, incluso aunque fuese a expensas de la naturaleza. Sin embargo, era ya demasiado tarde para hacer marcha atrás en ciertos temas y actitudes ya arraigados: los medioambientalistas habían dejado de ser abstrusos individuos aislados, o grupos de activistas marginados que vivían de espaldas a la sociedad industrial. Por el contrario, la preocupación sobre la salud del planeta estaba ampliamente difundida en la mayoría de los países industrializados. El Día de la Tierra, la World Wildlife Fund (WWF), Jacques Cousteau y Greenpeace se habían ganado una presencia significativa en los medios de comunicación: sus actividades eran bien conocidas y sus preocupaciones ampliamente compartidas.

La recesión de los primeros años noventa generó una nueva crisis de confianza, especialmente en el mundo occidental. Se empezó a dudar de la auténtica capacidad de los expertos en cualquier campo del conocimiento humano (medicina, derecho, política) para pronosticar, prevenir y resolver problemas graves. En 1992, en un intento por limpiar su deslustrada imagen, los líderes de 172 países se reunieron en Río de Janeiro, en la Primera Cumbre Mundial del Medio Ambiente. Fue entonces cuando los medios de comunicación captaron el término 'sostenibilidad' y lo extendieron por todo el mundo. Por fin, el punto de vista había cambiado: la salud de la naturaleza pasaba a ser considerada como esencial para el bienestar y la supervivencia de la humanidad. Había empezado la tercera, y aparentemente definitiva, ola de conciencia ambiental.

3. El marco para la sostenibilidad
La ecología y la tecnología apenas acaban de dejar a un lado su eterno enfrentamiento, para superar los límites de su confrontación ideológica. Hoy en día, las estrategias para lograr un desarrollo sostenible integran necesariamente ambos campos, en una nueva y audaz visión del futuro. La sostenibilidad, el término que la conferencia de Río de 1992 hizo famoso, se está introduciendo en todas las actividades humanas, y las disciplinas del diseño y la planificación urbanos no son una excepción. Sus nuevos objetivos son el diseño, el desarrollo y la gestión de "comunidades humanas sostenibles".[1]

La ecología se está liberando por fin de su limitado papel de mero culpabilizador de conciencias, una identidad que, en el panorama reciente del diseño y el planeamiento urbano, ha dado lugar a muchos proyectos (mal llamados) verdes, puramente cosméticos. En contraste con las aproximaciones, puramente intuitivas, habituales hasta ahora, la ecología actual ya proporciona a los planificadores un apoyo científico sobre el que basar sus decisiones. Además, las ciudades empiezan a ser consideradas como complejos ecosistemas artificiales, construidos en primera instancia para satisfacer necesidades humanas, pero también con capacidad para proporcionar un biotopo a otras especies, y cuyo impacto sobre el entorno natural debe ser rigurosamente gestionado.

La contribución de la tecnología a este audaz e innovador planteamiento resulta especialmente evidente en

Arizona [10]. In Egypt, Hassan Fathy looked to traditional local architecture as the point of departure for his desert new towns [11].

The economic boom of the roaring eighties restored faith in economic and technical progress, and it looked as if material comfort was once again the overriding human goal, even it this had to exist at the expense of nature. It was, however, too late to go back on certain issues and ingrained attitudes: environmentalists were no longer a few obscure, isolated individuals or marginalized activist groups living on the outer fringes of industrial society. In most industrialized countries concern about the planet's health was increasingly widespread. Earth's Day, the World Wildlife Fund (WWF), Jacques Cousteau and Greenpeace had gained significant media exposure: their activities were well-known and their concerns widely-shared.

The recession of the early nineties generated another crisis of confidence, particularly in the Western world. The real capacity of 'experts' in certain fields of human knowledge –medicine, law, politics– to forecast, prevent or solve serious problems was placed under scrutiny. Seeking to clean up their tarnished public image, leaders from 172 countries converged in Rio de Janeiro in 1992 for the first World Environmental Summit. It was then that the term 'sustainability' was latched onto by the media and disseminated throughout the world. The viewpoint had finally changed: the well-being of nature was essential to the welfare and survival of the human species. The third, and seemingly definitive, wave of environmental consciousness had come into being.

3. The framework for sustainability
Ecology and technology have only recently begun to settle their long-standing differences and to transcend their entrenched and confrontational ideological positions. Strategies for sustainable development now integrate both realms in a new and bold vision of the future. 'Sustainability', the term made famous by the Rio '92 Conference, is rapidly finding its way into all human activities, and urban design and planning disciplines are no exception. The new agenda is now the design, development and management of 'sustainable human communities'[1].

Ecology is finally breaking free of the stricture of being mere 'guilty conscience', a notional identity that has given rise to so many purely cosmetic, so-called 'green' projects in recent urban design and planning. Ecology currently provides planners with a scientific input that enables them to go beyond the primarily intuitive approaches prevalent so far. Moreover, cities begin to be considered as complex human-made ecosystems, built in the first instance to satisfy human interests yet also capable of providing a biotope for other living species, and whose impact on the larger natural environment must be managed.

The contribution technology makes to this bold and fresh approach is most evident in two crucial areas. On the one hand, after three decades of intense basic and applied research, what could be defined as 'ecotechnology' now offers a more rational use of both renewable and non-renewable resources than was ever possible in the past. The recycling of solid and liquid waste, the recourse to alternative sources of energy, or

dos aspectos concretos. Por un lado, lo que podría definirse como "ecotecnología" después de tres décadas de intensa investigación teórica y aplicada, ya permite hoy en día hacer un uso más racional de las fuentes de energía renovables y no renovables. El reciclaje de residuos sólidos y líquidos, el recurso a fuentes alternativas de energía o la creación de microclimas ya no son meras utopías sino realidades efectivas y tangibles que están funcionando satisfactoriamente en muchos lugares del mundo, tanto a escala urbana como en edificios concretos. La otra innovación tecnológica importante, que ya está afectando al funcionamiento y a la configuración de nuestras ciudades, es la convergencia de tecnologías en los campos de la informática, las telecomunicaciones y los medios de comunicación. Esta convergencia, posibilita, entre otras ventajas, un empleo más lógico del tiempo y el espacio al evitar viajes prescindibles, con los consiguientes ahorros de combustible y tiempo, y con la correspondiente disminución de la contaminación del tráfico y del estrés.

4. Pero, ¿qué es la sostenibilidad?

El concepto de 'desarrollo sostenible' proporciona un nuevo marco básico de referencia para todas las actividades humanas. El desarrollo sostenible mantiene la calidad general de vida, asegura un acceso continuado a los recursos naturales y evita la persistencia de daños ambientales.[2] Sin embargo, la palabra 'sostenible' corre el peligro de convertirse en un *cajón de sastre,* de ser trivializada por políticos y creadores de opinión para fomentar *que todo siga igual* y utilizada para reclamar una *corrección ecológica* que en buena medida es falsa. La definición original de 1987 es algo ambigua: "el desarrollo sostenible satisface las necesidades de la generación actual, sin comprometer la capacidad de las generaciones futuras para satisfacer las suyas propias".[3] Pero, ¿cómo se definen esas *necesidades* y quién las define? ¿Qué patrones hay que usar como referencia? ¿Los del mundo desarrollado o los del mundo en vías de desarrollo? ¿Qué es una *necesidad real,* y qué es lo que hace que una necesidad sea *superflua?* Y, por último, ¿cómo se mide todo esto?

Para abordar estos y otros temas afines se introdujo la noción de un *capital* a transferir de generación en generación. Este capital tiene tres componentes: el *capital artificial* (edificios e infraestructuras, como fábricas, escuelas y carreteras), el *capital humano* (ciencia, conocimientos, técnicas) y el *capital natural* (aire puro, agua pura, diversidad biológica, etc.). En este orden de ideas, el concepto de desarrollo sostenible se traduce en que cada generación debe vivir de los *intereses* derivados de la *herencia* recibida, y no del propio capital principal. No obstante, este concepto también ha suscitado sus controversias. Hay quien sostiene que, mientras se preserve el valor del capital global, uno de sus componentes (por ejemplo, el *capital natural*) puede gastarse siempre que se incremente otro componente (como el *capital artificial*) en la misma medida. Este punto de vista recibe el nombre de *sostenibilidad débil,* y frecuentemente (y convenientemente) muchos políticos y hombres de negocios se adhieren a él. Los defensores de la llamada *sostenibilidad fuerte* argumentan que el *capital natural* no debe dilapidarse aún más, ya que las consecuencias podrían ser irreversibles (extinción de especies, desforestación, etc.), y el alcance de su impacto a largo plazo sobre la vida humana y la biodiversidad es una gran incógnita. La gran mayoría de científicos y ecologistas sostiene este último punto de vista, pero el debate sigue abierto.

5. Un libro sobre Ecourbanismo

El Ecourbanismo define el desarrollo de comunidades humanas multidimensionales sostenibles en el seno de entornos edificados armónicos y equilibrados. El Ecourbanismo se está convirtiendo rápidamente en un concepto básico, esencial para todo planeamiento

the creation of micro-climates are no longer utopias, but instead efficient and tangible realities which already work well in many places around the world, both on an urban scale and in individual buildings. The other major technological innovation already affecting the functioning and the configuration of our cities is the convergence of computing, telecommunications and media technologies, which, along with other benefits, make a more logical use of time and space possible by avoiding non-essential travelling, thus saving fuel and time and curtailing pollution, traffic and stress.

4. What is sustainability, anyway?

The concept of 'sustainable development' provides a new frame of reference for all human activities. Sustainable development maintains the overall quality of life, guarantees continuing access to natural resources and avoids lasting environmental damage[2]. The term, however, is in danger of becoming a catch-all phrase, trivialized by politicians, decision-makers and opinion-makers alike in order to promote 'business as usual' by claiming an 'ecological correctness' that is largely spurious. The original 1987 definition is somewhat ambiguous: "sustainable development is development which meets the needs of the present generation without compromising the ability of future generations to meet their own needs"[3]. But how are 'needs' to be defined, and by whom? What standards are to be used as reference, those of the developed or the developing world? What is a real 'need', and what constitutes a need that is 'superfluous'? And how is all this to be measured?

The notion of a sum total of 'capital', transferable from generation to generation, was conceived to address these and other issues. Such capital is made up of three components: 'artificial capital' (built structures and infrastructures such as factories, schools and roads); 'human capital' (science, knowledge, skills); and 'natural capital' (clean air, fresh water, biological diversity, etc.). Sustainable development means that each generation must live on the 'income' derived from the 'inheritance', rather than on the main capital itself. This concept has also created controversy, however. Some people claim that as long as the overall capital stock is preserved one of its components –'natural capital', for instance– can be expended to correspondingly increase another component; 'artificial capital', say. This view is called 'weak sustainability', and is frequently –and conveniently– subscribed to by many political and business interests. Proponents of so-called 'strong sustainability' argue that 'natural capital' should not be depleted any further, as the consequences –disappearing species, massive deforestation– may be irreversible and the extent of the long-term impact on human life and biodiversity is unknowable. Most scientists and ecologists have taken this second position, but the debate itself is still open.

5. A book on EcoUrbanism

'EcoUrbanism' defines the development of multidimensional sustainable human communities within harmonious and balanced built environments. It is rapidly becoming a base concept, essential to any urban planning with a real concern for the world's social and environmental problems at the threshold of the 21st century.

urbano realmente concernido por los problemas sociales y medioambientales del mundo en el umbral del siglo XXI. El Ecourbanismo es una nueva disciplina que articula las múltiples y complejas variables que intervienen en una aproximación sistémica al diseño urbano que supera la compartimentación clásica del urbanismo convencional. Sin embargo, el Ecourbanismo va mucho más allá de los criterios patrocinados por ciertas líneas de pensamiento del diseño reciente, en su mayor parte formales y fundamentalmente estilísticas, propiciando, en cambio, una visión integrada y unificada del urbanismo.

El planeamiento urbano sostenible es el único medio viable de acomodar las actividades humanas en un entorno cada vez más amenazado y deteriorado, y también se está convirtiendo en una nueva y diferenciadora fuente de ventaja competitiva para ciudades y regiones. Ya existen en todo el mundo suficientes ejemplos de la aplicación de estos principios al planeamiento urbano como para justificar sobradamente una recopilación de sus técnicas y experiencias. Los arquitectos, urbanistas y todos aquellos que tienen responsabilidades en política territorial, deben ser capaces de analizar y comprender el profundo impacto que los temas ambientales y las innovaciones tecnológicas tienen sobre nuestras ciudades, nuestro modo de vida, nuestros hogares y nuestros lugares de trabajo. El diseño y el planeamiento urbano deben incluir, como componentes estructurales y desde el inicio mismo del proceso de diseño, las nuevas tecnologías de la información y las telecomunicaciones, así como también las preocupaciones ecológicas, dentro de una estrategia global de sostenibilidad. Este planteamiento se extiende a la gestión integrada de los asentamientos urbanos, a diferencia de la hoy prevalente gestión basada en elementos funcionales.

Este libro ha sido concebido como un instrumento de referencia básico para arquitectos, urbanistas, paisajistas y, en general, para todos aquellos que estén involucrados o interesados en el diseño y el planeamiento urbanos. El libro presenta de forma asequible los avances actuales en el tema del urbanismo sostenible, mostrando, en un formato eminentemente gráfico, sesenta ejemplos de las mejores realizaciones prácticas en este terreno.

6. Los ejemplos seleccionados

La ecología y la sostenibilidad han tenido una importancia crucial en la concepción de todos los ejemplos que aquí se examinan, hayan sido o no proyectados por firmas con una experiencia contrastada en la materia. Todos los proyectos que se presentan en este libro, o bien ya están construidos, o tienen una probabilidad realista de llegar a estarlo, o son particularmente interesantes por su planteamiento innovador sobre algún tema específico.

Los proyectos proceden de todos los lugares del mundo (Europa, América del Norte y del Sur, Asia, Australia, Oriente Medio y África) y demuestran una preocupación global por esas materias que trasciende las fronteras políticas y culturales. La selección, lógicamente internacional, de los arquitectos y urbanistas que se presentan en este libro comprende: pequeños despachos altamente especializados y de ámbito local, la mayor parte de los pioneros más destacados en la materia y algunos despachos de renombre internacional. La deliberada diversidad de la selección responde a la amplia gama de planteamientos conceptuales, escalas, respuestas climáticas y culturales, tecnologías constructivas, actitudes estilísticas y formales, e incluso de técnicas de representación. La intención es proporcionar al lector una imagen amplia, casi calidoscópica, de las diversas direcciones hacia las que está evolucionando el Ecourbanismo.

EcoUrbanism is a new discipline that articulates the multiple and miscellaneous variables involved in a systemic approach to urban design that overcomes the compartmentalization of conventional planning. Yet EcoUrbanism goes way beyond the mostly formal and fundamentally stylistic criteria sponsored by some recent design thinking to call, instead, for a holistic, integrated view of urbanism.

Sustainable urban-development planning is the only feasible way to integrate human activities within an increasingly threatened and deteriorating environment, and it is fast becoming a new and differentiating source of competitive advantage for cities and regions. There are already enough examples of the application of these principles to urban planning around the world for this know-how and experience to merit compilation. It is the duty of architects, planners and decision-makers to analyse and comprehend the profound impact of environmental issues and technological innovations on our cities, our way of life and our homes and workplaces. Urban design and planning ought thus to include, as structural components and from the very inception of the design process, the new information and telecommunications technologies, alongside ecological concerns, as part of an overall strategy for sustainability. This approach extends to the integrated management of urban settlements, in opposition to prevailing management strategies based on functional components.

This book is designed as a basic reference tool for architects, planners, landscape designers and, more generally, anyone involved in the field of urban design and planning. It presents, in an accessible form, the current state-of-the-art in sustainable development planning, setting out, in a largely graphic format and by means of 60 carefully selected case-studies, what may be considered best-practice in the field.

6. The case studies

Ecological and sustainability considerations have been paramount in the conceiving of the examples discussed herein, whether designed by firms with a long track record on the subject or not. All the projects presented are either already realized, have a realistic chance of being realized, or are particularly interesting because of their innovative approach to a specific issue.

The projects are world-wide in origin (Europe, North and South America, Asia, Australia, the Middle East, and Africa), thus manifesting a global concern for such matters that transcends political and cultural barriers. The accordingly international list of planners whose work is presented in the book includes small, highly-specialized local practices, plus many of the indomitable pioneers in the field, together with a few internationally known firms. The deliberate diversity of the selection takes account of the wide variety of conceptual approaches, scales, climatic and cultural responses, construction technologies, stylistic and formal stances, and even representation techniques shown. The intention is to provide the reader with a broad, quasi-kaleidoscopic picture of the different directions the growing discipline of EcoUrbanism is taking.

Project descriptions are largely based on material provided by the authors themselves, or by agencies and/or individuals intimately involved in their undertakings and hence capable of providing first-hand information. Such materials have been reworked to lend them consistency within the book's case-study format.

Las descripciones de los proyectos se basan en gran medida en el material facilitado por los propios autores o por organismos y/o individuos estrechamente relacionados con su desarrollo, y capaces, por lo tanto, de proporcionar información de primera mano. Tales materiales han sido convenientemente elaborados a efecto de darles coherencia con el formato general elegido para el libro.

7. Siete variaciones para un mismo tema

Este libro está estructurado en dos partes: la presente introducción y el cuerpo principal con los ejemplos seleccionados. Cada ejemplo se centra en un proyecto individual e incluye una descripción escrita y gráfica de la iniciativa y sus conceptos ecourbanísticos. A fin de evitar la repetición excesiva (los proyectos suelen usar planteamientos parecidos en los diversos temas abordados), cada ejemplo se centra en aquellos aspectos específicos especialmente interesantes o que le confieren particular singularidad.

Los ejemplos seleccionados se han organizado en siete grandes temas o secciones: "Movilidad", "Recursos", "Participación", "Comunidad", "Ecoresorts", "Revitalización" y "Telepueblos". No obstante, esos temas, en la práctica, se entrelazan y solapan, y no todos tienen la misma jerarquía, ya que mientras unos son muy generales, otros tienen un carácter más específico. A pesar de ello, se han individualizado los siete temas para resaltar los aspectos más relevantes en relación con la planificación de comunidades humanas sostenibles.

7.1. Movilidad

Los coches y el planeamiento urbano basado en el vehículo privado son responsables de muchos de los males urbanos. Dejando aparte sus innegables ventajas, el coche particular conlleva unos costos externos que afectan a todos, sean o no propietarios-usuarios de un vehículo. Los coches producen contaminación y congestión, lo cual no sólo provoca problemas respiratorios y otros relacionados con el estrés, sino también grandes pérdidas económicas, ya que se pierde mucho tiempo debido al tráfico y a los accidentes. En la fabricación y utilización de coches particulares se utilizan valiosos recursos naturales como combustibles fósiles, oxígeno y metales, con preferencia frente a otros medios de transporte más sensatos, como los sistemas de transporte colectivos, las bicicletas y los peatones.

Pero tal vez lo más grave, desde el punto de vista del planeamiento y el diseño urbano, es que el coche ha dominado el pensamiento urbanístico durante más de medio siglo. Los coches se han apropiado del ámbito público, despojando a los espacios abiertos de la escala humana y deshumanizando comunidades enteras. El extraordinario crecimiento suburbial de las ciudades industriales a partir de la Segunda Guerra Mundial, no hubiera sido posible sin el coche particular; el resultado, tejidos urbanos de densidades tan bajas que ninguna *sensación urbana* puede florecer en esos entornos desolados. Los peatones se ven discriminados por la ingeniería de transporte convencional que, con sus criterios dimensionales y geométricos destinados a servir al coche, realmente diseña nuestras ciudades, pese a que la gran mayoría de los ciudadanos no conduce y, a menudo, ni siquiera tiene acceso al coche: niños, ancianos, minusválidos, etc. Hay lugares y culturas profesionales en donde a los arquitectos y urbanistas apenas se les permite opinar sobre el tema del transporte, con el consiguiente resultado de un diseño urbano basado en un *sistema de capas:* cada disciplina establece sus propias *reglas* con la esperanza de que el resultado llegue a configurar de alguna manera un tejido urbano coherente. Ciertos arquitectos y urbanistas en boga, fascinados por la cualidad dinámica del coche y sus grandes infraestructuras, sueñan incluso con futuros *hollywoodenses*

7. Seven variations on a single theme

The volume is structured in two parts: the present introduction, and the core of the book which contains the project case studies. Each case study focuses on an individual project and includes a textual and graphic description of the undertaking and the EcoUrbanistic concepts behind it. To avoid excessive repetition –projects often use similar approaches to the various issues involved– each case study concentrates on those specific aspects that make the project unique or especially interesting.

The case studies are organized into seven sections: 'Mobility', 'Resources', 'Participation', 'Community', 'EcoResorts', 'Revitalization', and 'Televillages'. In practice the themes are somewhat intertwined and overlapping and are not of equal hierarchy, since some are fairly general and others quite specific. The seven themes have, however, been individualized in this way so as to highlight their particular relevance to the planning of sustainable human settlements.

7.1. Mobility

Cars and car-oriented town planning are to blame for most urban ills. Aside from its undeniable advantages, the private car exacts significant external costs paid by everybody regardless of whether they are car owner-users or not. Cars produce congestion and pollution, thus leading not only to respiration- and stress-related health problems, but also to huge economic losses, since much valuable time is lost in traffic or due to car-related injuries. The manufacture and operation of cars depletes precious natural resources such as fossil fuels, oxygen and metals, and takes undue precedence over more sensible transportation such as mass transit systems, bicycles and pedestrians.

But perhaps worst of all from the urban planning and design point of view, the car has dominated urbanistic thinking for more than half a century. Cars have colonized the public realm, depriving open space of human scale and effectively dehumanizing entire communities. The extraordinary urban sprawl of industrialized cities after WW2 would not have been possible without the private car, resulting in densities so low that no 'urban feeling' can grow in the soulless environments that ensued. Pedestrians are the poor relatives in conventional traffic engineering, which with its car-oriented dimensioning and geometric criteria actually designs our cities, at the expense of the vast majority who do not drive, and often do not even have regular access to a car: children, the elderly, the handicapped. There are places and professional cultures where architects and planners are barely permitted to allude to transportation issues, with the result that urban design is the product of a 'layering system' in which each discipline lays down its own 'rules', trusting that the result will somehow coalesce into a meaningful urban fabric. Some fashionable architects and planners, fascinated by the car's kinetic qualities and its large-scale infrastructures, even dream up 'Hollywoodesque' futures in which the car continues to reign in an increasingly dehumanized environment deprived of any urban value.

The private car is only one aspect though, albeit the most important, of a wider problem. Transport nowadays uses a quarter of all the energy consumed by human beings and is

en los que el coche continúa reinando en un entorno cada vez más deshumanizado y desprovisto de cualquier atributo urbano.

Sin embargo, el coche particular constituye sólo un aspecto, si bien el más importante, de un problema más amplio. Hoy día, el transporte emplea una cuarta parte de la energía total consumida por los seres humanos y es, por lo tanto, una cuestión clave para el desarrollo sostenible. El planeamiento urbano avanzado no se limita a desincentivar el uso del coche particular y a fomentar los sistemas de transportes público, la circulación peatonal y en bicicleta, sino que va más allá y reduce la necesidad de usar cualquier transporte motorizado. Entre las estrategias de planeamiento sensible al problema del transporte se incluyen: los tejidos urbanos compactos, con variadas mezclas de usos (de modo que los lugares donde uno vive, trabaja, aprende y se divierte estén situados a distancias cómodas para el desplazamiento a pie o en bicicleta); densidades suficientemente altas para justificar sistemas de transporte público; y la incorporación de las infraestructuras de telecomunicación más avanzadas.

La mayoría de los proyectos que se presentan en este libro abordan temas de movilidad. En muchos de ellos se contempla el transporte en el seno de una estrategia de planeamiento urbano integral, sistémico, en donde todas las disciplinas trabajan conjuntamente hacia un fin común. Abundan los modelos de planificación basados en el transporte público, donde la movilidad se relaciona con temas tales como corredores de transporte colectivo, núcleos urbanos de alta densidad, zonas peatonales y/o desarrollo de ambientes comunitarios. En algunos casos se desarrollan nuevos e ingeniosos conceptos, mientras que en otros se adoptan ejemplos urbanísticos bien resueltos y de eficacia probada (por ejemplo, modelos urbanos europeos de principios del siglo XX).

Los proyectos que se muestran en el apartado "Movilidad" de este libro han sido seleccionados porque el transporte constituye el motivo central subyacente en el concepto global de planeamiento (véase, por ejemplo, Curitiba, página 38), o bien porque se utiliza como detonante y punto de partida de un concepto radicalmente nuevo para el diseño urbano (como en Arbois, página 30). Como ejemplo de la primera categoría, el nuevo *Trole* (sistema de transporte por trolebús) es una pieza clave del futuro desarrollo urbano de Quito (Ecuador), en una iniciativa similar a la de Curitiba [12]. Dentro de la segunda categoría estaría el ambicioso proyecto Rec Comtal en Barcelona –donde un grupo multidisciplinar que incluía a Norman Foster and Partners, Arup, Arenas/Basiana/Ruano y otros, proyectó la revitalización de una zona industrial en declive y su transformación en un nuevo barrio urbano sostenible de 250 hectáreas– generado a partir de la futura estación terminal del tren de alta velocidad [13].

7.2. Recursos
En la construcción y en el funcionamiento de una comunidad humana intervienen recursos de muy diversa índole. Los más importantes, desde el punto de vista de este libro, son las ideas, los materiales de construcción, la energía, el agua y los residuos. Aunque otros recursos son igualmente necesarios, como el suelo, la iniciativa empresarial, la voluntad política, el dinero o la gente, su análisis se aparta del alcance y fines de este libro.

Todos los proyectos que aparecen aquí están llenos de *ideas*, nuevas y viejas. Algunas de ellas entran en abierta contradicción con la sabiduría convencional y/o son incompatibles entre sí. En cualquier caso, su validez y viabilidad han de ser juzgadas en el contexto de sus

therefore a key issue for sustainable development. Forward-looking urban planning not only discourages the use of private cars, privileging pedestrian, public and bicycle transport - it goes further by reducing the need to use motorized transport altogether. Typical transport-conscious planning strategies include: compact urban fabrics with rich mixtures of uses so that living, working, schooling and leisure can all take place within walking or bicycling distance; mass transport supportive densities; and provision of state-of-the art telecommunications infrastructures.

Most of the projects presented in this book address mobility issues. Many consider transportation within an integrated, holistic urban planning strategy, in which all the disciplines work together towards a common goal. Public transport-based planning models abound, with mobility relating to issues such as mass transit corridors, concentrations of urban density, pedestrian-oriented areas, and/or the development of community environments. In some cases novel and ingenious concepts are developed, while in others references are taken from tried and tested planning paradigms (such as earlier 20th-century European city-planning models).

The projects featured in the 'Mobility' section of the book have been chosen because transportation either forms the underlying leitmotif of an overall planning idea (such as in Curitiba, page 38), or the basic impulse and point of departure for a novel approach to urban design (such as in Arbois, page 30). Another example within the first category is the new 'Trole' (a trolleybus transport system) which forms the lynchpin of future urban development in Quito, Ecuador, in an initiative akin to Curitiba's [12]. The visionary 'Rec Comtal' project in Barcelona would pertain to the second category; here, a multidisciplinary team including Norman Foster and Partners, Arup, Arenas/Basiana/Ruano and others planned the revitalization of a 250-hectare derelict industrial area into a new sustainable urban district; the trigger for this project was the arrival of the High-Speed Train [13].

7.2. Resources
Resources of many kinds are involved in the construction and operation of human settlements. The most important ones from the point of view of this book are ideas, building materials, energy, water and waste. Other resources, such as land, entrepreneurship, political will, money or people are equally necessary, but such an extended analysis falls largely outside this book's scope.

All the projects presented here are packed with *ideas*, new and old. Some of them contradict conventional wisdom and/or are incompatible with each other. Their validity and feasibility must be judged within the context of specific professional, cultural and climatic environments. Sustainability is also about matching means with needs.

Buildings today consume 60% of the resources extracted from the Earth. As a result the pressure to use ecologically-sound *construction materials and methods* has been steadily increasing the world over. Most projects in this book address such issues, providing a broad review of the

respectivos entornos profesionales, culturales y climáticos. La sostenibilidad también pasa por ajustar los medios a las necesidades.

Hoy día, los edificios consumen el 60% de todos los recursos extraídos de la tierra. En consecuencia, el apremio para el uso de *materiales y sistemas constructivos* ecológicamente apropiados ha aumentado considerablemente en todo el mundo. La mayoría de los proyectos de este libro aborda esta cuestión, proporcionando un amplio resumen del estado actual del tema. El énfasis suele ponerse en la elección de materiales *ecológicamente correctos* y en si son reciclados y/o reciclables. Hoy día, sin embargo, se está produciendo un cambio de tendencia; se está pasando de una valoración relativamente simplista, casi intuitiva, de la *idoneidad ecológica* de los materiales de construcción, a un análisis científico de sus *ciclos de vida*. Este concepto incluye todos los costes producidos por la fabricación, uso y eliminación de un material específico, tanto *internos* (materias primas, energía, manufactura, transporte, etc.) como *externos* (contaminación, problemas de salud, destrucción del paisaje, etc.). Éste es un planteamiento bastante complejo, particularmente en una civilización como la nuestra basada en la logística, donde el transporte de mercancías es *aparentemente* barato, ya que en su valoración rara vez se tienen en cuenta los costes externos. Por esta razón, los datos sobre ciclos de vida completos son todavía escasos y, aunque existen varias organizaciones en el mundo que están realizando investigaciones en este campo, la mayoría de arquitectos y urbanistas no tienen más remedio que basarse en informaciones parciales, métodos prácticos más o menos fiables y referencias de otras experiencias.

La *energía* es, por supuesto, de capital importancia en el diseño de comunidades humanas. Los edificios actuales consumen aproximadamente la mitad de la energía utilizada por el hombre. Del 50% restante, distribuido aproximadamente a partes iguales entre el transporte y la industria, la construcción de edificios y de infraestructuras urbanas absorben una importante porción adicional. Como efecto secundario, los edificios generan la mitad de las emisiones de CO_2 a la atmósfera. Hasta ahora, los esfuerzos para reducir el consumo energético o para dirigirlo hacia fuentes de energía renovables se han centrado básicamente a la escala del edificio individual. Medidas como una orientación apropiada, ventilación natural, aislamiento adecuado, paneles solares fotovoltaicos, dispositivos de sombreado, generadores de propulsión eólica, elementos de almacenamiento térmico, y otras soluciones tradicionales o novedosas contribuyen a mejorar la eficiencia energética de los edificios y a reducir los perjuicios al medio ambiente. Por ejemplo, en los edificios situados en lugares de clima templado, los gastos de calefacción y agua caliente podrían ser prácticamente eliminados sólo con el uso de un diseño bioclimático y de colectores solares. Con ello se reduciría el consumo de electricidad a una tercera parte, aproximadamente, y mediante generadores solares y eólicos de electricidad se obtendrían economías adicionales. Este ahorro no se limita a la energía y al coste monetario sino que repercute automáticamente en la correspondiente reducción de la emisión de agentes contaminantes, en particular de CO_2.

En la actualidad, muchos proyectos ya emplean esas tecnologías, incluyendo la mayoría de los que se presentan en este libro. Sin embargo, la escala urbana ha quedado bastante relegada, hasta ahora, y en consecuencia se pierde la posibilidad de ahorros energéticos a gran escala. Los ejemplos de este libro exploran el inmenso potencial de los proyectos urbanísticos sensibles al ahorro energético, siguiendo el camino de una tradición casi olvidada que se remonta a miles de años atrás. En una época en la cual era difícil obtener

current state of affairs on the topic, with emphasis placed on the choice of 'ecologically correct' materials, and consideration given to their being recycled and/or recyclable. Nowadays, however, there is a shift from a relatively simplistic, almost intuitive assessment of the 'ecological appropriateness' of construction materials towards a scientific analysis of the 'life-time cycle', which accounts for all costs generated by the manufacturing, usage and disposal of a specific material, both 'internal' (raw materials, energy, manufacturing, transport, etc.) and 'external' (pollution, health problems, destruction of the landscape, etc.). This is a somewhat complex approach, particularly in our logistics-based civilization where transporting goods is seemingly so cheap, due to the fact that external costs are rarely taken into account. Consequently, comprehensive life-time cycle data are still relatively scarce and, while several organizations around the world are carrying out research in the field, most architects and planners have to rely on partial information, rule of thumb and references from other experiences.

Energy, of course, is a paramount issue when considering the design of human settlements. Buildings nowadays consume roughly half the energy used by humans. Of the other 50%, distributed in approximately equal parts among transport and industry, building and urban construction take an additional and significant portion. As a side-effect, buildings contribute half the CO_2 emissions into the atmosphere. Thus far, efforts to reduce energy consumption or to make the move towards renewable energy sources have largely been concentrated at the individual building scale. Appropriate orientation, natural ventilation, suitable insulation, solar photovoltaic panels, sun-shading devices, wind-propelled generators, thermal storage units and other traditional or novel solutions contribute to make buildings more energy-efficient and less environmentally damaging. In buildings in temperate countries, for instance, heating and hot water expenses can practically be eliminated simply by correct bioclimatic design and the use of solar energy accumulators. This would reduce electricity consumption to about one third; solar and wind-powered electricity generators would yield additional reductions. Savings like this are not only in energy and money: they immediately translate into a corresponding reduction in the emission of pollutants, in particular CO_2.

Many projects embrace such technologies today, including most of those in this book. The urban scale, however, has generally been neglected, with the result that huge potential energy savings are not made. The projects chosen here explore the potential for the large-scale design of energy-conscious urban environments, along the lines of a now almost-forgotten tradition that goes back thousands of years, to a time when energy was hard to obtain and cities where planned and built with the sun, the wind and the positioning of the site as major design factors. Vitruvius's basic recommendations on the matter are seldom remembered today, and used even less. Yet, further to action at the individual building level, larger-scale considerations such as the design of urban form and structure, the economies of scale achievable through district- or even city-wide strategies, or innovative approaches to urban infrastructures

14

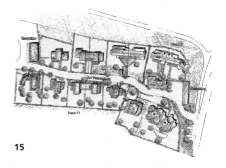

15

16

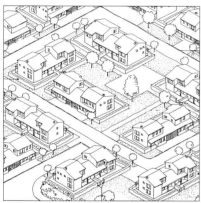

17

18

energía, las ciudades se planificaban y construían teniendo el sol, el viento y el emplazamiento como factores dominantes del proyecto. Hoy en día, casi se han olvidado las recomendaciones básicas de Vitruvio sobre la materia. Sin embargo –paralelamente a la acción en el ámbito de edificios individuales– con actuaciones a mayor escala (tales como el diseño de la forma y la estructura urbanas) se pueden conseguir economías sustanciales, bien a través de estrategias a nivel de barrio o ciudad, o bien con planteamientos innovadores de las infraestructuras urbanas, contribuyendo de esta forma muy significativamente a la consecución de unas comunidades humanas más sostenibles, y también proporcionando ideas para la renovación de áreas urbanas existentes.

A este respecto, intervenciones dignas de mención (aparte de los proyectos incluidos en el apartado "Recursos") son la pionera Residenziale Ovest, en Ivrea (Italia), de 1968, una sugerente realización de Gabetti e Isola que consiste en una comunidad solar, parcialmente subterránea, en forma de *crescent* [14], y una urbanización ecológica en Kassel (Alemania), proyectada en 1981 por Hegger-Hegger-Schleiff, en la que un emprendedor grupo de futuros residentes llegó a un acuerdo con el ayuntamiento para la fundación de una urbanización ecológica en un terreno municipal [15]. Otros proyectos más recientes, como el Auf den Steinen en Bad Beuenahr-Ahrweiler (Alemania), de Architekturwerkstadt [16], o Les Jardins de Rabaudy en el sur de Francia, de Dominique de Valicourt [17], demuestran la creciente preocupación ecológica, tanto en el ámbito privado como en el público. Incluso en España, un país que paradójicamente hasta ahora ha prestado relativamente poca atención a los temas de energía solar y recursos naturales, están empezando a surgir iniciativas en este sentido. Así lo demuestran proyectos tales como el barrio de viviendas sociales en Sant Just Desvern, cerca de Barcelona, de Pich-Aguilera Arquitectos [18], o la comunidad para la tercera edad en las islas Canarias, diseñada por Activitats Arquitectòniques [19].

El *agua,* el orígen de la vida en la Tierra, casi merecería una sección propia en un libro sobre EcoUrbanismo, aunque sólo fuera para recalcar su vital importancia y destacar la abundancia de nuevas ideas sobre la cuestión. El urbanismo convencional contempla únicamente dos categorías de agua: el agua potable y el agua residual. Desde este punto de vista, los problemas de los urbanistas consisten en procurar el suministro de la primera y la evacuación de la segunda, con la posible adición, según las condiciones climáticas, del problema del drenaje de las aguas pluviales en caso de tormentas torrenciales. Por el contrario, los asentamientos humanos sostenibles se proyectan con vistas a optimizar el *ciclo del agua,* y cualquier clase de agua, independientemente de su origen, es contemplada como un recurso. Los modelos de ciclos de agua que aparecen en los proyectos contenidos en este libro muestran ligeras diferencias, pero la mayoría de ellos aborda los siguientes temas básicos:
• obtención de agua dulce por medios ecológicamente aceptables;
• segregación de las aguas residuales en *aguas grises* (procedentes de cocinas y fregaderos, y utilizadas para las cisternas de los inodoros o para riego después de ser sometidas a un tratamiento natural,) y *aguas negras* (que deberán someterse a un tratamiento completo de depuración, previamente a su reciclaje);
• recogida y utilización de las aguas pluviales;
• retención de las aguas de escorrentía de las tormentas;
• reposición del nivel freático.

En este campo se han desarrollado unos conocimientos prácticos y unas tecnologías aplicadas verdaderamente amplias, como demuestra el número de proyectos que

have a significant contribution to make to the creation of more sustainable human settlements, while also providing ideas for the energy-conscious retrofitting and refurbishing of existing urban areas.

In this respect, undertakings which deserve mention –in addition to the projects included in the 'Resources' section– are the pioneering 1968 'Residenziale Ovest' in Ivrea, Italy, a suggestive realization by Gabetti e Isola of a partially-underground, crescent-shaped solar community [14], and the 1981 Ecological Housing, in Kassel, Germany, designed by Hegger-Hegger-Schleiff, in which an entrepreneurial group of future residents came to an agreement with the local council to carry out an experimental ecological settlement on a piece of municipal land [15]. More recent projects, such as Architekturwerkstatt's 'Auf den Steinen', in Bad Beuenahr-Ahrweiler, Germany [16], or Dominique de Valicourt's 'Les Jardins de Rabaudy', in Southern France [17], are proof of a growing ecological conciousness in both the private and the public spheres. Even in Spain, a country which oddly enough has paid little attention to solar energy and natural resources issues, initiatives are beginning to emerge, as demonstrated in projects such as Pich-Aguilera's proposal for a social housing neighborhood in Sant Just Desvern, near Barcelona [18], or Activitats Arquitectoniques' design for a community for the elderly in the Canary Islands [19].

Water, the source of life on Earth, possibly merits a section of its own in a book on EcoUrbanism, simply to stress its crucial importance and the abundance of novel ideas on the topic. Conventional urban planning only takes account of two main water categories: incoming fresh water and outgoing waste water. From this point of view the planners' problems consist in procurement of the former and disposal of the latter, with the possible addition, depending on climatic conditions, of the problem of storm-water drainage. Sustainable human settlements, on the other hand, are designed to optimize the 'water cycle', and all water regardless of its origin is seen as a resource. Slightly different water-cycle models are supported by the projects in this book, but most address the same basic issues:
• ecologically sound fresh water procurement;
• waste water separation into 'gray water' (output from kitchens and sinks, to be used, after a simple natural treatment, for flushing toilets and/or for irrigation) and 'black water' (to receive extensive treatment prior to recycling);
• rain water collection and usage;
• storm water run-off retention;
• water-table replenishment.

Extensive know-how and technology have been developed in this area, as demonstrated by the number of projects presented here that include comprehensive water strategies. In Nonza, Corsica, Niels Lützen has conceived a system by which the now-abandoned agricultural terraces are used to collect rainwater and to purify the village's waste water [20]. In Bonanova de Calafell, near Barcelona, Josep Parcerisa has designed a new residential development so that rain water replenishes the water table via open-air drains and cascading ponds, a low-engineering approach to violent instant storms that is employed by several projects in this book

19

aparecen en este libro en los que se incluyen estrategias integrales de uso y aprovechamiento del agua. En Nonza, en la mediterránea isla de Córcega, Niels Lützen ha concebido un ingenioso sistema mediante el cual se utilizan las terrazas agrícolas (hoy día abandonadas) para recoger las aguas pluviales y para purificar las aguas residuales del pueblo [20]. En Bonanova de Calafell, cerca de Barcelona (España), Josep Parcerisa ha diseñado una nueva urbanización residencial en la cual el agua de lluvia repone el nivel freático por medio de un ingenioso juego de canales al aire libre, cascadas y estanques; una solución de ingeniería sencilla y adecuada para resolver los problemas de las violentas trombas de agua, tema recurrente que aparece tratado en varias ocasiones a lo largo del libro [21]. Otro sistema de particular interés es el de los estanques multiuso (con fauna y flora) interdependientes que combinan el tratamiento de las aguas grises y la retención de las aguas de escorrentía de las tormentas, sirviendo a la vez como hábitat para la fauna y la flora y como amenidad paisajística. El uso de estas tecnologías se está extendiendo rápidamente, en especial en Estados Unidos. Un buen ejemplo de ello es el Total Resource Recovery Project (Proyecto Global de Recuperación de Recursos) en San Diego (California), que considera las aguas residuales como un valioso recurso para suministrar nutrientes al suelo, energía y, finalmente, agua potable [22].

En las sociedades no sostenibles, los *residuos* se consideran algo molesto, que hay que tirar, de lo que hay que desprenderse y hacer desaparecer. Sin embargo, en nuestros centros urbanos superpoblados y superproductores de desperdicios, los residuos no desaparecen tan rápida y eficientemente como sería preciso para mantener un saludable equilibrio con la naturaleza. Por ejemplo, la producción media europea de residuos sólidos, estimada en 1990 en 1,6 kg por persona y día, y su evacuación a los basureros o su incineración, está ocasionando grandes daños al medio ambiente. En cambio, en el modelo de desarrollo sostenible, los desperdicios son considerados como un recurso más, o al menos como un útil subproducto que puede ser reciclado, ahorrando así materias primas y reduciendo los daños medioambientales. Los esquemas de reciclaje de desperdicios pueden llegar a ser muy complejos y entrelazarse con los ciclos de otros recursos. Por ejemplo, los residuos sólidos pueden generar energía (como gas metano y calor), pueden usarse como material de construcción (escombros procedentes de las demoliciones, metales y plásticos reciclados), o combinarse con los lodos resultantes del tratamiento de aguas residenciales para la producción de abonos orgánicos ("compost").

Existen diversas organizaciones especializadas en el desarrollo de nuevos conocimientos en el campo de la gestión ecológicamente sensata de los recursos; sus estudios y experiencias están ya a disposición de arquitectos y urbanistas. Por ejemplo, el Rocky Mountain Institute [23], en Colorado (EE UU), fomenta el uso eficiente y sostenible de los recursos como único camino hacia la seguridad global, y desarrolla programas en cinco áreas clave: energía, agua, agricultura, seguridad y renovación económica. Otra organización de este tipo es la Findhorn Foundation, en Escocia, que está desarrollando un modelo de pueblo sostenible y ecológicamente saludable, a través de nuevos conceptos constructivos, de integración del paisaje y de infraestructuras apropiadas [24]. Planet Drum es una organización sin ánimo de lucro que ha preparado un Green City Program (Programa de Ciudad Verde) para San Francisco (California) [25] en el que se abordan temas como el transporte inteligente, la vegetación urbana, la energía renovable, la planificación sostenible, el carácter y la habilitación de barrios, el reciclaje y la reutilización, la vitalidad urbana, los hábitats silvestres en entornos urbanos, y pequeños negocios y cooperativas que tienen en cuenta las cuestiones sociales; Planet

[21]. Of special interest are multi-use ponds (with interlocking flora and fauna), which can combine gray water treatment and storm run-off retention, serving also as wildlife habitats and landscape amenities. Such technologies are now increasingly used, particularly in the USA, a good example being the 'Total Resource Recovery Project' in San Diego, California, which views waste water as a valuable resource for the supply of soil nutrients, energy and ultimately drinking water [22].

In unsustainable societies all *waste* is seen as a nuisance, something to throw out, get rid of, make 'disappear'. In our overpopulated, high-waste-generating urban centers, however, waste does not disappear as quickly and efficiently as is necessary for maintaining a healthy balance with nature. Average European production of solid waste, for instance, amounted in 1990 to 1.6 kg per person per day, and its disposal into landfills or by incineration is causing extensive environmental damage. In the sustainable development paradigm, waste is seen instead as a resource, or at least a useful by-product to be recycled, thus saving prime resources and reducing environmental damage. Waste-recycling models can become quite complex and may be integrated with the cycles for other resources. Solid waste, for instance, can generate energy (such as methane or heat), be used as a construction material (rubble from demolitions, recycled metals and plastics), or be combined with waste-water sludge for the production of compost (organic fertilizer).

Ever-increasing know-how on ecologically-sound resource management is being developed and made available to architects and planners by organizations such as the Rocky Mountain Institute in Colorado [23], whose purpose is to foster the efficient and sustainable use of resources as a way to global security, and which has programs in five areas: Energy, Water, Agriculture, Security, and Economic Renewal. Another such organization is the Findhorn Foundation in Scotland, which is developing a model of a sustainable and ecologically-sound village through new building concepts, integrated landscape and appropriate infrastructure [24]. Planet Drum is a non-profit organization which has prepared a grass-roots 'Green City Program' for San Francisco [25], addressing issues such as smart transportation, urban planting, renewable energy, sustainable planning, neighborhood identity and empowerment, recycling and reuse, life-place vitality, urban wild habitats and socially responsive small businesses and cooperatives; they also propagate their knowledge to other geographic areas. Peter Schmid, in the Netherlands, proposes the use of 'Gaia Building Systems' to suit the needs of today's and tomorrow's users around the world within a healthy and sound built environment; this is achieved through a 'Method of Holistic Participation' and a 'Basic Model of Architectural Detailing'. The theoretical base is a 'Metamodel for Integral Bio-Logical Architecture', a human-ecological framework and holistic philosophy aimed at sustainable building [26]. This consistently adopted holistic view stresses the importance of using such new knowledge not in a piecemeal fashion but within an integrated, multidisciplinary urban-planning strategy.

7.3. Participation
Ideally, a city should be regarded as an ecosystem in which a living community and its

20

21

22

23

24

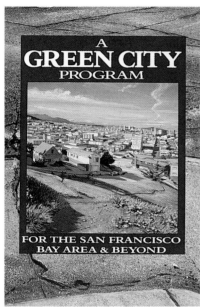

25

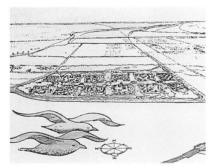

26

Drum también se dedica a propagar sus conocimientos a otras áreas geográficas. Peter Schmid, en Holanda, propone el uso de "sistemas constructivos Gea" para conjugar las necesidades de los actuales y futuros usuarios en todo el mundo, dentro de un entorno saludable y seguro. Todo esto se consigue a través de un *método de participación holista* y un *modelo básico de diseño arquitectónico*. La base teórica es un *metamodelo para una arquitectura bio-lógica integral*, un marco ecológico-humano y una filosofía integral encaminada hacia una edificación sostenible [26]. Estas coherentes aproximaciones integradas demuestran la importancia que tiene el uso de estos nuevos conocimientos dentro de una estrategia global y multidisciplinar de planeamiento urbano.

7.3. Participación

Idealmente, la ciudad debería ser considerada como un ecosistema en el que la comunidad de seres vivos que en ella habita y su entorno funcionan como una unidad ecológica equilibrada. Un ecosistema es la combinación de una 'biocenosis' –es decir, una comunidad de diversas especies interrelacionadas entre sí y con su entorno– y un 'biotopo', el soporte físico en el que habita tal comunidad. Por lo general, las *biocenosis urbanas* –las comunidades predominantemente humanas que habitan en los *biotopos urbanos*– no han sido deliberadamente proyectadas, sino que, al igual que otros ecosistemas, se desarrollan espontáneamente. Sin embargo, la ciudad se distingue de otros ecosistemas, entre otras cosas, en que su soporte físico (el biotopo) es, en gran medida, producto de la actividad humana.

Los arquitectos, urbanistas y otros expertos suelen influir en el diseño de los *biotopos urbanos,* y esta influencia ha tendido ocasionalmente hacia el control absoluto. Sin embargo, durante muchos siglos, los tejidos urbanos fueron (y muchos aún lo son) configurados orgánicamente por sus propios habitantes. En los procesos tradicionales de crecimiento urbano, los biotopos urbanos se construyen, casi por definición, para satisfacer las necesidades y deseos inmediatos de sus habitantes humanos. Por el contrario, muchos hábitats humanos proyectados por arquitectos, urbanistas y otros expertos no han conseguido satisfacer las necesidades y deseos de los habitantes a los que estaban destinados, los cuales se lamentan de que en el proceso de diseño no se hayan tenido en cuenta (o al menos no suficientemente) sus verdaderos intereses, necesidades y preferencias. Tal percepción conduce, a un sentido de desapego y de desarraigo, a una falta de identificación con el medio urbano, cuando no a problemas sociales más serios. Difícilmente un hábitat urbano puede funcionar como un ecosistema equilibrado bajo unas condiciones tan desfavorables.

La participación es un conjunto de técnicas ideadas para garantizar que los hábitats humanos satisfagan las necesidades (reales y/o percibidas) de sus habitantes. Las técnicas de participación comenzaron a utilizarse durante la década de 1960, y desde entonces han alternado momentos de gran aceptación con otros de recesión. Aunque los planteamientos varíen en cada caso, pueden identificarse varias categorías generales: el nivel mínimo corresponde a la utilización de *sondeos y encuestas* para detectar y recopilar información sobre las necesidades y demandas de los futuros usuarios, cuyos resultados serán utilizados por arquitectos y urbanistas como punto de partida para sus proyectos (véase el proyecto Blairs College Estate, página 88). Durante el proceso proyectual pueden usarse métodos de participación continuada; básicamente, los futuros usuarios son tratados aquí como *clientes* que no se limitan a proporcionar información sobre sus necesidades sino que también dan su aprobación final a las propuestas de proyecto. Este tipo de participación

environment function as a balanced ecological unit. An ecosystem is a combination of a 'biocenosis', a community of diverse species interacting among themselves and with their environment, and a 'biotope', which is the physical support on which such a community lives. 'Urban biocenoses' –that is, the predominately human living communities that inhabit 'urban biotopes'– are not, generally speaking, designed: like other ecosystems, they develop spontaneously. A city, however, is different from other ecosystems in that, among other things, the physical support (the biotope) is largely the product of human activity.

Architects, urbanists and other experts have frequently influenced the design of 'urban biotopes', an influence that has sometimes edged towards total control. For centuries, however, urban fabrics were –and many still are– created organically by their own human inhabitants. In traditional urban growth processes, urban biotopes are built, almost by definition, to satisfy the immediate needs and desires of their human inhabitants. Human habitats designed by architects, urbanists and other experts have, on the other hand, often failed to satisfy the needs and desires of their intended inhabitants, as these feel that their interests, demands and wishes are barely taken into account –or not at all– in the design process. Such perception usually leads to a feeling of disengagement and lack of identification with the urban environment, and sometimes to graver social problems. Under such unfavorable conditions an urban habitat can hardly function as a balanced ecosystem.

Participation is a set of techniques devised to ensure that artificial habitats satisfy the real and/or perceived needs of their human inhabitants. Participation started in earnest during the 1960s and has since witnessed alternate periods of resurgence and retreat. Approaches vary, but they can be classified into several broad categories: the minimum is the use of surveys to elicit and collect information on needs and demands, which can then be used by architects and planners as a basis for their schemes (see the Blairs College Estate project, page 88). Ongoing participation methods can be used during the design process. In essence, future users are here treated as 'clients' who not only provide information on their needs but also give their final approval to design proposals, so iterative design reviews are called for (see the Ecological Housing Geroldsäcker project, page 86). Ingenious variations have been developed, such as the 'Open Building Systems', originally conceived by N. John Habraken with the SAR[4], in which a construction is conceptually divided into 'support' (the fixed elements designed by specialists, such as the structure) and 'infill' (the design of which is decided by individual users working with specialized professionals); this approach is applicable to different scales (see the project 'Tid, människor och hus', page 84). At the end of the participation spectrum, users design and build their own habitats, and even whole neighborhoods, with technicians and professionals providing consultative and advisory services [27]. This approach was initially developed to ensure basic construction safety standards and facilities in self-built shantytowns, but has also been successfully used in community-oriented and cooperative housing settlements (see the EcoVillage Ithaca project, page 89).

comporta el consiguiente proceso iterativo de presentación y modificación de los proyectos, (véase el proyecto Urbanización Ecológica Geroldsäcker, página 86). Se han desarrollado diversas e ingeniosas variantes de sistemas participativos, como la de los "sistemas constructivos abiertos", concebidos originalmente por N. John Habraken en colaboración con la SAR.[4] Según esta metodología, cualquier construcción se subdivide conceptualmente en *soporte* (los elementos fijos diseñados por especialistas, como, por ejemplo, la estructura) y en *unidad separable* (cuya ubicación y diseño corre a cargo de los usuarios individuales, trabajando en colaboración con profesionales especializados); este enfoque es aplicable a diferentes escalas (véase el proyecto Tid människor och hus, página 84). En el nivel más elevado de participación, los usuarios diseñan y construyen sus propios hábitats, e incluso barrios enteros, mientras los técnicos y profesionales se limitan a proporcionar servicios de consulta y asesoramiento [27]. Este planteamiento se desarrolló originalmente para asegurar unos niveles básicos de seguridad en la construcción y de servicios a barriadas autoconstruidas por sus habitantes, pero también se ha empleado con éxito en urbanizaciones residenciales de orientación comunitaria y en cooperativas (véase el proyecto Ecopueblo en Ithaca, página 89).

Otro ejemplo interesante es el Pelgromhof en Zevenaar (Holanda), de Frans van der Werf, una zona residencial para la tercera edad para la cual se ha ideado un planteamiento participativo de *sistemas abiertos,* para asegurar una construcción respetuosa con el medio ambiente [28]. En el caso de Sant Jordi, en Cercs (Barcelona, España), los arquitectos Claret, Costa, Frago, Roca y Viola diseñaron un original sistema participativo para un pueblo entero que debía ser trasladado de lugar debido a la construcción de un nuevo embalse; el diseño de cada una de las casas fue realizado individualmente, en colaboración con sus usuarios. En los coalojamientos de Pine Street, en Amherst, Massachusetts (EE UU), el arquitecto Bruce Coldham organizó el grupo de residentes de una pequeña comunidad cooperativa con vistas a fomentar la cooperación interfamiliar [29].

7.4. Comunidad

Los lazos sociales son probablemente el bien más valioso que tienen las sociedades humanas y, sin duda, son cruciales para nuestra supervivencia como especie. Sin embargo, muchos asentamientos humanos, aunque hayan sido diseñados, construidos y habitados por seres humanos, no consiguen proporcionar un entorno adecuado para la interacción social y la vida comunitaria. Al analizar qué es lo que se ha hecho mal en nuestras ciudades, urbanistas y otros expertos han individualizado los problemas específicos para explicar la cada vez más frecuente falta de congruencia entre las necesidades humanas y la organización de las áreas urbanas. El planeamiento orientado hacia el coche, la insuficiencia de espacios públicos, la carencia de escala humana, la escasez de lugares para la interacción social, la baja densidad, el excesivo énfasis en la separación, el individualismo y la autoprotección, y la zonificación funcional demasiado especializada han sido identificadas como las causas principales de la pérdida de calidad urbana.

En su búsqueda de un *biotopo* más humanamente funcional para nuestras comunidades urbanas, la mayoría de los proyectos recogidos en este libro abordan estos y otros temas afines. Los proyectos que se presentan en la sección "Comunidad" ponen especial énfasis en la creación de tejidos urbanos proyectados especialmente para apoyar, fomentar y nutrir los lazos sociales, y para favorecer y estimular la interacción *cara a cara* entre las personas. Como ya se ha mencionado antes, no es posible *proyectar* una comunidad humana

Other interesting examples include Frans van der Werf's 'Pelgromhof' in Zevenaar, Holland, a residential area with emphasis on the elderly, and for which an 'open systems' participatory approach has been devised to ensure environmentally conscious building [28]. In Sant Jordi de Cercs (Barcelona) architects Claret, Costa, Frago, Roca and Viola devised a unique participatory scheme for a village that was due to be relocated because of the building of a new reservoir; each of the 300 homes was individually designed in collaboration with the occupier. In the Pine Street CoHousing in Amherst, Massachusetts, architect Bruce Coldham organized the group of residents for a small-scale cooperative community to foster inter-family cooperation [29].

27

7.4. Community

Social bonding is probably the most valuable asset human societies have, and one that is doubtless crucial to our survival as a species. Yet many human settlements, while designed, built and inhabited by humans, fail to provide an appropriate environment for human interaction and community life. In analysing what has gone wrong with our cities, planners and other experts have individualized specific problems to account for the increasingly frequent lack of congruence between human needs and the design of urban areas. Car-oriented planning, loss of public space, lack of human scale, scarcity of places for social interaction, too-low densities, emphasis on isolation, individualism and self-protection, and excessively specialized functional zoning are blamed as the main causes of the overall loss of urban quality.

Most projects in this book address these and other related issues in their search for a more humane 'biotope' for urban communities. The schemes presented in the 'Community' section place particular emphasis on the creation of urban fabrics specifically designed to support, encourage and nourish social bonds, and to favor and stimulate face-to-face interaction. As we have already pointed out, a diverse and healthy human community cannot be 'designed': what these projects aim at, then, is designing 'community-inducing' urban environments. To this end a number of varied measures –some original and others derived from well-tried planning models– are proposed, such as emphasis on public space and human interaction, walking-, bicycle- and public transport-oriented planning, human scale, and compact and richly diverse mixed-use neighborhoods. Such environments are effectively designed to act as catalysts to the development of balanced human communities with a sense of belonging to both a group and a place. This sentiment is essential for the long-term sustainability of human communities.

28

One pioneering effort worth mentioning is 'Village Homes' in Davis, California, a 1975 planned community designed by Michael Corbett and others to foster a strong sense of community and to conserve energy and natural resources [30]. Corbett later planned Davisville, also in Davis [31], in accordance with the 'Ahwahnee Principles'. These were drawn up in 1991 by a group of architects and planners as a blueprint for designing so-called 'neotraditional communities'. The Principles are organized in three parts: the 'community principles' define

29

30

31

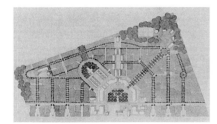

32

33

diversa y saludable. Consecuentemente, estos proyectos plantean entornos urbanos *inductores de comunidad*. Con este fin se sugieren variedad de medidas, unas originales y otras derivadas de modelos urbanísticos bien contrastados, como prestar especial atención a los espacios públicos y a la interacción humana, orientar el planeamiento hacia los peatones, ciclistas y el transporte público, la escala humana y los barrios compactos con una rica diversidad y mezcla de usos. Tales ambientes actúan como *catalizadores* en el desarrollo de comunidades humanas equilibradas y con un auténtico sentido de pertenencia a un grupo y a un lugar. Este sentimiento resulta esencial para la sostenibilidad a largo plazo de las comunidades humanas.

A este respecto, merece la pena mencionar un ejemplo pionero, el de Village Homes en Davis, California (EE UU), una comunidad que data del año 1975, proyectada por Michael Corbett y otros con el objetivo de fomentar un fuerte sentido comunitario y la conservación de la energía y los recursos naturales [30]. Posteriormente, el propio Corbett proyectó Davisville, también en Davis [31], inspirándose en los *principios Ahwahnee*. Esos principios fueron redactados en 1991 por un grupo de arquitectos y urbanistas, a modo de directrices para el diseño de las llamadas "comunidades neotradicionales". Los principios constan de tres partes: los "principios de comunidad" definen cómo debe ser una comunidad, los "principios regionales" definen cómo debe relacionarse con las comunidades y el entorno que la rodean, y la "estrategia de ejecución" proporciona a los políticos un plan para la puesta en marcha del proyecto.[5] Sus autores fueron Peter Calthorpe, Michael Corbett, Andrés Duany, Elizabeth Moule, Elizabeth Plater-Zyberk y Stefanos Polyzoides. En 1993, se convirtieron en miembros fundadores de la organización norteamericana sin ánimo de lucro Congress for the New Urbanism (Congreso para un Nuevo Urbanismo).

El nuevo urbanismo apoya "la rehabilitación de pueblos y centros urbanos existentes en el seno de áreas metropolitanas coherentes, la reconfiguración de suburbios desparramados en comunidades de auténticos barrios y diversos distritos, la conservación de los entornos naturales y la defensa del patrimonio arquitectónico".[6] Algunos ejemplos de este libro muestran la obra de miembros del grupo. También es digna de mención la pionera y exitosa urbanización Seaside, en Florida (EE UU) [32], proyectada por DPZ (Andrés Duany & Elizabeth Plater-Zyberk), y Nance Canyon, un gran plan urbanístico de 1.220 hectáreas para nueve poblados de uso mixto con un total de 5.000 viviendas, también proyectado por DPZ en colaboración con el estudio CoDesign de Robert Thayer [33].

Hoy día, en muchos países industrializados son frecuentes las iniciativas de planeamiento orientadas hacia la comunidad, en especial en Estados Unidos, donde no es raro encontrar urbanizaciones de este tipo promovidas por pequeños grupos privados o incluso por individuos aislados. Un buen ejemplo de ello es la urbanización ecológica Barrio Norland, en Jacksonville (Oregón, EE UU), ideada por Donna Norris y proyectada por un equipo multidisciplinar especialmente constituido para este fin [34]. Pero tales iniciativas se están extendiendo también a los países en vías de desarrollo, donde la espuria imagen de progreso vinculada al urbanismo *moderno* está poniendo en peligro una rica cultura tradicional de vida en comunidad. Por ejemplo, en Río de Janeiro (Brasil) se mejoran sus *favelas* (barriadas pobres autoconstruidas), convirtiéndolas en barrios autosuficientes [35], y en Yoff (Senegal), con motivo de la Conferencia Ecociudad de 1995, George Ramsey proyectó un nuevo eco-poblado para revalorizar los modos de vida tradicionales en los pueblos de la zona [36].

what a community should be like; the 'regional principles' define how it should relate to the communities and the environment around it; and the 'implementation strategy' provides local officials with a plan for making all this happen[5]. The authors were Peter Calthorpe, Michael Corbett, Andrés Duany, Elizabeth Moule, Elizabeth Plater-Zyberk and Stefanos Polyzoides. In 1993 they became the founder-members of the US non-profit organization 'Congress for the New Urbanism'.

New Urbanism supports 'the restoration of existing urban centers and towns within coherent metropolitan areas, the reconfiguration of sprawling suburbs into communities of real neighborhoods and diverse districts, the conservation of natural environments, and the preservation of our built legacy'[6]. Several case studies in this book illustrate the work of its group members. Also worth mentioning are the pioneering and highly successful Seaside development, in Florida [32], planned by DPZ (Andrés Duany & Elizabeth Plater-Zyberk), and Nance Canyon, a large plan (1,220 hectares) for nine mixed-use villages with a total of 5,000 housing units, again designed by DPZ along with Robert Thayer's CoDesign [33].

Community-oriented planning initiatives are frequent nowadays in many industrialized countries, particularly in the USA where small private groups or even single individuals are also spearheading such undertakings. An example of this is the Dorland Environmentally Responsive Neighborhood Development in Jacksonville, Oregon, originated by developer Donna Norris and designed by an expressly assembled multidisciplinary team [34]. But initiatives are also extending to developing countries where the fallacious image of progress attached to 'modern urbanism' is jeopardizing a rich traditional culture of community living. Rio de Janeiro is upgrading its 'favelas' (shantytowns) into self-supportive neighborhoods [35], while in Yoff, Senegal, a new EcoVillage was designed by George Ramsey for the 1995 Eco City Conference, directed at a reevaluation of local village-living traditions [36].

7.5. EcoResorts
Some readers may be surprised by the fact that a whole section of a book on EcoUrbanism is devoted to tourist-related developments. Tourism, however, is the most important single industry in the world, directly or indirectly generating 10.7% of the gross global produce and almost 11% of the total employment worldwide in 1996 (Source: World Tourism and Travel Council (WTTC)). It also has one of the highest growth rates, and is already accountable for the destruction of millions of square kilometers of the most sensitive ecosystems in the world (beaches and coastal areas, mountains, wetlands). Yet human vacation habits do not look to be about to change; on the contrary, growth projections are alarming, which means that innovative solutions must be devised quickly.

The projects included in the 'EcoResorts' section point the way toward more ecologically sensitive tourist developments. Some of these have ingeniously worked around the contradictions inherent in their commercial origins, and all have positive contributions to make to the topic. In fact, some planners anticipate that 'ecoresorts' will serve as the testing ground for innovative

7.5. *Ecoresorts*

Es posible que algunos lectores se sorprendan de que en un libro sobre Ecourbanismo se dedique una sección completa a desarrollos urbanísticos relacionados con el turismo. Pero el turismo es la industria más importante del mundo, genera, directa o indirectamente, el 10,7% del producto interior bruto global y proporciona casi el 11% de todos los empleos existentes en el mundo (datos de 1996. [Fuente: Consejo Mundial de Turismo y Viajes, WTTC]). Por si fuera poco, la actividad turística también arroja uno de los índices de crecimiento más elevados y ha causado la destrucción de millones de kilómetros cuadrados de ecosistemas en todo el mundo (playas y zonas costeras, montañas, humedales, etc.). Y sin embargo, los hábitos vacacionales de la gente no parece que lleven camino de cambiar, al contrario, las previsiones de crecimiento del turismo son alarmantes, por lo que resulta imprescindible ingeniar soluciones innovadoras con urgencia.

Los proyectos incluidos en esta sección marcan el camino hacia unas urbanizaciones turísticas que tengan en cuenta los temas ecológicos. Algunos de estos proyectos resuelven ingeniosamente las contradicciones inherentes a sus orígenes comerciales y todos aportan contribuciones positivas. De hecho, algunos urbanistas predicen que las urbanizaciones de centros vacacionales proyectados con criterios ecológicos servirán como campos de experimentación para conceptos innovadores que, podrían aplicarse algún día a situaciones urbanas de mayor dimensión y complejidad, contribuyendo así al desarrollo de conocimientos prácticos sobre el tema.

Como antecedentes al concepto de *ecoresorts,* cabe citar proyectos tales como Port Grimaud, en el sur de Francia, de François Spoerry [37], o Binibeca, en la isla de Menorca, España, del Estudio BC [38]. En su búsqueda de una alternativa a la masiva destrucción paisajística causada por las edificaciones sobredimensionadas tan características de la industria turística, éstos y otros proyectos similares han buscado sus raíces en la arquitectura popular como opción más discreta y respetuosa con el entorno. En proyectos más recientes se puede observar que las consideraciones ecológicas van adquiriendo progresivamente mayor importancia, como en el caso de Villaricos en Almería (España) de Spoerry [39]; o en el de La Oliva, en la isla canaria de Fuerteventura (España) de Melvin Villarroel [40]; o también en los proyectos del Estudio BC en Borobudur, en Java (Indonesia) [41], y en Punta San Basilio, Baja California (México) [42].

7.6. Revitalización

Lo más habitual es que los urbanistas no dispongan de un terreno *virgen* donde aplicar sus nuevos conceptos urbanísticos partiendo de cero. De hecho, el urbanismo sostenible debería centrarse primordialmente en restaurar zonas urbanizadas degradadas, antes que en urbanizar las valiosas y cada vez más escasas áreas naturales o agrícolas. La situación profesional más frecuente entre urbanistas y arquitectos es la de tener que abordar complejas situaciones urbanas preexistentes, a menudo en estado de notable deterioro, que organismos públicos y/o privados tratan de remediar. La *renovación urbana,* la *reurbanización,* e incluso la vilipendiada *gentrification*[7] son algunos de los planteamientos más frecuentes utilizados en tales casos.

El término 'revitalización' se utiliza en este libro específicamente para destacar ciertos proyectos que van más allá de la mera renovación física y los consiguientes efectos sociales y económicos. Con la palabra revitalización se hace referencia a la vida, evocando la acción de insuflar nueva vida a un tejido urbano agotado. Los proyectos de revitalización introducen o restauran el equilibrio en el seno de un ecosistema urbano dañado o defectuoso. Obviamente, para tales iniciativas se

concepts that could later be applied to larger and more complex urban situations, thus contributing to the development of know-how in the field.

Precedents for the ecoresort concept can be traced back to projects such as François Spoerry's 'Port Grimaud' in the south of France [37] or Estudio BC's 'Binibeca' on the island of Menorca, Spain [38]. In their search for an alternative to the massive landscape destruction caused by habitually over-scaled tourist structures, these and similar projects looked to popular architecture as the key to a friendlier built environment. Ecological considerations have become increasingly important in later projects like Spoerry's Villaricos, in Almeria, Spain [39]; Melvin Villarroel's 'La Oliva', in Fuerteventura, Canary Islands [40]; or Estudio BC's projects for Borobudur, on Java [41]; and for Punta San Basilio, Baja California, Mexico [42]

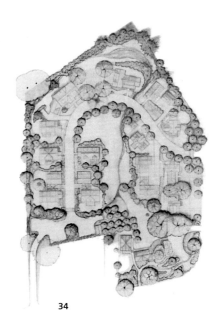

34

7.6. Revitalization

'Clean slate' conditions in which planners can develop and apply new urbanistic concepts to a pristine site are comparatively rare. As it is, sustainable urban development should focus primarily on restoring degraded sites rather than urbanizing precious and increasingly scarce natural or agricultural areas. Urban planners and designers are more often than not confronted with complex existing urban conditions, frequently in a state of decay, which public and/or private bodies seek to redress. 'Urban renewal', 'redevelopment' and even the vilified 'gentrification' are some of the more frequent approaches in such cases.

The term 'revitalization' has been specifically chosen in this book to highlight certain projects whose goals go beyond mere physical renovation and its associated social and economic effects. Revitalization refers to life ('vita'), evoking the breathing of life back into an exhausted urban fabric. Revitalization projects introduce or restore balance within a damaged or defective urban ecosystem. Such undertakings must obviously use a comprehensive, holistic approach to have any chance of success; partial views devolving independently of each other from a multiplicity of disciplines are simply not enough.

35

A case in point is the 'Parc del Delta' project in Barcelona, by GBR-Arquitectos and Miguel Ruano, in which a 160-hectare site, largely consisting of wasteland, is restored to its former wetland condition by means of a comprehensive plan for urban renewal [43,44]. In Bogotá, Colombia, Alfonso Vegara's 'Taller de Ideas' has initiated an ambitious revitalization program for the historic urban center using a proprietary methodology named '*Programa Ciudad*' ('City Program') which includes, among other things, participation and 'city marketing' initiatives [45]. At a larger scale, Alberto Magnaghi's team has proposed an integrated system of policies and projects for the ecological recuperation of the Lambro, Seveso and Olona river basins, north of Milan, an area which constitutes the industrial heart of the Lombardy region [46].

7.7. Televillages

Many experts see the growing impact of new telecommunications technologies and the consequent emergence of novel, non-travel related patterns of work, education and leisure as a key to future urban sustainability. According

36

37

38

debe adoptar un planteamiento integral y sistémico para tener alguna posibilidad de éxito. La aplicación de puntos de vista parciales, desarrollados independientemente unos de otros a partir de una multiplicidad de disciplinas, simplemente no funciona.

En este sentido, el proyecto del Parc del Delta en Barcelona de GBR-Arquitectos y Miguel Ruano, que devuelve su condición original de humedal a un terreno de 160 hectáreas (en gran parte de erial), mediante un plan global de renovación urbana, encaja perfectamente en esta sección [43, 44]. En Bogotá (Colombia), el Taller de Ideas de Alfonso Vergara ha iniciado un ambicioso plan de revitalización del centro histórico, utilizando una metodología propia llamada Programa Ciudad, que incluye, entre otras iniciativas, la participación y las técnicas de "márketing de ciudades" [45]. A mayor escala, el equipo de Alberto Magnaghi ha propuesto un sistema global de políticas y proyectos para la recuperación ecológica de las cuencas del Lambro, Seveso y Olona, al norte de Milán (Italia), una zona que constituye el corazón industrial de la región de Lombardía [46].

7.7. Telepueblos
Muchos expertos consideran que el impacto creciente de las nuevas tecnologías de la telecomunicación, y la consiguiente aparición de nuevos modos de trabajo, educación y ocio no vinculados al desplazamiento físico, son factores clave para la futura sostenibilidad urbana. Según esta corriente de pensamiento, gran parte de lo que hoy en día se realiza por medio de intercambios humanos cara a cara podría –y de hecho podrá cada vez más– tener lugar a través de los modernos dispositivos de telecomunicación, como el teléfono digital, las redes de ordenadores y la televisión interactiva, convirtiendo en superfluos muchos de los desplazamientos y viajes que ahora nos parecen imprescindibles. Como ya se ha mencionado, actualmente el transporte es uno de los principales problemas de nuestra civilización no sostenible, y cualquier iniciativa que sea capaz de alterar significativamente las tendencias de movilidad actual está llamada a tener un considerable impacto.

Desde el punto de vista del urbanismo, el aspecto puntual más importante de este acontecimiento tecnológico reside en su posible efecto en los conceptos urbanísticos actuales. Hay quien dice que no los afectará o que tendrá un impacto casi inapreciable, ya que esas tecnologías son bastante *transparentes* y pueden ser integradas sin excesivos problemas en los tejidos urbanos existentes. De hecho, muchas zonas urbanas de todo el mundo ya están siendo dotadas de infraestructuras de telecomunicación avanzadas (telepuertos, fibras ópticas, plataformas satélite, redes zonales, etc.) y de accesos a las redes de comunicación global (ISDN, Internet, WWW, etc.), sin que ello haya tenido un impacto demasiado visible en su organización física. Con el tiempo, iría surgiendo gradualmente una "telepolis" global, a medida que las áreas urbanas vayan recibiendo una nueva capa infraestructural que les permita realizar intercambios de información rápidos y fiables.[8]

En cambio, otros expertos opinan que la aparición de nuevas funciones y modelos de actividad ha generado, históricamente, el nacimiento de nuevas tipologías espaciales (a este respecto, es pertinente citar la aparición de los edificios de oficinas y, con el tiempo, la de barrios enteros de oficinas, al evolucionar las actividades administrativas públicas y privadas a lo largo de los siglos; sin olvidar la aparición de inéditos equipamientos infraestructurales antes desconocidos, tales como la estación de ferrocarril o el aeropuerto). Si éste es el caso, resulta imprescindible explorar cómo van a evolucionar las estructuras urbanas en respuesta al impacto de las nuevas tecnologías y las necesidades que de éstas se derivan, más allá de inmediatas reacciones estilísticas, meramente superficiales.

to such thinking, most of what occurs nowadays by way of face-to-face human interaction can and will be done via telecommunication devices such as digital telephones, networked computers and interactive TVs, thus rendering much commuting and travel unnecessary. As already discussed, transport is currently one of the main problems of our unsustainable civilization and any development that can significantly curb the current mobility trends will have a tremendous impact.

From an urban planning viewpoint the most important single aspect of this techno boom is whether it will affect current urbanistic conceptions. Some claim that it will not, or that it will have a negligible impact, since such technologies are quite 'transparent' and can be seamlessly integrated within existing urban fabrics. Many urban areas around the world are already being retrofitted with advanced telecommunications infrastructures –teleports, fiber optics, satellite dishes, area networks, etc.– and gateways to the global communications networks (ISDN, Internet, WWW, etc.) without much apparent effect on their physical organization. Indeed, many such instances of the global 'telepolis' would evolve as urban areas and receive yet another infrastructural layer ensuring fast and reliable information interchanges.[7]

Other people argue that historically new functions and forms of activity have generated novel spatial typologies. A case in point, for example, is the emergence of the office building and, eventually, of entire office districts as public and private business administration evolved throughout the centuries, or the creation of previously unknown infrastructural facilities such as the railroad station and the airport. If this is indeed the case, it becomes necessary to explore how urban structures will develop in response to the impact of technology and the needs arising from this, beyond immediately stylistic and superficial reactions.

Some interesting experiments have already been undertaken in this area. In France, for instance, entire communities are being developed around newly-created 'telecenters' located at a distance from large metropolitan areas. Such telecenters are developed by companies which, instead of continuing to pay for expensive office space in the city centers, opt for lower operational costs by offering their employees the possibility of a higher quality of life in a rural setting. Such data- and information-processing employees 'telecommute' daily by hooking up with the central office or with offices located elsewhere without moving from their small towns. The French government has been exploring the idea of telecenters and telecommunities as a means of redeveloping entire rural areas which became depopulated when agriculture was mechanized, resulting in a territorial imbalance which could now be rectified.

But perhaps more interestingly, a completely novel urbanistic concept is being developed: the 'televillage'. As the world advances into the information age, new urban configurations are springing up which house those organizations and individuals who are able to work at a distance from their employers and clients. Televillages are provided with the most advanced technologies to allow their inhabitants to be connected with the world in 'real time'[8], using

En este campo, ya existen algunas experiencias interesantes. En Francia, por ejemplo, se han desarrollado comunidades enteras en torno a *telecentros* de nueva creación ubicados fuera de las grandes áreas metropolitanas. Tales telecentros han sido promovidos por empresas que, en vez de continuar pagando altos precios por el espacio de oficinas en céntricas zonas urbanas, optan por unos costes operativos menores, ofreciendo a sus empleados la posibilidad de una calidad de vida superior en una zona rural tranquila. Esos empleados, dedicados a las tareas de información y proceso de datos, *televiajan* diariamente, conectando con la oficina central o con oficinas situadas en cualquier otro sitio, sin necesidad de salir de sus pequeños pueblos. El gobierno francés ya está explorando el fomento de telecentros y telecomunidades para reurbanizar áreas rurales enteras que quedaron semidespobladas con la mecanización de la agricultura, lo que resultó en un desequilibrio territorial que ahora podría ser corregido.

Pero aún es más interesante un concepto urbanístico completamente inédito que está empezando a materializarse: el *telepueblo*. A medida que la era de la información avanza en todo el mundo, comienzan a surgir nuevas configuraciones urbanas para alojar a individuos u organizaciones que puedan trabajar a distancia de sus empresas y clientes. Los telepueblos están dotados de las tecnologías más avanzadas, permitiendo a sus habitantes estar conectados con el mundo en *tiempo real,*[9] mediante la red de Internet, la WWW, u otras redes globales futuras. Cualquier información está al alcance de los residentes del telepueblo. El correo electrónico y el acceso a remotas bases de datos son sólo el principio. Las teleconferencias y otras tecnologías ya están permitiendo a los habitantes del telepueblo comunicarse y trabajar con otras personas situadas en cualquier lugar del mundo. Viven allí, en el telepueblo, pero se ganan la vida en cualquier otro sitio sin necesidad de desplazarse.

Y el teletrabajo es sólo una parte de la historia. La educación, la sanidad, la cultura, el ocio y las compras son otras de las muchas cosas que hoy se pueden vehicular a través de la infraestructura de telecomunicaciones. La enseñanza interactiva ya funciona en muchos lugares, multiplicando el número de estudiantes que pueden tener acceso a los conocimientos impartidos por los mejores educadores del mundo, con independencia del lugar en que estén ubicados. Similares avances ya se están produciendo en el campo de los tratamientos médicos, donde los médicos locales aprovechan las experiencias de especialistas de cualquier lugar del mundo. La cultura, el ocio y las compras a través del ordenador y de la televisión por cable o vía satélite ya se han puesto en marcha.

Hasta hoy, las telecomunidades han estado principalmente dirigidas a sectores sociales de elevado nivel de vida y, por lo general, están dotadas de las adecuadas instalaciones educativas, sanitarias y de ocio. Asimismo, acostumbran a estar bien integradas en su entorno natural, por el que muestran un gran respeto, al considerarse que éste es uno de sus mayores activos. Algunas telecomunidades están explorando también ideas novedosas en cuanto a estructuras sociales, productivas, económicas e incluso políticas (por ejemplo, en las cooperativas regidas por democracias directas). Sin embargo, se han manifestado recelos sobre el peligro de que tales comunidades acaben convirtiéndose en *ghettos,* en ambientes autónomos para jóvenes profesionales de alto poder adquisitivo. Ese riesgo sólo puede evitarse facilitando el acceso de la gente a la tecnología (tanto financiera como culturalmente) y tomando medidas para asegurar que las telecomunidades tengan una rica y saludable diversidad social, en cuanto a tipo y edad de sus residentes. El aislamiento social y el individualismo exacerbado son otros de los

the Internet, the WWW and future global networks. All information is available at the televillage resident's fingertips. Electronic mail and remote database access are just the beginning. Teleconferencing and other technologies already allow people to remain in the televillage and interface and work with other people anywhere in the world. They live there, yet make their living elsewhere, all without moving.

And teleworking is only part of the story. Education, health care, culture, entertainment, and shopping can all happen through the telecommunications infrastructure. Interactive teaching is already operational in many places, augmenting the number of students who can access knowledge from the best educators in the world, no matter where their location. Similar developments are taking place in the field of medical treatment, where local doctors benefit from the experience of specialists located elsewhere. Culture, entertainment and shopping via computer, cable-TV and satellite-TV have already taken off.

So far, telecommunities have tended towards a high standard of living and a rich social milieu, often equipped with suitable educational, health and leisure facilities. They are usually integrated within, and demonstrate a great respect for, their natural environments, as this is deemed one of their major assets. Some telecommunities are also exploring novel ideas in social, productive, economic and even political structures (for instance, in cooperatives governed by direct democracies). Concern has been expressed, however, about the danger of such communities becoming 'ghettoized', self-contained environments for affluent young professionals. This risk can only be averted by making communications technology widely accessible, both financially and culturally, and by ensuring that telecommunities support a rich and healthy diversity of resident groups and ages. Social isolation and exacerbated individualism are some of the negative side-effects already observed in intensive communication network-users. This has made the need all the more obvious for providing spaces for human interaction within the buildings themselves as well as within the urban fabric. It is precisely within this new technological context that urban areas acquire a renewed role as the ideal settings for human interaction.

Telluride in Colorado (USA) was a pioneering telecommunity. What had originally been a mining boom town, later almost abandoned, was resuscitated in the 1970s by the opening of a ski resort and soon became an upscale vacation and second-home location [47]. In the mid-1980s, when some visitors decided to stay on as permanent residents to enjoy a higher quality of life, telecommuting started. A local Internet hub, the 'InfoZone', was established in 1993 to provide efficient telecommunications both within the community and with the out-side world. Since then Telluride has become an essential reference point for other telecommunities.

In 1996 the city council of Nevada, Missouri (USA), approved the development of 225 hectares of council-owned land as a residential televillage project. The Nevada Telecommunity project will be targeted at home-based business owners. Housing units in the televillage will be linked through fiber-optic, coaxial, and twisted-pair copper cable to provide state-of-the-art

39

MASTER PLAN

40

41

42

efectos colaterales negativos que ya se han observado entre algunos usuarios intensivos de las redes de comunicación global. Ello hace aún más evidente la necesidad de proporcionar espacios para la interacción humana, tanto en el interior de los edificios como en el seno de la trama urbana. Es precisamente en este nuevo contexto tecnológico donde las áreas urbanas adquieren un papel renovado como marcos ideales para la interacción humana.

Telluride, en Colorado (EE UU), es una telecomunidad pionera. Lo que originalmente había sido un pueblo típico del *boom* minero, más tarde prácticamente abandonado, resurgió durante los años setenta a raíz de la apertura de una estación de esquí, convirtiéndose en un exclusivo lugar de vacaciones y de segunda residencia [47]. La telecomunidad arrancó cuando, a mediados de la década de 1980, algunos de sus visitantes decidieron establecerse como residentes permanentes para disfrutar de una mejor calidad de vida. En 1993, se estableció un centro local de Internet, la InfoZone, para proporcionar telecomunicaciones eficientes, tanto con el interior de la comunidad como con el mundo exterior. Desde entonces, Telluride se ha convertido en una referencia obligada para otras telecomunidades.

El ayuntamiento de Nevada, en Misuri (EE UU), aprobó en 1996 la urbanización de 225 hectáreas de suelo municipal para la construcción de un telepueblo residencial. El proyecto de la telecomunidad de Nevada está dirigido a empresarios que trabajan desde casa. Las viviendas del telepueblo se unirán mediante cables coaxiales y de fibra óptica, proveyendo los últimos adelantos en materia de telecomunicaciones a las empresas en fase de formación y a los empresarios que trabajan en sus casas. Las viviendas estarán situadas a pocas manzanas de un telecentro, que estará disponible para satisfacer las necesidades tecnológicas más avanzadas y los servicios de apoyo logístico a los empresarios. Los planes para desarrollar una *teleincubadora* y oficinas anexas, cerca del telepueblo y del telecentro, están ya en fase de desarrollo. El telepueblo de Crichowell, en Gales (Reino Unido), sigue una orientación muy similar y ha sido diseñado por Acorn, una empresa privada que espera obtener importantes beneficios económicos en un mercado en crecimiento.

Los dos proyectos seleccionados para la sección "Telepueblos" de este libro son ejemplos prototípicos de este nuevo paradigma urbano. Ambos han sido diseñados para atraer a residentes con una clara inclinación al uso exhaustivo de los dispositivos de telecomunicación pero que, al mismo tiempo, aspiran a una elevada calidad de vida, semejante a la que gozarían en un ambiente urbano pero en un marco rural más sosegado. Estos proyectos han sido seleccionados porque pueden dar ideas para futuras urbanizaciones similares en otros lugares del mundo. En Colletta di Castelbianco (página 176), un pueblecito italiano abandonado situado en una colina, la intervención consiste en su rehabilitación, por parte de promotores privados, como marco físico para una nueva telecomunidad. El proyecto puede servir como referencia para otras situaciones similares en Europa y otros continentes, donde muchos pueblos agrícolas abandonados podrían ser revalorizados como bienes urbanos y económicos. El ParcBIT, en la isla española de Mallorca (página 182), es una iniciativa pública/privada, estratégicamente diseñada por el gobierno autonómico balear para reequilibrar una economía regional que, actualmente, se basa casi exclusivamente en el turismo. Ambos proyectos también pretenden remediar las tendencias de crecimiento desmesurado de grandes centros urbanos, buscando el reequilibrio territorial mediante la repoblación de zonas rurales más atractivas y menos aisladas gracias a las nuevas tecnologías.

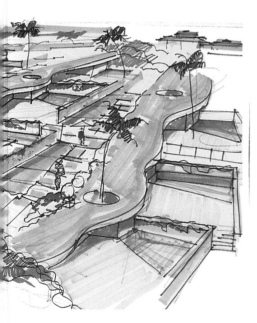

telecommunications facilities for home-based businesses and start-up enterprises. The housing units will be situated within a few blocks' walking distance of a telecenter, which will be available for the entrepreneurs' more-advanced technology needs and logistical support services. Plans to develop a related teleincubator and office facility in close proximity to the televillage and the telecenter are underway. Crichowell TeleVillage in Wales has been designed along similar lines by Acorn, a private company which anticipates making a healthy profit in a growing market.

The two projects selected for the 'Televillages' section of this book are prototypical examples of the televillage paradigm. They are each designed to attract residents who incline towards intensive use of telecommunication devices yet who are also looking for a better quality of life – akin to an urban situation, but within a quieter rural setting. Both projects have been specifically selected because they can serve as models for similar developments elsewhere. In Colletta di Castelbianco (page 176), an abandoned Italian hill-town will be rehabilitated by private developers as the site of a new telecommunity. The project may be a reference point for other similar situations in Europe and elsewhere where long-abandoned rural towns could be reevaluated as urban and economic assets. The ParcBIT in Majorca, Spain (page 182) is a green-field public/private initiative, strategically designed by the Balearic Islands regional government to counter-balance a local economy which is at present almost exclusively based on tourism. Both projects attempt to redress the growth trends of large urban centers, searching for an elusive territorial equilibrium by repopulating a countryside now more attractive and less isolated by virtue of the new technologies.

8. The path to sustainability

A word of caution: no matter how brilliant these and other masterplanning concepts may be, sustainability will only be possible if, among other things, greater consciousness is arrived at of the implications of particular lifestyles. For such a consciousness to emerge, human beings, both at the individual and the community level, must begin to truly feel that the Earth's health is a shared common concern, that this planet is our only home, and that our urban ways of living need to be radically reconsidered if environmental damage is to be halted. For this radical shift to take place everyone will have to feel a part of the solution as much as a part of the problem. Enlightened and technocratic ideas will have to be measured by the yardstick of social consensus, as it is unlikely that drastic top-down solutions can be truly effective within current democratic contexts. On the contrary, the most effective proposals, those which will really make a significant difference, will have to be discussed, agreed and even originated by the people who will have to make them work and live by and with them. Involvement is the key to the development of sustainable human settlements.

9. Epilogue?

The actual impact, thus far, of the 1992 Rio Summit may appear somewhat limited, a fact ratified by the "Rio+5" Conference in 1997. Rio's Agenda 21, a 40-part action plan to implement worldwide sustainable development,

8. El camino hacia la sostenibilidad

Una nota de precaución: independientemente de cuán brillantes puedan ser las ideas expuestas en este libro (u otras), la sostenibilidad sólo será factible si, entre otras cosas, se consigue crear una mayor conciencia entre la gente sobre las implicaciones negativas que tienen ciertos modos de vida. Para que surja tal conciencia, los seres humanos, tanto individual como comunitariamente, deben empezar por creer realmente que la salud de la Tierra es una tarea común y comparti da, que este planeta es nuestro único hogar, y que si queremos detener el deterioro ambiental, hay que reconsiderar seriamente nuestros modos de vida urbana. Para que pueda producirse este cambio radical, todos nosotros hemos de empezar a sentirnos tanto parte de la solución como parte del problema. Las ideas ima ginativas y tecnocráticas deberán someterse a la prueba del consenso social ya que las soluciones drásticas, impuestas desde la autoridad, difícilmente serán efec tivas en los contextos democráticos de la actualidad. Al contrario, las propuestas más efectivas, aquellas que realmente podrían establecer diferencias significativas, tendrán que ser discutidas con, acordadas entre, e incluso originadas por aquellos que las van a hacer funcionar y que van a convivir con ellas. La involucración es la auténtica clave para el desarrollo de comunidades humanas sostenibles.

9. ¿Epílogo?

El impacto de la Cumbre de Río de 1992 puede parecer algo descorazonador, como quedó demostrado por la Conferencia Río+5 de 1997. Hasta ahora la Agenda 21 de Río, un plan de acción de 40 capítulos para poner en práctica el modelo de urbanización sostenible en todo el mundo, se ha traducido casi exclusivamente en grandilocuentes afirmaciones políticas, pero lo cierto es que actualmente no se está haciendo gran cosa. No cabe duda de que se han producido mejoras en ciertas áreas problemáticas, aunque la mayoría de ellas corres pondan a planes de acción anteriores. Sin embargo, en este momento, los efectos intangibles a largo plazo de la cumbre de Río son seguramente más importantes. Actualmente, la toma de conciencia sobre los problemas medioambientales está muy extendida, tanto en los países del mundo desarrollado como en los que están en vías de desarrollo. Existen estudios que demuestran que tal preocupación es mayor entre las generaciones más jóvenes, lo cual constituye un síntoma prometedor de un futuro más brillante. En algunos países, los con sumidores ya están pagando más por productos ecoló gicamente correctos (incluyendo la propiedad inmobi liaria) y algunos empresarios avispados utilizan *etiquetas verdes* para diferenciar sus productos. Hoy en día, los temas medioambientales están muy presentes en los medios de comunicación (en contraste con su presencia marginal y meramente testimonial a principios de la década de 1990). La presión sobre los líderes políticos va en aumento; la ecología significa votos. Los partidos *verdes* ya tienen presencia en muchos lugares, amenazando a las estructuras políticas convencionales. Se está generando un modelo auto alimentado, un círculo virtuoso (el *efecto bola de nieve*). Realmente, no hay vuelta atrás.

10. ¿Qué podemos hacer los arquitectos y urbanistas?

Las ciudades no son proyectadas y construidas sola mente por urbanistas, arquitectos, ingenieros y demás profesionales afines. Las áreas urbanas son sistemas complejos en los que intervienen muchos factores que influyen en el resultado global. En muchas ocasiones, ni siquiera se consulta a los profesionales. Pero, como seres humanos, todos tenemos una responsabilidad que compartir, hacia nuestro planeta y hacia las generaciones futuras.

is largely couched in grand-sounding political statements, but not much is actually being done. There are improvements in certain problem areas, but most are the result of older action plans. Right now the intangible long-term effects of the Rio Summit are perhaps of greater importance, however. Awareness of environmental problems is widespread today, both in the developed and the developing world. Surveys demonstrate that concern is greatest among the younger generations, thus promising a brighter future. In some countries, buyers are paying more for ecologically-sound products –including real estate– and farsighted business people are already using 'green labels' for differentiated marketing. Environmental issues are ever-present in the media nowadays, in contrast to their merely tangential, symbolic presence at the beginning of the 1990s. Pressure on political leaders is mounting: ecology equals votes. 'Green' parties are already in office in many places, threatening conventional political power-structures. As popular pressure increases, today's lip service will turn into tomorrow's action. A self-nourishing, recurring pattern (the 'snowball effect') is being generated. There is no way back.

43

10. What can we architects and planners do?
Cities are not only designed and built by town planners, architects, engineers and the like. Urban areas are complex systems and many factors play a part and influence the overall result. On many occasions professionals are not even consulted. Yet as human beings we all have a share of the responsibility for our planet and future generations.

46

47

Como arquitectos y urbanistas podemos:
1. Ser conscientes de la gravedad del problema.
2. Consultar a los expertos y sus escritos sobre la materia.
3. Adquirir los conocimientos necesarios para empezar a cambiar las cosas.
4. Aplicarlos a nuestro trabajo diario, aprendiendo mientras actuamos.
5. Desarrollar técnicas y experiencias adicionales, y compartirlas con los demás.
6. Educar a nuestros socios y colegas, enseñando con nuestros proyectos.
7. Instruir a nuestros clientes, privados y públicos, y especialmente a los políticos, sobre la nueva filosofía y los medios para realizarla.
8. Practicar lo que predicamos como seres humanos individuales, con nuestras familias y amigos, en casa y en el trabajo, cuando vamos de compras y cuando viajamos.

Como escribiera el poeta español,

"Se hace camino al andar..."
(Antonio Machado)

As architects and planners we can:
1. Become aware of the seriousness of the problem.
2. Consult the experts and their writings on the subject.
3. Acquire the knowledge to start changing things.
4. Apply this know-how to our daily work, learning by doing.
5. Develop additional skills and expertise, and share them with others.
6. Educate associates and colleagues, teaching by doing.
7. Enlighten our clients, private and public, and especially politicians, on the new vision and the means to achieve it.
8. Practice what we preach as individual human beings, with our families and friends, at home and at work, when shopping and when travelling.

As a Spanish poet wrote,

"Se hace camino al andar..."
["You make the road as you go along..."]
(Antonio Machado)

1 Otros términos análogos: *ecocomunidades, ecociudades* o *ecopolis*.
2 *This Common Inheritance*, DOE, HMSO, Londres, 1990.
3 *Our Common Future*, Comisión Mundial de las Naciones Unidas sobre el Medio Ambiente y el Desarrollo, Oxford University Press, 1987 (*Informe Brundtland*).
4 SAR: (Stiching Architecten Research). Fundación para la Investigación Arquitectónica, Holanda.
5 Véase *Land Use Strategies for More Livable Places*, The Local Government Commission, Sacramento, California, 1992.
6 Extraído de la Carta del *Congress for the New Urbanism*.
7 Conversión de un área urbana en un barrio destinado a una clase con mayor poder adquisitivo, con revalorización de la propiedad inmobiliaria y la consiguiente erradicación de sus antiguos habitantes, menos pudientes (N. del T.).
8 Véase Echevarría, Javier, *Telépolis*, Editorial Destino, Barcelona, 1994, o *Cosmopolitas domésticos*, Editorial Anagrama, Barcelona, 1995, dos agudos análisis sobre los nuevos conceptos espaciales en la *telesociedad* naciente y sus consecuencias.
9 Por contraposición a 'en diferido' o 'con retraso'.

1 Analogous terms are 'eco-communities', 'ecocities', or 'ecopolises'.
2 *This Common Inheritance*, DOE. HMSO, London, 1990
3 *Our Common Future*, United Nations World Commission on Environment and Development. Oxford University Press, Oxford, 1987 (the 'Brundtland Report').
4 SAR: Stichting Architecten Research, Foundation for Architectural Research, Holland.
5 See *Land Use Strategies For More Livable Places*, The Local Government Commission. Sacramento, California, 1992.
6 Excerpted from the Congress for the New Urbanism Charter.
7 See Javier Echevarria's *Telépolis* (Destino, Barcelona, 1994) or *Cosmopolitas domésticos* (Anagrama, Barcelona, 1995) for insightful analyses of the new spatial conceptions in the emerging 'telesociety' and their consequences.
8 As opposed to 'deferred' or 'delayed' time.

44

PROYECTO-CIUDAD
La Candelaria: Centro Histórico de Santafé de Bogotá

LAS PROPUESTAS DEL PROGRAMA-CIUDAD

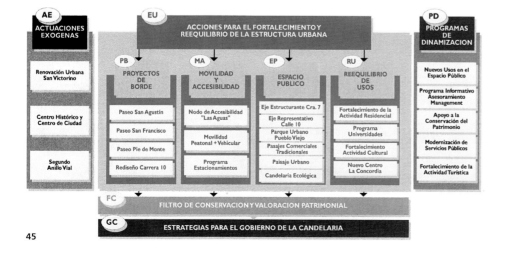

45

Ciudad Jardín Puchenau
Linz, Austria, 1962-
Roland Rainer, Architekt

Puchenau Garden City
Linz, Austria, 1962-
Roland Rainer, Architekt

La Ciudad Jardín Puchenau es el resultado de tres décadas de planificación, investigación y urbanización, llevadas a cabo por la sociedad cooperativa Neue Heimat y el arquitecto Roland Rainer, con el apoyo del Ministerio de Construcción y Tecnología de Austria. Los principios rectores básicos fueron los siguientes: crear un barrio residencial con una buena calidad de vida, proteger los recursos energéticos, combinar las edificaciones de alta densidad con las de escala más pequeña (como casas de una sola planta) y crear espacios al aire libre, diseñados y utilizables individualmente. Desde el principio, se dio la máxima importancia al tema del transporte público, pues se pensó que los objetivos del proyecto sólo podrían conseguirse liberando las zonas residenciales del tránsito de automóviles. En lugar de calles convencionales, se diseñó una densa trama de senderos para peatones y bicicletas que atraviesa el barrio en todas direcciones y que, además de facilitar la organización general del conjunto, proporciona una novedosa experiencia de espacio público abierto, amable, seguro y acogedor.

Con un total de 990 viviendas, Puchenau demuestra los positivos resultados que se pueden alcanzar con un planteamiento global del diseño urbano. La financiación ha sido minuciosamente gestionada, asegurando que las unidades residenciales sean asequibles y adecuadas para el alojamiento colectivo, sin necesidad de recurrir a ningún subsidio especial. Los edificios están orientados a mediodía para la utilización pasiva de la energía solar. El ruido y otras molestias urbanas han sido reducidos al mínimo. El agua pluvial no se desperdicia, sino que se infiltra en el terreno a través de unos materiales de pavimentación permeables, o bien es recogida en arroyos y estanques contribuyendo así a mejorar el paisaje natural y a refrescar el ambiente. Se ha fomentado la implicación del usuario en la fase de proyecto. Se practica la separación de residuos domésticos y su conversión en abono. El resultado es una forma sostenible y económicamente eficiente de urbanización residencial, de baja altura y alta densidad, muy próxima al centro de la ciudad.

Puchenau Garden City is the result of three decades of planning, research and development carried out by the cooperative society Neue Heimat and architect Roland Rainer, supported by Austria's Federal Ministry of Construction and Technology. The fundamental guiding principles were to create a people-friendly settlement and to protect resources, while addressing both high density and smaller-scale structures (such as single-story buildings), and the creation of individually designed and usable open spaces. Transportation was from the outset a paramount issue, as it was felt that only by freeing residential areas from car traffic could these goals be met. Instead of roads, a dense network of pedestrian and bicycle paths crisscrosses the settlement, providing not only an organizational layout but also a novel experience of a friendly, welcoming and safe public open space.

With a total of 990 dwellings, Puchenau shows the successful outcome of a comprehensive approach to urban design. Financial issues have been thoroughly addressed, ensuring that the units are affordable and suitable for mass housing without any recourse to special funding. All buildings use passive solar energy with consistent south orientation. Noise pollution and other hazards have been minimized. Rainwater is not piped away; it infiltrates into the ground through adequately permeable paving materials or it is collected into streams and ponds, enhancing the landscape and refreshing the climate. User involvement in the design phase was encouraged. Refuse separation and composting are used. The result is a sustainable, cost-efficient, high-density, low building form residential settlement within easy reach of downtown.

La urbanización de Puchenau se inspira en las antiguas estructuras urbanas de las ciudades europeas, de Oriente Medio y de Asia, así como también en el movimiento de la ciudad jardín. La tipología residencial de baja altura aplicada en Puchenau tiene la suficiente densidad como para justificar su conexión por medio de sistemas de transporte colectivos, dado que las unidades residenciales son adyacentes, están emplazadas en parcelas pequeñas (130 a 300 m²) y estan conectadas por senderos de entre dos y tres metros de anchura. Los costes de construcción de esta tipología residencial de baja altura se han mantenido en niveles comparables a los de los bloques de viviendas en altura.

The Puchenau settlement is inspired by old European, Middle Eastern and Asian city structures, as well as by the Garden City Movement. The low-rise dwelling typology chosen is dense enough to justify connection by mass transport systems. Units are adjacent, located on small plots (130 to 300 m²) and connected by two to three meter-wide footpaths. The construction costs of this development are comparable to those of a high-rise, multi-unit building.

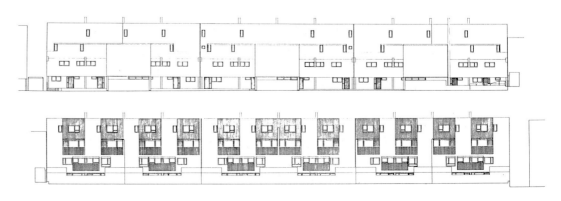

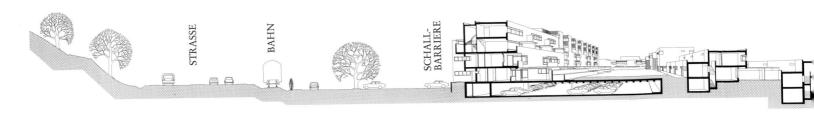

STRASSE BAHN SCHALL-BARRIERE

0   100   200   300

Las casas se conectan a través de pequeños senderos pavimentados con un material permeable, mientras que los coches se aparcan debajo de los edificios y en áreas de aparcamiento periféricas y separadas de la circulación peatonal. De esta forma, liberadas de las imposiciones de la circulación de coches, como son la anchura y el trazado de las calles, las zonas comprendidas entre los edificios se convierten en redes diferenciadas de pequeños senderos para peatones y bicicletas, interrumpidos ocasionalmente por espacios libres más amplios, creando un entorno sumamente diversificado, y evocador de las épocas preindustriales.

The houses are connected by small footpaths paved with a pervious material, while cars are parked below the building and on separate, peripheral parking areas. Thus, relieved from the constraints imposed by car circulation, such as road width and layout, interbuilding areas become differentiated networks of small, unconstrained pedestrian and bicycle paths punctuated with larger open spaces, creating a very diversified environment reminiscent of pre-industrial times.

PROMENADE

AU   DONAU

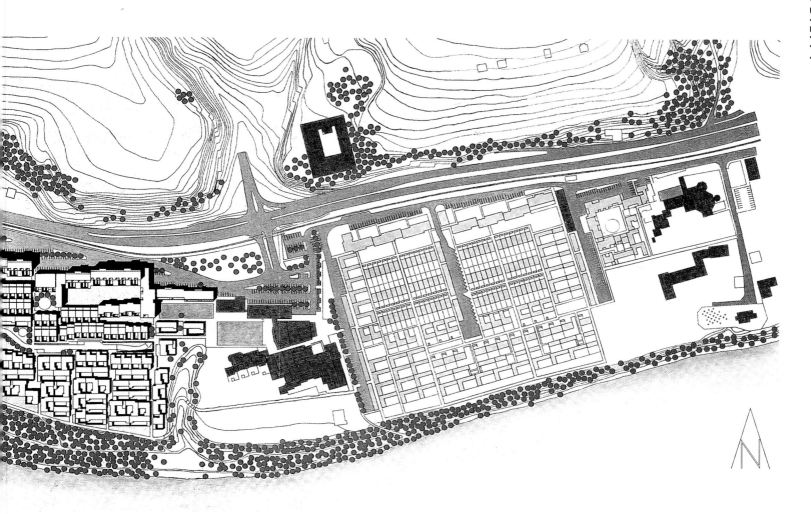

Europôle Méditerranéen de l´Arbois
Arbois, Francia, 1994
Norman Foster and Partners,
architects and designers

Europôle Méditerranéen de l'Arbois
Arbois, France, 1994
Norman Foster and Partners,
architects and designers

El desarrollo del Europôle de Arbois nace de una nueva estación del TGV (tren de alta velocidad) que se debe construir en las afueras de Marsella, en una zona dotada de una extensa infraestructura de carreteras, donde destacan particularmente las autopistas París-Niza y Barcelona-Génova. El Europôle es un centro de innovación tecnológica emplazado en un marco natural único, ideal para atraer empresas locales y foráneas, así como también financiación gubernamental y de la Unión Europea. Por su escala, estratégica ubicación y filosofía, cabe esperar que tenga un impacto beneficioso para toda la región.

El proyecto, que ocupa unas 1.000 hectáreas, se propone como un ejemplo de referencia para las urbanizaciones ecológicamente conscientes del siglo XXI. Las ideas clave son la integración del paisaje y la edificación, la cuidadosa consolidación de la ecología local, la utilización de sistemas eficientes de ahorro energético, y, muy especialmente, el desarrollo de sistemas de transporte *inteligentes,* todo lo cual conduce a una nueva forma de configuración urbanística.

La infraestructura propuesta es flexible, adaptable al cambio y con capacidad para ser ejecutada por fases, evitándose el riesgo de que se convierta rápidamente en obsoleta por la irrupción de nuevas tecnologías y conocimientos, o el nacimiento de nuevas necesidades.

The development of the Arbois Europôle springs from a new TGV (high-speed train) station to be located on the outskirts of Marseilles, an area with an extensive road infrastructure, in particular the expressways Paris-Nice and Barcelona-Genoa. The Europôle is a center of technological innovation in a unique natural setting, capable of attracting local and foreign companies as well as governmental and European Union funding. Because of its scale, strategic location and philosophy, the Europôle is also expected to have a beneficial impact on the immediate region.

At approximately 1000 ha, the site is designated to become a showpiece for ecologically conscious developments in the 21st century. Key design issues are the integration of landscape and building, the careful consolidation of the local ecology, the use of energy-efficient and energy-saving systems and, especially, the development of 'smart' transport systems within the site, all leading to a new form of urbanistic configuration.

The proposed infrastructure is flexible, adaptable to change and capable of phased implementation, thus avoiding the risk of becoming obsolete as novel technologies and knowledge emerge and new needs arise.

Con sus principales elementos ubicados alrededor de la nueva estación del TGV, la densidad de edificación del Plan Director de Europôle va disminuyendo a medida que asciende por las colinas adyacentes. La urbanización, concebida en función de un nuevo modelo de espacios para trabajar y para vivir, se apoya, sin embargo, en las tipologías constructivas locales. Se ha aprovechado a fondo el paisaje mediterráneo preexistente para el recreo de los que viven y trabajan en la urbanización, así como también para el de los residentes/habitantes de los pueblos circundantes.

With main development forms placed around the new TGV station, the Europôle masterplan reduces in density as it rises into the adjoining hills. Local building typologies are the basis for the development of a new model for working and living spaces. The existing Mediterranean landscape is extensively used for recreation not only for those living and working in the development, but also for people from the surrounding towns.

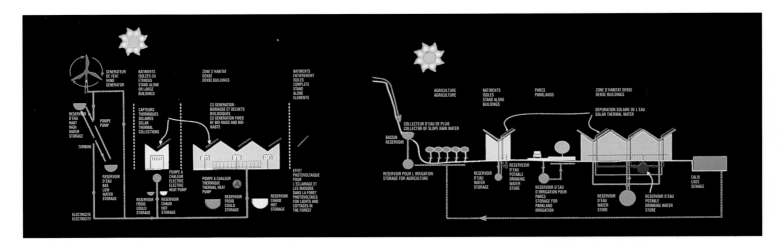

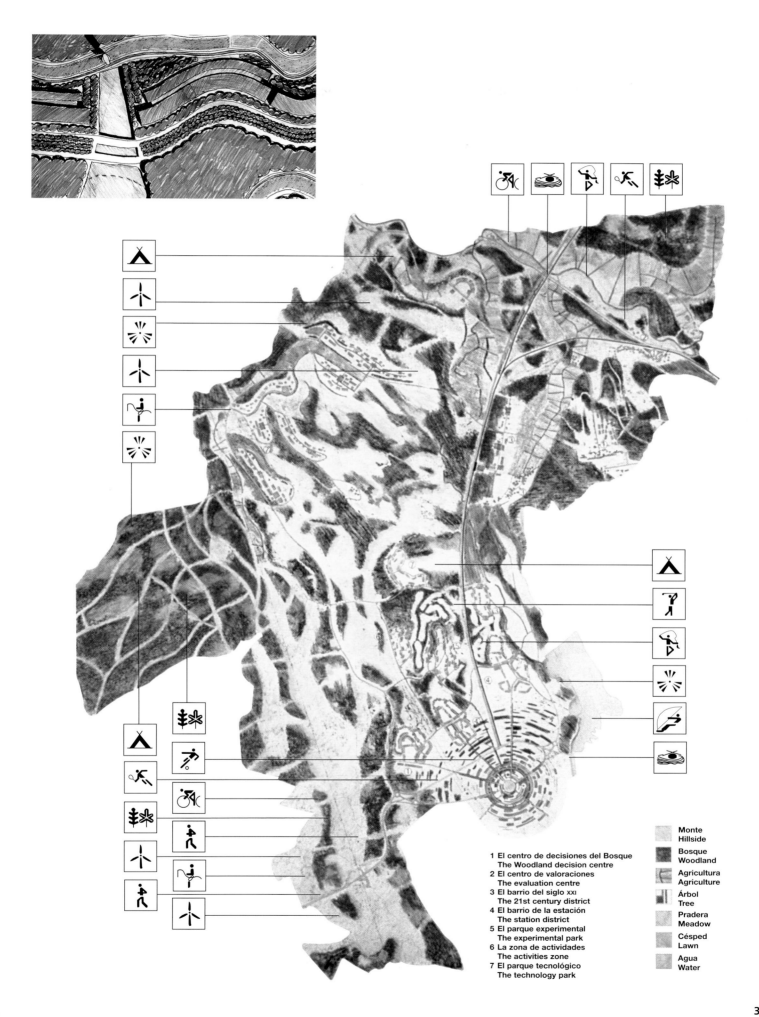

1 El centro de decisiones del Bosque
   The Woodland decision centre
2 El centro de valoraciones
   The evaluation centre
3 El barrio del siglo XXI
   The 21st century district
4 El barrio de la estación
   The station district
5 El parque experimental
   The experimental park
6 La zona de actividades
   The activities zone
7 El parque tecnológico
   The technology park

Monte
Hillside

Bosque
Woodland

Agricultura
Agriculture

Árbol
Tree

Pradera
Meadow

Césped
Lawn

Agua
Water

Communications Hill
San José, California, EE UU, 1991
Daniel Solomon y Kathryn Clarke Albright,
Solomon Architecture and Planning

Communications Hill
San José, California, USA, 1991
Daniel Solomon and Kathryn Clarke Albright,
Solomon Architecture and Planning

Communications Hill es un accidente geográfico, a la vez que una discontinuidad urbana; con sus 120 metros de altura y sus 200 hectáreas de superficie, constituye un vasto espacio vacío en medio de la extensión suburbana de San José, y la mayor finca sin urbanizar de todo el término municipal. La construcción de una nueva línea de ferrocarril suburbano ha activado el potencial urbanístico de unos terrenos que actualmente quedan a sólo 10 diez minutos del centro de la ciudad. Si bien las fuertes pendientes de la ladera complican y encarecen la construcción, se confía en que las mejoras en la accesibilidad del terreno y las amplias vistas sobre los alrededores puedan contrarrestar estos inconvenientes.

En su búsqueda de modelos aptos para el lugar, los proyectistas analizaron los diferentes tipos de soluciones que se habían adoptado en el pasado para urbanizaciones residenciales, desde las de mayor a menor éxito. Finalmente, se optó por una tradicional retícula compacta, en vez del modelo de calles serpenteantes habitual en las urbanizaciones en laderas. Las razones de esta elección tuvieron un carácter básicamente funcional: garantizar un equilibrio adecuado entre las circulaciones rodada y peatonal; conseguir una mayor eficiencia de aparcamiento en una ciudad que exige 2,5 plazas de aparcamiento por vivienda; reducir al máximo las operaciones de excavación, de manera que fueran los edificios los que se adaptasen a las pendientes (en lugar de formar los solares a base de grandes aterrazamientos); y, la más importante, propiciar la creación de un ambiente comunitario mediante densidades de edificación superiores a las típicas de los suburbios estadounidenses. La urbanización consta de diversos barrios, cada uno de ellos con un pequeño centro caracterizado principalmente por sus espacios públicos y comerciales; también hay parques, instalaciones deportivas y otros servicios, todo ello concebido con el fin de fomentar la interacción social y robustecer los lazos comunitarios.

Communications Hill is both a topographic aberration and an urban discontinuity, 120 meters high and 200 hectares in area, a vast void in the middle of San Jose's suburban sprawl, and the largest undeveloped property within the city limits. The construction of a new light rail line has activated the potential for development of a site which is already only a ten minute commute from the downtown area. While the slopes entail a more complex and expensive construction, the site's enhanced accessibility and wide views over the surroundings are expected to counteract the drawbacks.

Looking at the past, the designers searched for fitting models, analyzing both successful and not so successful planning approaches to residential development. Eventually a compact, traditional grid plan was preferred over the serpentine street patterns common in hillside developments. The reasons were mainly functional: to secure a suitable balance between car transit and pedestrian circulation, to achieve a greater parking efficiency in a city that requires 2.5 parking spaces per housing unit, to reduce grading as buildings adapt to the slopes (instead of forming building sites as large terraces), and, most significant, to foster a community atmosphere by building densities higher than those typical in US suburbs. The development is made up of several neighborhoods, each with a small center signified mainly by public spaces and local retail; there are also parks, sports facilities and other amenities, all intended to encourage social interaction and strengthen community bonds.

Los barrios de Communications Hill, organizados en retícula, están circundados y vinculados por una avenida principal curvilínea, cuyo trazado sigue las curvas de nivel del cerro y proporciona una columna vertebral a toda la urbanización.

The grid-planned neighborhoods of Communications Hill are linked through and bounded by a main curvilinear avenue which follows the contours of the hill, giving a backbone to the development.

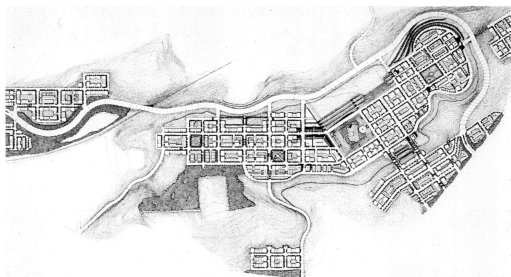

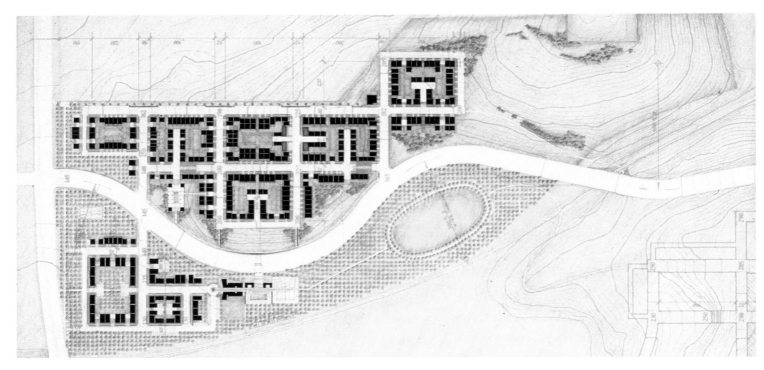

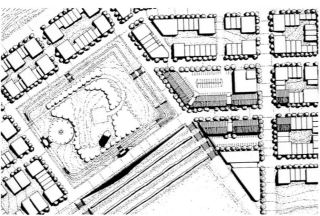

Además de las obvias razones funcionales, la historia y la cultura también desempeñaron un papel relevante en la selección del modelo reticular para Communications Hill. La humanidad ha venido empleando el modelo reticular en todo tipo de configuraciones urbanas durante casi tres mil años, y dos de sus más afortunadas aplicaciones a ciudades montañosas se encuentran precisamente en la costa oeste de Estados Unidos: San Francisco y Seattle.

In addition to functional reasons, history and culture were also relevant in selecting a grid pattern for Communications Hill. Grids have been used by humankind for almost three thousand years to organize urban fabrics on all sorts of orographical configurations, and two of their most successful applications to hilly cities occur precisely on the West Coast of the US: San Francisco and Seattle.

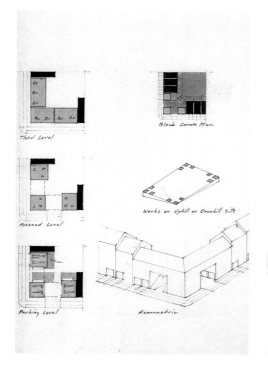

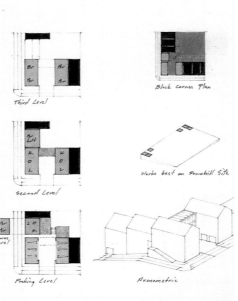

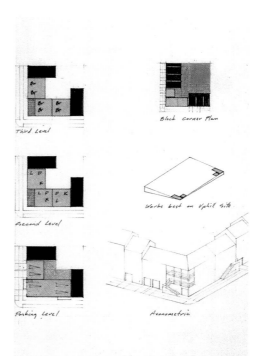

Las manzanas de Communications Hill responden a diversas condiciones de pendiente del terreno que los proyectistas resolvieron mediante una serie de soluciones prototípicas. Cada modelo de manzana combina un conjunto específico de tipologías de edificio (viviendas adosadas, casas de pisos, apartamentos y casas aisladas), con variadas configuraciones de aparcamiento para extraer las máximas ventajas a las pendientes del terreno.

The blocks in Communications Hill respond to variable gradient conditions, which the designers addressed through a series of prototype solutions. Each model block combines a specific set of building types (townhouses, stacked flats, apartments and cottages) with varied parking configurations to take maximum advantage of the slopes.

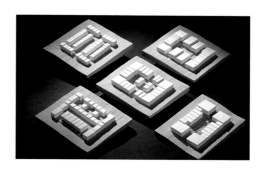

Can Llovera
Sant Feliu de Llobregat,
Barcelona, España, 1992
Miquel Roa, Arquitectura Produccions, SL

Can Llovera
Sant Feliu de Llobregat,
Barcelona, Spain, 1992
Miquel Roa, Arquitectura Produccions, SL

Can Llovera es un barrio nuevo de 4,5 hectáreas situado en el centro de Sant Feliu, una población de tamaño medio cercana a Barcelona. Pese a su extensión relativamente pequeña, esta urbanización tiene importancia por representar la incipiente materialización de un nuevo paradigma de diseño urbano que cuestiona el pensamiento urbanístico convencional de una sociedad en la que el coche particular sigue dominando el pensamiento de la mayoría de los urbanistas. En este caso, el arquitecto logró convencer a un ayuntamiento excepcionalmente receptivo de que el acceso en coche no tenía por qué ser la directriz básica del planeamiento urbano. En su lugar, los principios rectores del plan urbanístico han sido la interacción social, la circulación peatonal y los espacios públicos abiertos.

La coherencia global del conjunto viene reforzada por un enfoque coherente del diseño en todas sus fases, es decir, desde la fase de planeamiento hasta la proyectación de los edificios. La estructura del plan se basa en una retícula de tres por cuatro senderos peatonales. En cada una de las intersecciones hay una pequeña plaza pública que proporciona un punto focal para la actividad del vecindario. La edificación está organizada en bloques perimetrales de cuatro pisos (configurados en dúplex) y casas en hilera en el interior, con un total de 168 viviendas. Las plazas de aparcamiento son subterráneas y se sitúan a lo largo de los límites del terreno. Los locales comerciales se abren hacia la calle más transitada, mientras que se han rehabilitado las dos casas de labranza existentes como centros comunitarios del nuevo barrio y sus alrededores.

La ocupación del solar es sólo del 24%, mientras que el 64% del terreno está destinado a zona verde (en sus categorías de privada, semipública o pública). Además, todas las viviendas gozan de amplias terrazas profusamente ajardinadas, lo cual, unido a los retranqueos de los edificios, contribuye a disminuir el impacto visual de los mismos amén de proporcionar una más íntima escala humana al conjunto.

Can Llovera is a new neighborhood of 4.5 hectares located in the center of Sant Feliu, a medium-sized town on the outskirts of Barcelona. This relatively small development is important as it represents an incipient materialization of a new urban design paradigm that challenges conventional urban planning thinking in a society where the private car still reigns in most public planners' minds. Here, the architect managed to convince an exceptionally receptive Town Hall that car access should not be the basic principle to direct urban planning. Instead, social interaction, pedestrian circulation and usable open space are the guiding principles of the masterplan concept.

A comprehensive design approach, encompassing both planning and building design, accounts for the scheme's overall coherence. A four by three footpath grid provides the basic structure for the development. At each intersection, a small public square provides a focus for neighborhood activity. Buildings are organized in four-storey blocks at the perimeter (with duplex configurations) and internal two-story row houses, with a total of 168 dwellings. Car parks are located underground, along the site's boundaries. Local retail shops face the busiest street, while two existing farmhouses are rehabilitated as public amenities for the new neighborhood as well as the surrounding areas.

Building footprints take only 24% of the site, with 64% used as green areas (private, semiprivate or public). Additionally, all units have spacious, extensively planted terraces which, in conjunction with their setbacks, contribute to minimize the buildings' visual impact and provide a more intimate human scale.

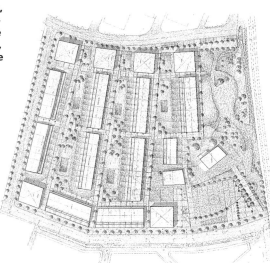

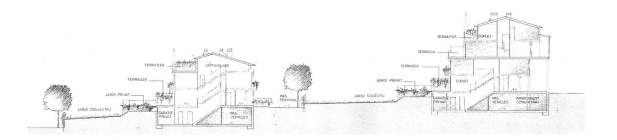

Beethovenpark

Colonia, Alemania, 1989-1994
Bödeker, Wagenfeld & Partners (BW+P),
Landschaftsarchitekten
dt8-Planungsgruppe
Hentrich, Petschnigg & Partners (HPP), BDA

Beethovenpark, situado en el límite sureste del centro histórico de Colonia, es una urbanización residencial privada emplazada en un parque próximo a la ciudad. El promotor, deseoso de aprovechar las favorables condiciones del emplazamiento, aleccionó a los proyectistas para asegurar, por encima de todo, el máximo de paz y tranquilidad para los residentes. Esto se tradujo en una audaz decisión que, finalmente, conformaría y haría posible toda una cascada de decisiones proyectuales que, en definitiva, confieren al conjunto su carácter especial. Esta decisión consistió en canalizar el tráfico automovilístico hacia un anillo subterráneo de aparcamiento que se extiende por debajo del solar y conecta todos los edificios por medio de una calle subterránea. El ingenioso diseño y la eficiente organización de la obra se encargan de mantener los costos de la urbanización dentro de unos márgenes razonables.

Eliminada, pues, la presencia y la visión de los coches, el terreno quedó libre para disponer los 23 bloques de cuatro pisos con un total de 385 viviendas y, sobre todo, para que una importantísima porción de suelo pudiera destinarse a un espacio comunitario que pasaría a formar parte del sistema de espacios públicos de Colonia. En el eje central de la urbanización se creó un lago artificial y a ambos lados del mismo se dispusieron los edificios de 3,5 pisos, formando una envolvente que protege a las viviendas del mundo exterior. Los edificios, proyectados con criterios de ahorro energético, están organizados en cuatro hileras y consisten en dos bloques escalonados que alternan con villas aisladas de cuatro pisos. Los acabados blancos, los áticos generosamente acristalados y las cubiertas curvas reducen al mínimo el impacto visual de la edificación, mientras que la circulación interna a nivel de planta baja se realiza a través de senderos peatonales.

Beethovenpark

Cologne, Germany, 1989-1994
Bödeker, Wagenfeld & Partners (BW+P),
Landschaftsarchitekten
dt8-Planungsgruppe
Hentrich, Petschnigg & Partners (HPP), BDA

Situated on the southeast edge of the historic city of Cologne, Beethovenpark is a private housing estate located in a green area, but still close to the city. Seeking to take advantage of such favorable conditions, the developer instructed the designers to ensure a maximum of peace and quietness. This led to a bold decision which would then conform and make possible a series of design choices which make the development special: automobile traffic was directed to a ring-shaped underground car park, stretching beneath the entire development and connecting all the buildings by means of a subterranean street. This is achieved by ingenious design and efficient site management to secure appropriate development costs.

With cars effectively banned from site and sight, the ground was freed for the 23 four-story blocks housing 385 apartment units and, especially, for a considerable proportion of communal space which would become part of Cologne's public open spaces system. A large artificial lake provides a central axis for the development, with the 3.5-story buildings running parallel to it on both sides, forming a close-fitting enclosure sheltering the dwellings from the outside world. The buildings, designed to be energy-saving, are arranged in four ranks and consist of two terraced blocks which alternate with independent four-story villa blocks. White finishes, extensively glazed penthouses and curved roofs minimize the visual impact of the development, while footpath routes provide internal circulation at ground level.

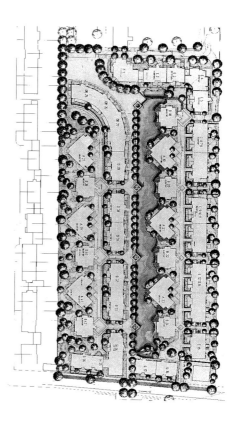

Curitiba
Estado de Paraná, Brasil, 1974-
Municipio de Curitiba

Curitiba
Paraná State, Brazil, 1974-
Curitiba City Council

Debido a la emigración masiva del campo a las áreas urbanas, las ciudades brasileñas han sufrido un espectacular aumento de población desde la década de 1950. En su mayor parte, el crecimiento urbano resultante ha carecido de todo tipo de control u orientación, lo cual, unido a una grave escasez de recursos, ha producido una urbanización en condiciones crónicas de crisis, con graves problemas de vivienda, tratamiento de aguas residuales, transporte y medio ambiente.

Entre 1950 y 1980 Curitiba experimentó uno de los mayores índices de crecimiento de población en Brasil, al 5% anual. Sin embargo, su crecimiento urbano ha sido muy diferente al de otras ciudades brasileñas gracias a la aprobación en 1966 de un completo y visionario plan director que encauzó, dentro de una planificación global, todas las estrategias de transporte público, tráfico, trabajo, ocio, cohesión social y vivienda. Posiblemente, la decisión más determinante de todas las adoptadas en el plan fue el firme apoyo a un modelo de crecimiento urbano lineal basado en el transporte público, en contraposición al paradigma del desarrollo desparramado aceptado tácitamente en otros centros urbanos en rápida expansión.

Apoyándose en el éxito de esta estrategia aparentemente simple, la Curitiba actual muestra los ejemplares resultados de un planeamiento a largo plazo que se ha traducido en un amplio abanico de acciones multidireccionales, algunas ya probadas en otros lugares, otras ensayadas localmente, pero todas ellas ingeniosamente aplicadas a las condiciones y a los recursos disponibles en Curitiba. Esta innovadora línea de pensamiento no sólo ha tenido unos beneficiosos efectos ecológicos y sociales, sino que también ha aportado prosperidad económica a la ciudad y, lo que es más importante, proyección y éxito político a sus instigadores, incitando a otros muchos políticos de todo el mundo a seguir el ejemplo de Curitiba.

Brazilian cities have undergone a dramatic population increase since the 50's due to massive migration from the countryside to urban areas. Most of the resultant urban growth has lacked any control or direction, which, coupled with a severe scarcity of resources, has produced urban settlements in a chronic crisis condition, with tremendous problems of housing, waste-water, transport and the environment.

From 1950 to 1980, Curitiba experienced one of the highest population growth rates in Brazil, at 5% per annum. Its urban growth pattern, however, has been very different to other Brazilian cities' since the approval in 1966 of a comprehensive and visionary masterplan which addressed, within an integrated perspective, transport, traffic, work, leisure, social cohesion and housing strategies. Probably the most influential single decision adopted in the plan was to give firm support to a public transportation-based linear urban growth model, in opposition to the oil-spread development which most other rapidly developing urban centers were tacitly accepting.

Building upon the success of this deceptively simple base strategy, Curitiba nowadays displays the exemplary results of a long-term planning approach which translates into a vast array of multi-directional actions, some already proven elsewhere, some developed locally, and all ingeniously applied to Curitiba's actual conditions and accessible resources. This innovative thinking has effected not only ecological and social benefits; it has also brought economic prosperity to the city and, most important, political projection and success to its instigators, motivating many other decision-makers worldwide to emulate Curitiba's example.

El primer y principal instrumento para dirigir y controlar el proceso de crecimiento de Curitiba ha sido una estrategia integrada para el transporte público, la estructura de la vialidad y el uso del suelo. Ciertas áreas fueron designadas como "urbanizables", en función de su potencial para ser dotadas de servicios urbanos, y, en especial, de sistemas de transporte colectivo.

The first and foremost instrument to direct and control the growth process of Curitiba has been an integrated strategy for public transport, road structure and land use. Specific areas were designated as 'developable' in accordance with their potential to be provided with urban services, in particular mass transit systems.

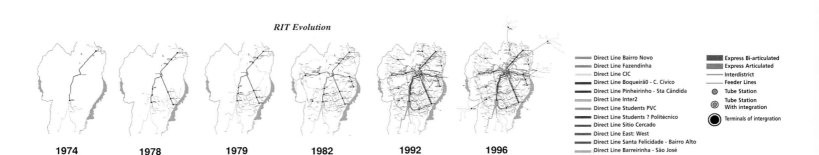

RIT Evolution

1974 **1978** **1979** **1982** **1992** **1996**

Direct Line Bairro Novo
Direct Line Fazendinha
Direct Line CIC
Direct Line Boqueirã0 - C. Cívico
Direct Line Pinheirinho - Sta Cândida
Direct Line Inter2
Direct Line Students PVC
Direct Line Students ? Politécnico
Direct Line Sitio Cercado
Direct Line East: West
Direct Line Santa Felicidade - Bairro Alto
Direct Line Barreirinha - São José

Express Bi-articulated
Express Articulated
Interdistrict
Feeder Lines
Tube Station
Tube Station With integration
Terminals of intergration

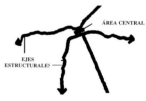

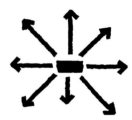

Las llamadas "avenidas estructurales" actúan a manera de columnas vertebrales para el desarrollo de nuevos barrios. Tales avenidas organizan un sistema de tráfico ternario, segregando la circulación de vehículos privados de las calzadas destinadas al transporte público. El transporte público es, a la vez, motor y espina dorsal de la urbanización.

The so-called 'structural avenues' act as the backbone in the development of new neighborhoods. Such avenues deploy a trinary traffic system, segregating private car traffic from public transportation lanes. Public transport is hence both the motor and the hub of planned development.

CRECIMIENTO DESORDENADO

ÁREA CENTRAL

EJES ESTRUCTURALES

CRECIMIENTO ORDENADO

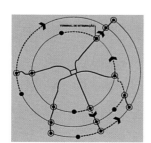

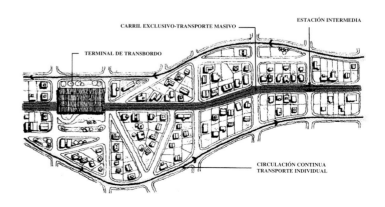

CARRIL EXCLUSIVO-TRANSPORTE MASIVO

ESTACIÓN INTERMEDIA

TERMINAL DE TRANSBORDO

CIRCULACIÓN CONTINUA
TRANSPORTE INDIVIDUAL

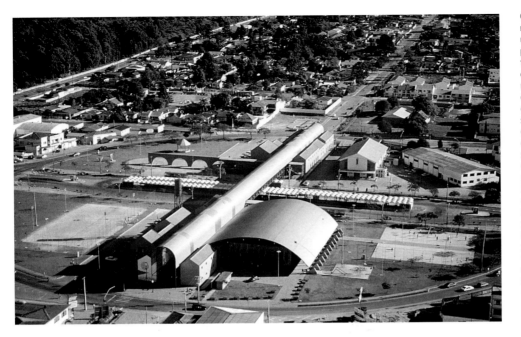

Curitiba, al contrario que muchas otras ciudades, apoya una tecnología de transporte público relativamente "modesta", el autobús, descartándose otras opciones tecnológicamente más llamativas por sus dificultades de financiación y lentitud de implantación. Sin embargo, se ha renovado completamente el sistema de autobuses convencional mediante imaginativas soluciones que lo equiparan en eficacia a sistemas tecnológicamente más avanzados. Estas innovaciones incluyen una red coordinada y gestionada públicamente, pero servida por compañías privadas, con carriles exclusivos para autobuses y líneas rápidas (directas), terminales de transportes integradas (arriba), estaciones de pre-embarque (centro y abajo), billetes de tarifa única para toda la red, etc. Más de 1,6 millones de personas utilizan diariamente el sistema de transporte público.

Curitiba, unlike many other cities, sponsors a 'low-profile' mass transportation technology –the bus– discarding grander options more difficult to finance and slower to implement. The conventional bus system was however completely refurbished with inventive solutions to make it as efficient as 'higher-tech' systems. Such innovations include a publicly managed integrated network served by private companies, exclusive bus lanes and express lines, integrated transport terminals (top), pre-boarding stations (center and bottom), single network-wide fare, etc. More than 1.6 million passengers are transported every day.

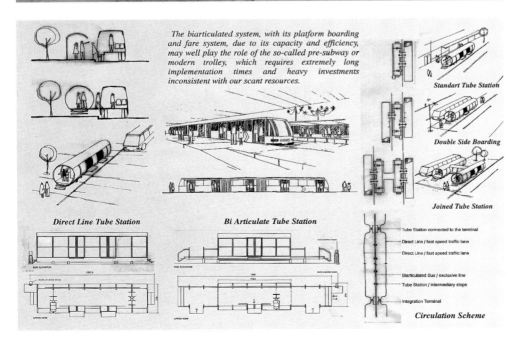

The biarticulated system, with its platform boarding and fare system, due to its capacity and efficiency, may well play the role of the so-called pre-subway or modern trolley, which requires extremely long implementation times and heavy investments inconsistent with our scant resources.

Standart Tube Station

Double Side Boarding

Joined Tube Station

Direct Line Tube Station

Bi Articulate Tube Station

Tube Station connected to the terminal
Direct Line / fast speed traffic lane
Direct Line / fast speed traffic lane
Biarticulated Bus / exclusive line
Tube Station / intermediary stops
Integration Terminal

Circulation Scheme

Además de su red integrada de transporte, Curitiba despliega un extenso abanico de políticas y programas relacionados con la vivienda, la enseñanza, el trabajo, los temas medioambientales (residuos, agua, educación), la acción social y los equipamientos públicos. En las fotografías (de izquierda a derecha y de arriba a abajo): una zona peatonal en un barrio histórico restaurado; una "villa de oficios" en la que se combinan los alojamientos con las tiendas y la artesanía; nuevos parques; la nueva Ópera de Arame, construida sobre una antigua cantera; una "calle de 24 horas"; nuevos parques; diagramas ilustrativos de la política incentivadora para conservar los edificios históricos y propiciar la vivienda; acceso a la ópera; y un "faro del saber", una biblioteca de barrio.

Other than the Integrated transport network, Curitiba displays an ample assortment of policies and plans regarding housing, schooling, labor, environmental issues (waste, water, education), social action, and public amenities. In the pictures (from left to right and top to bottom): a pedestrian area in a refurbished historic district; a *'Villa de Oficios'*, combining housing with shops and crafts; new parks; the new Arame Opera, built in an old quarry; a '24-hour street'; new parks; diagrams illustrating the incentives policy to preserve historic buildings and encourage housing; access to the opera; and a 'Lighthouse of Knowledge', a neighborhood library.

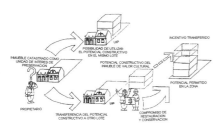

Incentivo Constructivo - Patrimonio Histórico

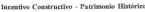

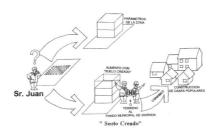

Sr. Juan

" Suelo Creado"

MOVILIDAD **MOBILITY**

Barrio Old Mill ("The Crossings")
Mountain View, California, EE UU, 1994-
Peter Calthorpe Associates

Old Mill Transit-Oriented Neighborhood ('The Crossings')
Mountain View, California, USA, 1994-
Peter Calthorpe Associates

Ubicado junto a un nuevo apeadero de cercanías de la compañía ferroviaria CalTrain, este proyecto reurbaniza totalmente un centro comercial de los años sesenta pensado para los desplazamientos en coche, para convertirlo en un compacto barrio comunitario de uso mixto, fundamentalmente pensado desde el peatón. La urbanización proporciona un amplio abanico de tipos de vivienda y tiendas para residentes que trabajan fuera del barrio. Una combinación de pequeñas parcelas de viviendas unifamiliares, casas entre medianeras, casas en hilera y pisos se agrupan para conseguir una densidad media de 55 viviendas por hectárea, con un total de 393 unidades.

El nuevo barrio se conforma con una trama de senderos y calles flanquedas por árboles. La red de calles proporciona importantes conexiones con un supermercado existente, lo que permite a los residentes caminar directamente al supermercado sin necesidad de atravesar las calles principales.

El solar de 7 hectáreas está lleno de parques y espacios comunitarios al aire libre. Con sus quioscos de música y zonas para juegos infantiles, los parques constituyen el lugar ideal para el desarrollo de las relaciones sociales entre los vecinos del barrio.

Irónicamente, los cimientos del barrio Old Mill han sido construidos con escombros reciclados del antiguo centro comercial.

Situated adjacent to a new CalTrain commuter rail station, this project redevelops the site of a 1960's auto-oriented retail mall into a compact, mixed-use, pedestrian-oriented community neighborhood. The development provides a range of housing opportunities and commuter-oriented retail. A combination of small-lot single-family, townhouses, row houses and apartment units will be brought together to achieve an average density of 55 dwelling units per hectare, to a total of 393 units.

An interconnected pattern of tree-lined streets and pedestrian paths will knit this new neighborhood together. The network of streets further provides important connections to an existing supermarket, allowing residents to walk directly to the grocery store without crossing main thoroughfares.

Community parks and open spaces are distributed throughout the 7-hectare site. Bandstands and tot lots provide areas for neighborhood gathering within parks.

Ironically, the Old Mill Neighborhood recycles the retail mall's rubble as foundation base.

"The Crossings" es un proyecto de reurbanización que proporciona viviendas a personas de clase media, dentro de unas densidades razonables para la explotación del transporte público. El proyecto incluye una combinación de pequeñas parcelas para viviendas unifamiliares en hilera, mientras que la fachada que da a la estación, tiene tiendas en planta baja y viviendas encima.

The Crossings is an infill redevelopment project which provides ownership housing at public transport-supportive densities and affordable to middle-income families. The scheme features small-lot single-family bungalows and townhomes, while ground floor retail with residences above face the CalTrain commuter rail station.

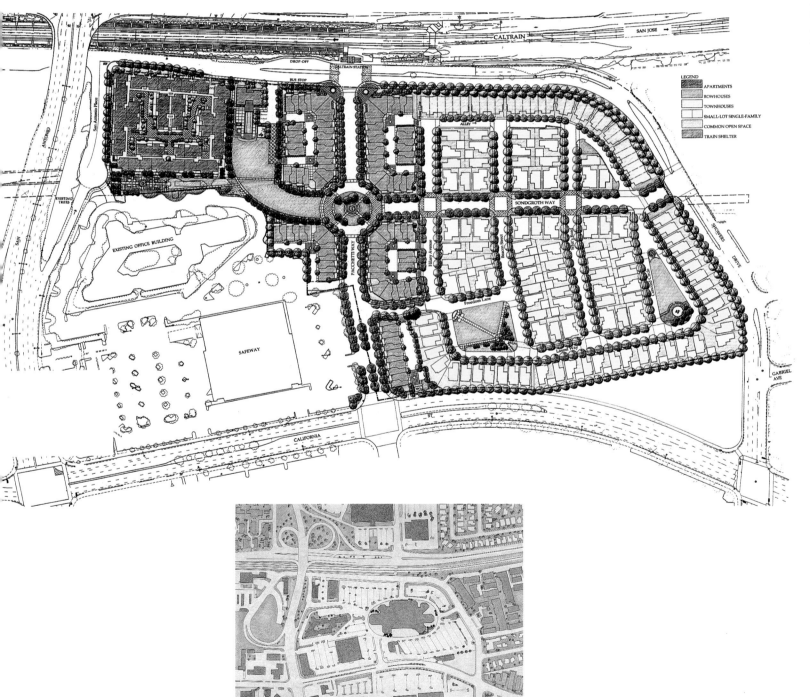

LEGEND

APARTMENTS
ROWHOUSES
TOWNHOUSES
SMALL-LOT SINGLE-FAMILY
COMMON OPEN SPACE
TRAIN SHELTER

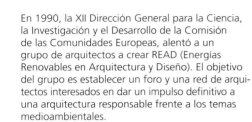

Barrio solar

Unterer Wöhrd, Ratisbona, Alemania, 1996-
Norman Foster and Partners, architects
and designers

Solar Quarter

Unterer Wöhrd, Regensburg, Germany, 1996-
Norman Foster and Partners, architects
and designers

En 1990, la XII Dirección General para la Ciencia, la Investigación y el Desarrollo de la Comisión de las Comunidades Europeas, alentó a un grupo de arquitectos a crear READ (Energías Renovables en Arquitectura y Diseño). El objetivo del grupo es establecer un foro y una red de arquitectos interesados en dar un impulso definitivo a una arquitectura responsable frente a los temas medioambientales.

El proyecto del barrio solar de Ratisbona surgió del deseo del grupo READ y de la Comisión Europea de explorar el potencial de las energías renovables, en especial la solar, y su aplicación a un contexto urbano más amplio.

Entre otras ciudades europeas, Ratisbona fue elegida por considerar que era la que mejor reunía las condiciones exigidas: tener un mínimo de 100.000 habitantes y un rico patrimonio arquitectónico, urbano, social y cultural. El decidido y activo apoyo de las autoridades municipales fue otro de los factores decisivos en la elección. Por otra parte, se consideró que un proyecto urbano de nueva planta sería menos apropiado para los objetivos perseguidos que los retos de un emplazamiento inmerso en un tejido urbano preexistente que debía covertirse en una buena base para una urbanización sostenible. Ponderadas estas circunstancias, se consideró que la isla Unterer Wöhrd reunía las condiciones idóneas para el proyecto.

Los objetivos principales en este proyecto fueron la reducción de las emisiones a la atmosféra, el uso de materiales y energías renovables, el reciclaje, la calidad de los entornos naturales y construidos, el diseño ecológicamente responsable a todas las escalas (desde el macronivel regional hasta el micronivel local), las necesidades humanas y sociales, la densidad y la eficiencia urbana, el rendimiento a largo plazo, y la adquisición y difusión de "saber hacer".

In 1990 the Commission of European Communities Directorate General XII for Science, Research and Development encouraged an initial group of architects to create READ (Renewable Energies in Architecture and Design). The objective of the group is to establish a forum and network for practising architects in order to promote an ultimate breakthrough for environmentally responsive architecture.

Regensburg's Solar Quarter project grew out of a desire by the READ Group and the European Commission to address the potential of renewable energies, particularly solar technology, and their application in a wider urban context.

Regensburg was selected among other European candidates as it was felt that the chosen city should have at least 100,000 inhabitants and a rich architectural, urban, social and cultural background. A sympathetic and actively supportive local government was another decisive factor. Additionally, green-field sites were thought less appropriate than a brown/gray site within an existing urban fabric which could become a good basis for a sustainable development. Regensburg's Unterer Wöhrd island provided such a site.

The main issues addressed in this project were reduction of atmospheric emissions, use of renewable materials and energies, recycling, quality of the natural and built environments, ecologically responsible design at all scales (from regional macro-level to site micro-level), human and social requirements, density and urban efficiency, long-term performance, and acquisition and dissemination of know-how.

Un proyecto ecológicamente responsable requiere el conocimiento de los factores ambientales a todas las escalas, desde el macronivel regional hasta el micronivel de las condiciones particulares del emplazamiento. En este último nivel, se desciende hasta los detalles más sutiles del paisaje y de los edificios circundantes.

Ecologically responsible design requires awareness of the environmental factors at scales from regional macro-level right down to the micro-level conditions of the site. This includes the subtler details of the surrounding landscape and buildings.

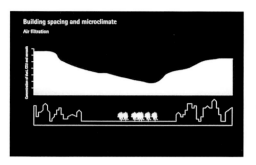

Building spacing and microclimate

Air filtration

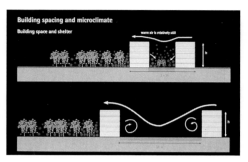

Building spacing and microclimate

Building space and shelter

warm air is relatively still

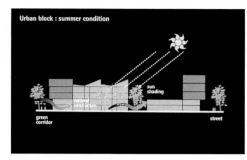

Urban block : summer condition

sun shading

natural ventilation

green corridor

street

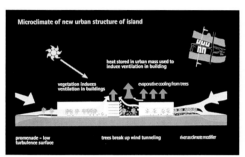

Microclimate of new urban structure of island

heat stored in urban mass used to induce ventilation in building

vegetation induces ventilation in buildings

evaporative cooling from trees

promenade – low turbulence surface

trees break up wind tunneling

river as climate modifier

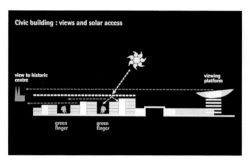

Civic building : views and solar access

view to historic centre

viewing platform

green finger

green finger

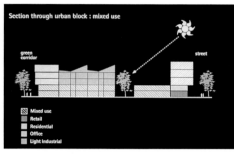

Section through urban block : mixed use

green corridor

street

Mixed use
Retail
Residential
Office
Light Industrial

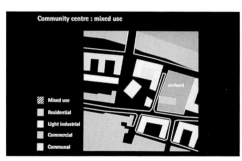

Community centre : mixed use

orchard

Mixed use
Residential
Light Industrial
Commercial
Communal

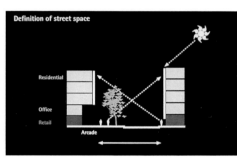

Definition of street space

Residential

Office

Retail

Arcade

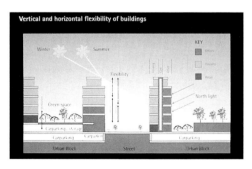

Vertical and horizontal flexibility of buildings

Winter

Summer

KEY

Flexibility

Green space

North light

Carparking - storage

Carparking

Carparking

Urban Block

Street

Urban Block

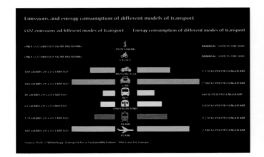

Emissions and energy consumption of different models of transport

CO2 emissions of different modes of transport — Energy consumption of different modes of transport

Source: Prof. J. Whitelegg, Transport for a Sustainable Future – The Case for Europe

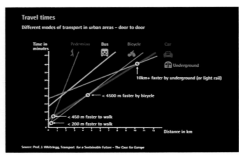

Travel times

Different modes of transport in urban areas – door to door

Source: Prof. J. Whitelegg, Transport for a Sustainable Future – The Case for Europe

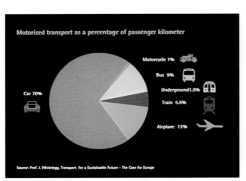

Motorised transport as a percentage of passenger kilometer

Motorcycle 1%
Bus 9%
Car 70%
Underground 1.5%
Train 5.5%
Airplane 13%

Source: Prof. J. Whitelegg, Transport for a Sustainable Future – The Case for Europe

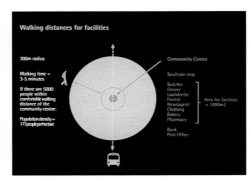

Walking distances for facilities

300m radius

Walking time = 3-5 minutes

If there are 5000 people within comfortable walking distance of the community centre:

Population density = 177 people per hectare

Community Centre

Bus/train stop

Butcher
Grocer
Laundrette
Florist
Newsagent
Clothing
Bakery
Pharmacy

Bank
Post Office

Area for facilities = 1000m2

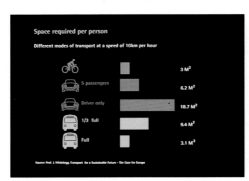

Space required per person

Different modes of transport at a speed of 10km per hour

3 M²
5 passengers — 6.2 M²
Driver only — 18.7 M²
1/3 full — 9.4 M²
Full — 3.1 M²

Source: Prof. J. Whitelegg, Transport for a Sustainable Future – The Case for Europe

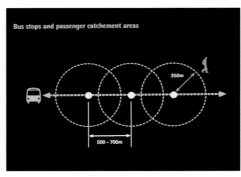

Bus stops and passenger catchment areas

350m

500 – 700m

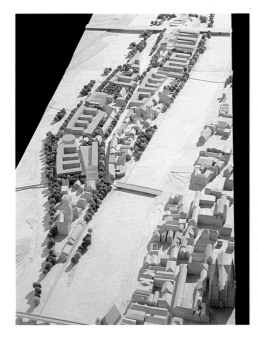

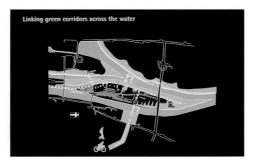

Communal parking

350 m

residential traffic only

Linking green corridors across the water

La ciudad de Ratisbona pertenece a la Alianza de Ciudades Europeas para la Protección de la Atmósfera Terrestre, uno de cuyos objetivos principales es la reducción de las emisiones de CO₂ en un 50% para el año 2010. La consecución de este objetivo requiere una correspondiente reducción en la cantidad de combustibles fósiles consumidos en la producción de energía, el transporte, el comercio y la industria, así como también en los espacios productivos y en los hogares. El plan director debe fomentar decididamente el uso del transporte público y los desplazamientos en bicicleta o a pie.

Regensburg is a member of the Climate Alliance of European Cities for the protection of the Earth's' atmosphere, one of whose aims is to reduce CO₂ emissions by 50% in 2010. The realization of this goal requires corresponding reduction in the amount of fossil fuels consumed in energy generation, for transportation purposes, in trade and industry, as well as in commercial workplaces and private households. Mass, pedestrian and bicycle transportation must be decidedly supported by the masterplan.

El uso de energía (energía primaria, energía "atrapada", energía para el funcionamiento, mantenimiento y desecho de los residuos) y de otros recursos empleados en un edificio debe optimizarse en relación a su vida útil, mediante la utilización de recursos renovables.

The use of energy (primary energy, embedded energy, energy used in the operation, maintenance and waste management of a structure) and other resources utilized in a building should be optimized in relation to its life span through the use of renewable resources.

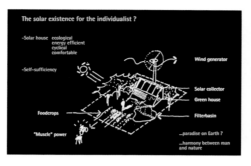

The solar existence for the individualist ?

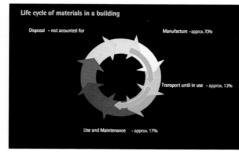

Life cycle of materials in a building

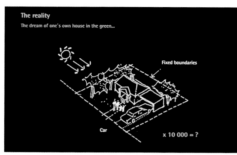

The reality
The dream of one's own house in the green...

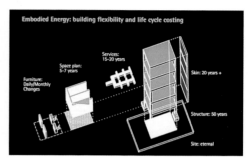

Embodied Energy: building flexibility and life cycle costing

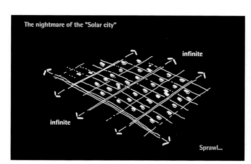

The nightmare of the "Solar city"

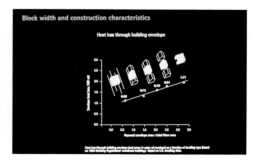

Block width and construction characteristics

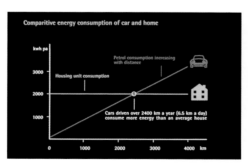

Comparitive energy consumption of car and home

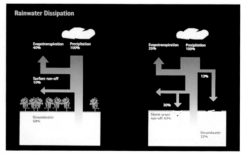

Rainwater Dissipation

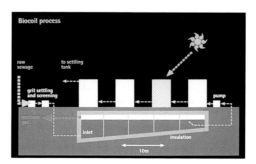

Biocoil process

RECURSOS RESOURCES

Propuesta de Plan Director IGA 2003
Dresde, Alemania, 1995
SITE

IGA Island 2003 Master Plan Submission
Dresden, Germany, 1995
SITE

El proyecto –llamado Metamorfosis Azul/Verde– se basa en la idea de que toda la vida de este planeta se apoya en los ciclos básicos de la naturaleza que relacionan el aire, el agua y la tierra. El concepto supone también una reflexión sobre los procesos naturales de cambio mutante y evolutivo y su paralelismo con la metamorfosis sufrida por Dresde a lo largo del último siglo. Durante ese periodo, la ciudad padeció una serie de vaivenes, pasando de una gloriosa prosperidad a la muerte, de ahí a la resurrección y finalmente a un nuevo renacimiento pleno de energía y crecimiento. Así pues, nada más adecuado que proponer un plan para la Exposición Internacional de Flores IGA que sirviera como metáfora y ejemplo de respeto por la ecología y de desarrollo metamórfico de la ciudad.

La idea para la isla IGA –y un plan sobre el que basar al futuro diseño de Dresde– es tratar el emplazamiento como un microcosmos de la ciudad y servir como una instructiva demostración del ciclo de recogida, depuración y utilización del agua. El proyecto dispone una retícula de 15 metros de lado que ocupa la mayor parte del terreno y, en las áreas de jardines de flores de IGA, se fragmenta en una serie de paseos que conducen a los visitantes a través de toda la exposición. Vista en planta, esta idea recuerda una versión de la ciudad a escala reducida; desarrollo a partir de un centro urbano lleno de grandes bulevares y parques formales hacia un espacio cada vez más indefinido que sugiere una metamorfosis del espacio construido al espacio natural.

The project –entitled 'Blue/Green Metamorphosis'– is based on the concept that all life on this planet is sustained by the basic cycles in nature that link air, water, and earth. The concept is also a reflection on nature's processes of mutable and evolutionary change and the similar metamorphosis that has taken place in Dresden over the past century. This city has gone from glorious prosperity to death to resurrection to a new rebirth of energy and growth. It thus seems appropriate to propose a plan for the IGA International Flower Exhibition that will serve as a metaphor and functioning example of respect for ecology and the metamorphic development of the city.

The concept for the IGA island –and a plan to be reflected in future design for Dresden– is to treat the site as a microcosm of the city and an educational demonstration of the cyclical process for the gathering, purification and use of water. The design proposes establishing a 15 m. square grid that covers the major portion of the site and, in the IGA flower garden areas, dematerializes into a series of walks that take pedestrians through the exhibition. In plan, this concept appears to be a smaller version of the entire city, growing from the urban center full of grand boulevards and formal parks to an increasingly indeterminate area that suggests a metamorphosis from the built into the natural environment.

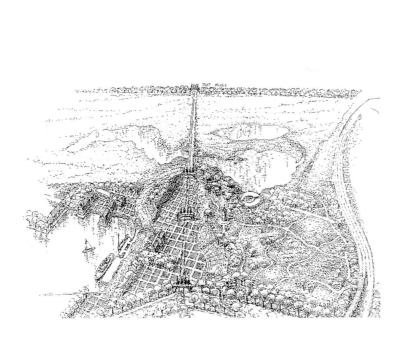

48

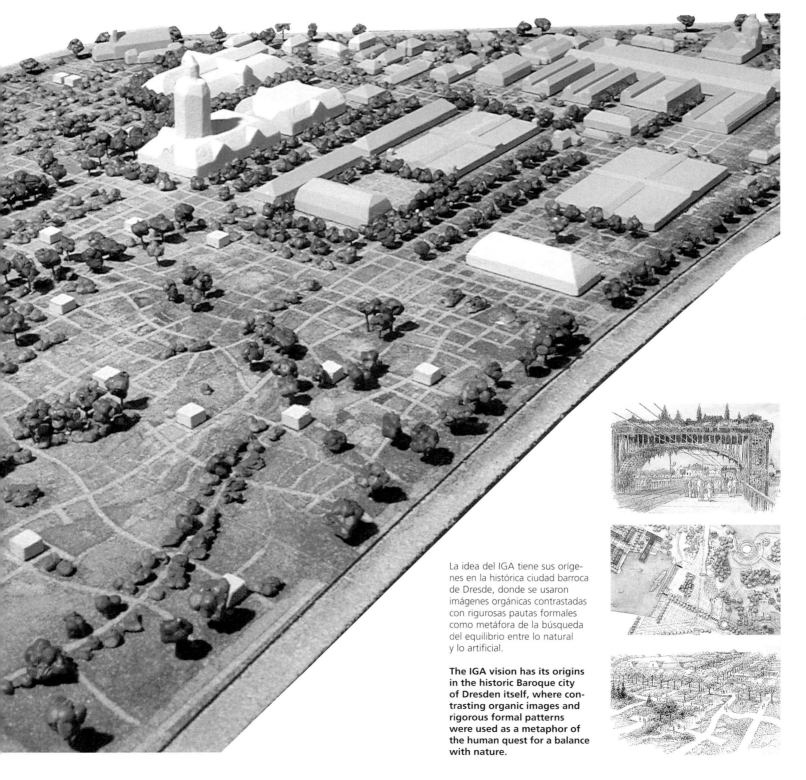

La idea del IGA tiene sus orígenes en la histórica ciudad barroca de Dresde, donde se usaron imágenes orgánicas contrastadas con rigurosas pautas formales como metáfora de la búsqueda del equilibrio entre lo natural y lo artificial.

The IGA vision has its origins in the historic Baroque city of Dresden itself, where contrasting organic images and rigorous formal patterns were used as a metaphor of the human quest for a balance with nature.

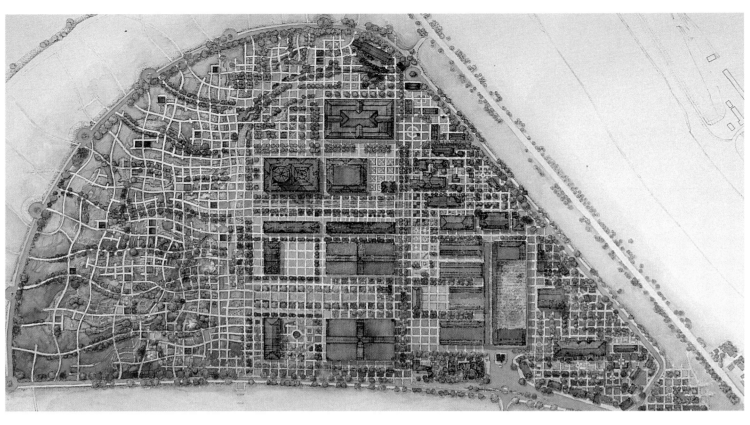

Desde una perspectiva estética, el plan metamórfico del IGA permite una infinita variedad de usos del espacio: plantación, ocio y exposición, sin destruir la integridad artística del concepto. El tránsito de las áreas formales (utilizadas principalmente para usos cívicos y culturales) a las secciones informales (dedicadas a jardines y demostraciones de los ciclos hidrológicos azul/verde de la naturaleza), se convierte en el tema esencial del parque.

From an aesthetic perspective, the metamorphic IGA plan allows for infinite variety in the uses of space, planting, recreation and exhibition, without destroying the artistic integrity of the concept. The transformation from formal areas (utilized mostly for civic and cultural structures) to informal sections (dedicated to gardens and demonstrations of nature's 'blue/green' hydrological cycles) becomes the essence of the park theme.

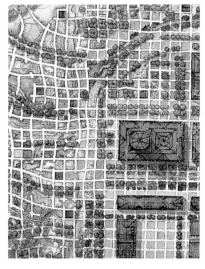

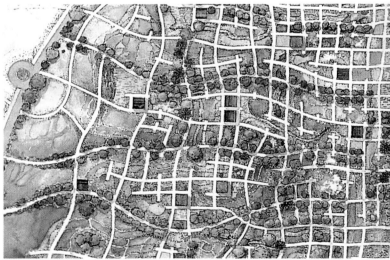

El emplazamiento del IGA ha sido dividido en varias secciones funcionales, dependiendo de la presencia de edificios preexistentes, la conveniencia o no de nuevas construcciones y los requerimientos de las zonas de jardín. Los ambientes verde/azul son, a la vez, obras de arte de la jardinería y demostraciones físicas de los ciclos hidrológicos y de las tecnologías modernas de conservación y depuración del agua.

The IGA site is divided into various appropriate functions, depending on the presence of existing buildings, the desirability of new construction, and the requirements for garden areas. The 'blue/green' environments are both artworks of garden design as well as physical demonstrations of hydrological cycles and contemporary water conservation and cleansing technologies.

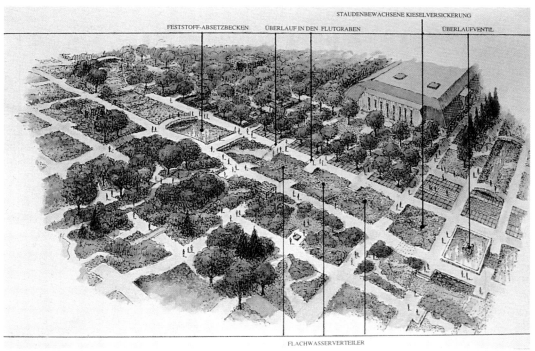

STAUDENBEWACHSENE KIESELVERSICKERUNG
FESTSTOFF-ABSETZBECKEN   ÜBERLAUF IN DEN FLUTGRABEN   ÜBERLAUFVENTIL

FLACHWASSERVERTEILER

Hábitat simbiótico
Tokio, Japón, 1994-
Iwamura Atelier Co. Ltd.
Oficina de la Vivienda, Gobierno
Metropolitano de Tokio

Symbiotic Housing
Tokyo, Japan, 1994-
Iwamura Atelier Co. Ltd.
Bureau of Housing, Tokyo Metropolitan
Government

La ciudad de Tokio está llevando a cabo numerosos programas para crear una metrópolis adecuada para los inminentes retos del siglo XXI, teniendo en cuenta tanto la historia de la ciudad como su situación actual. La vivienda ocupa un lugar primordial en el Tercer Plan Metropolitano de Tokio (1990); en el periodo 1990-2000 (llamado 'Los 10 Años de la Vivienda') se construirán 1,75 millones de viviendas; el Gobierno Metropolitano de Tokio únicamente aportará o apoyará 350.000 unidades. Por otra parte, el plan incluye el concepto de "desarrollo urbano orientado hacia el reciclaje" como una de las políticas de emergencia destinadas a reconducir los valores de la sociedad en lo relativo al medio ambiente. El objetivo es crear una ciudad que armonice a la gente con el entorno mediante los esfuerzos conjuntados de los ciudadanos, la iniciativa privada y el gobierno, a fin de contener el consumo de recursos naturales y de energía, y de reciclar residuos urbanos, subproductos y calor. A partir de estas dos prioridades políticas, se contempla la imperiosa necesidad de consolidar las políticas de vivienda y medio ambiente de forma integrada y equilibrada.

La propuesta 'Hábitat simbiótico' es un modelo para una reurbanización sensible al medio ambiente en el centro de Tokio, que ha sido desarrollada a través de un esfuerzo investigador conjunto entre los sectores público y privado. El objetivo último es una comunidad urbana que aúne las tradiciones locales y las actuales preocupaciones por el medio ambiente global, ofreciendo a los residentes un hábitat saludable y fomentando su participación en la construcción y su compromiso en la protección ambiental.

Tokyo is presently conducting numerous programs to create a metropolis suitable for the challenges of the 21st century, taking into consideration both the city's history and current situation. Housing is a major issue in the Third Tokyo Metropolitan Long-Term Plan (1990): 1.75 million dwellings will be built in the period 1990-2000 (dubbed 'The 10 Housing Years'); the Tokyo Metropolitan Government will only supply or support 350,000 units. On the other hand, the plan includes 'Recycling-Oriented Urban Development' as one of the emergency policies to redress society's values regarding the environment. The goal is to create a city that harmonizes people with the environment though a joint effort by the citizens, business and government to restrain consumption of natural resources and energy and to recycle urban waste, by-products and heat. On the basis of these two high-priority political frameworks, a pressing need is felt to consolidate housing and environmental policies in a comprehensive and balanced way.

The 'Symbiotic Housing' proposal is a model for an environmentally conscious redevelopment of downtown Tokyo which has been developed through a joint research effort by the public and private sectors. The aim is an urban community which addresses both local tradition and concern for the global environment, offering residents a healthy habitat, encouraging them to participate in its construction and to commit themselves to environmental protection.

Zonificación, distribución de medios y diagrama de flujos
Zoning, distribution of facilities and flow diagram

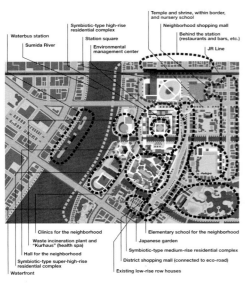

Esquema de canalización de aguas y distribución de zonas verdes
Network system of water and greenery

Circulación de energía y recursos
Circulation of energy and resources

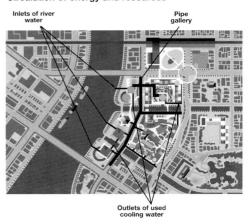

La estación de ferrocarril se sitúa en el centro del desarrollo Hábitat simbiótico, el cual se compone de diversos tipos de edificios. Se han restaurado las antiguas acequias y canales y el agua se convierte en uno de los temas subyacentes del proyecto. El calor contenido en el agua de río y el calor generado mediante plantas de incineración se usa para el suministro de agua caliente. Las aguas residuales depuradas se aprovechan como "aguas grises" (para el riego, las cisternas de los inodoros, etc.). Además del aprovechamiento de la energía solar y de otras energías naturales, se aplican técnicas de reducción de desperdicios y de transformación de los residuos en abono ("compost"). El suministro de electricidad y calefacción se realiza a través de las instalaciones de cogeneración del barrio, en el Centro de Gestión Ambiental.

The railway station is at the heart of the Symbiotic Housing development, which is made of mixed building types. The old ditches and canals are refurbished, and water becomes a major theme. Heat contained in river water and generated by incineration plants is used to supply hot water. Drain water is purified and used as gray water. Waste reduction and conversion of refuse into compost are applied, as are solar and other natural energy technologies. Electricity and heat are supplied through the district's co-generation facilities at the Environmental Management Center.

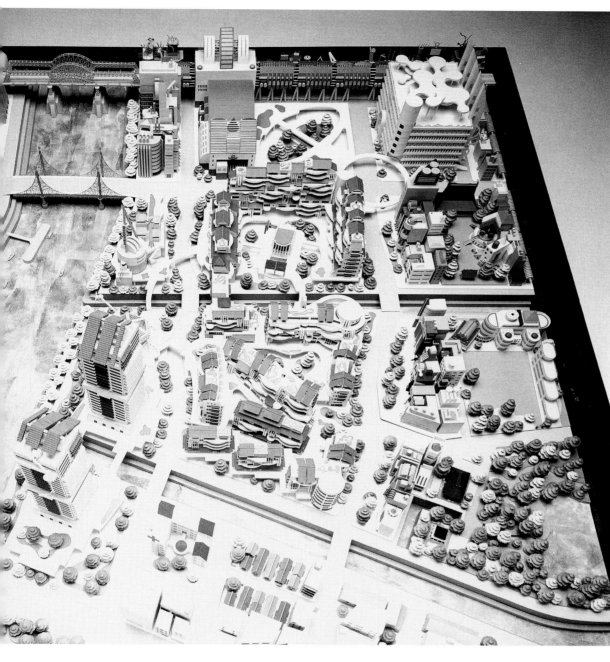

Casi todos los edificios de la propuesta son de uso mixto, y en todos ellos se aplican intensivamente las técnicas simbióticas.

The proposed buildings are mostly mixed-use and all make extensive use of symbiotic housing techniques.

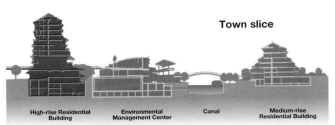

Town slice

High-rise Residential Building   Environmental Management Center   Canal   Medium-rise Residential Building

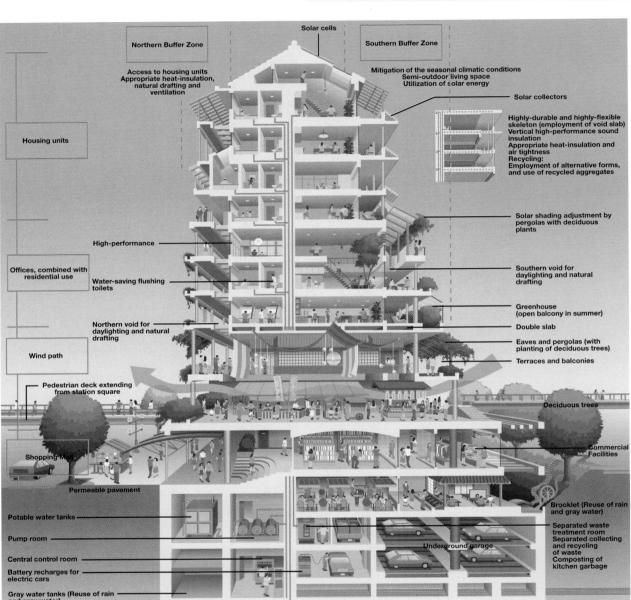

Solar cells

Northern Buffer Zone

Southern Buffer Zone

Access to housing units
Appropriate heat-insulation, natural drafting and ventilation

Mitigation of the seasonal climatic conditions
Semi-outdoor living space
Utilization of solar energy

Solar collectors

Housing units

Highly-durable and highly-flexible skeleton (employment of void slab)
Vertical high-performance sound insulation
Appropriate heat-insulation and air tightness
Recycling:
Employment of alternative forms, and use of recycled aggregates

High-performance

Solar shading adjustment by pergolas with deciduous plants

Offices, combined with residential use

Water-saving flushing toilets

Southern void for daylighting and natural drafting

Northern void for daylighting and natural drafting

Greenhouse (open balcony in summer)

Double slab

Wind path

Eaves and pergolas (with planting of deciduous trees)

Terraces and balconies

Pedestrian deck extending from station square

Deciduous trees

Shopping Mall

Commercial Facilities

Permeable pavement

Brooklet (Reuse of rain and gray water)

Potable water tanks

Pump room

Separated waste treatment room
Separated collecting and recycling of waste
Composting of kitchen garbage

Underground garage

Central control room

Battery recharges for electric cars

Gray water tanks (Reuse of rain and gray water)

Mecanismo básico de la simbiosis con el entorno
Symbiosis with environment basic mechanism

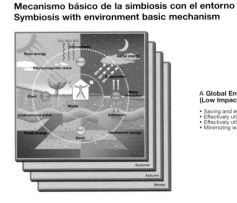

Objetivos del hábitat simbiótico
The objectives of symbiotic housing

B Harmony with the Surrounding Environment (High Contact)

• Considering ecological affluence and circulation.
• Considering the relationship between intra-and-extra-architectural features.
• Considering harmony with the local community and culture.
• Considering to support symbiotic activities of residents.

A Global Environmental Protection (Low Impact)

• Saving and effectively utilizing energy.
• Effectively utilizing natural and unused energy.
• Effectively utilizing resources.
• Minimizing waste disposals.

Symbiotic Housing

C Healthy and Comfortable Residential Environment (Health & Amenity)

• Designing a residential environment to reflect the best of the natural environment.
• Designing housing with a safe, healthy and comfortable interior.
• Designing housing with harmony in mind.
• Considering to generate and rear a rich neighborhood community.

Town slice

High-rise Residential Building | Environmental Management Center | Canal | Medium-rise Residential Building

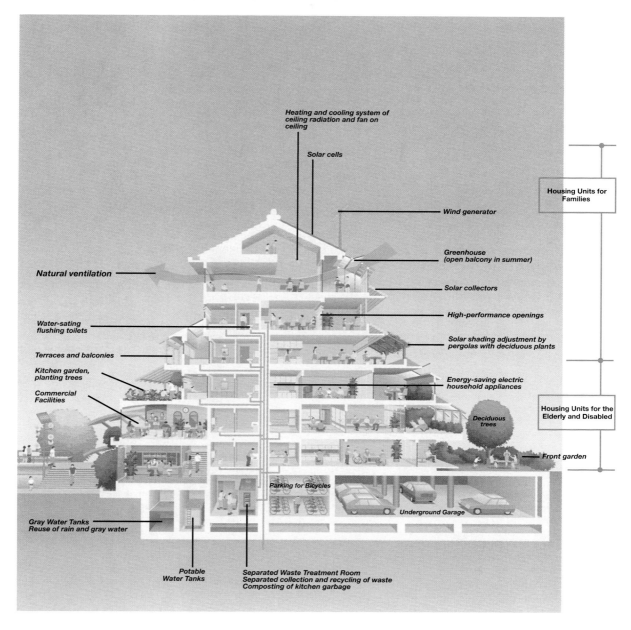

Heating and cooling system of ceiling radiation and fan on ceiling

Solar cells

Natural ventilation

Wind generator

Greenhouse (open balcony in summer)

Solar collectors

Water-sating flushing toilets

High-performance openings

Terraces and balconies

Solar shading adjustment by pergolas with deciduous plants

Kitchen garden, planting trees

Energy-saving electric household appliances

Commercial Facilities

Deciduous trees

Housing Units for Families

Housing Units for the Elderly and Disabled

Front garden

Parking for Bicycles

Underground Garage

Gray Water Tanks Reuse of rain and gray water

Potable Water Tanks

Separated Waste Treatment Room Separated collection and recycling of waste Composting of kitchen garbage

Densidad de población por zonas de la metrópolis
Zone and population density of the metropolis

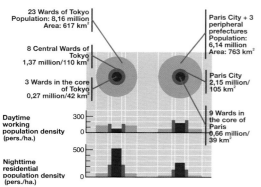

23 Wards of Tokyo Population: 8,16 million Area: 617 km²

8 Central Wards of Tokyo 1,37 million/110 km²

3 Wards in the core of Tokyo 0,27 million/42 km²

Paris City + 3 peripheral prefectures Population: 6,14 million Area: 763 km²

Paris City 2,15 million/ 105 km²

9 Wards in the core of Paris 0,66 million/ 39 km²

Daytime working population density (pers./ha.) 300 0

Nighttime residential population density (pers./ha.) 500 0

Diagrama de una ciudad orientada al reciclaje
Image of recycling-oriented city

Products
Waste
Re-use
Recycle into resources

Contractors to collect resource waste

Use of waste-heat

Deposit system

Grouped collecting

Collection of resources

Manufacturing plant

Recycling center

Waste incineration plants, etc.

Retail shop

Household

Office building

Site for final disposal

Villa Olímpica
Parque Olímpico, Sidney,
Australia, 1992-
Greenpeace
Sidney 2000 Planning and Design

Olympic Village
Sydney Olympic Park, Sydney,
Australia, 1992-
Greenpeace
Sydney 2000 Planning and Design

En 1992 un equipo de asesores de Greenpeace se presentó al concurso de proyectos para la Villa Olímpica de Sidney y ganó el primer premio, compartido con otros cuatro equipos. Los cinco ganadores acordaron trabajar conjuntamente en un proyecto final, de acuerdo con un programa medioambiental redactado por Greenpeace en el que se trazaban las líneas maestras sobre cuestiones ambientales globales y locales. El proyecto de Greenpeace, un trabajo especialmente sensible al tema del medio ambiente, estaba dirigido a minimizar el consumo energético, el uso de recursos y la producción de desechos, y a aumentar al máximo los espacios libres para los residentes, con una superficie de parques superior al 50% del total del proyecto. Éste también contemplaba la conservación de los rasgos naturales del paisaje existente y la creación de una zona de transición entre el entorno natural y el artificial. Entre los puntos clave del proyecto se incluían: aprovechamiento eficiente del suelo mediante una urbanización de densidad media; ahorro energético al utilizar energía solar pasiva; sistemas integrados de reducción de desechos comerciales y domésticos; utilización de materiales de construcción respetuosos con el medio ambiente; uso de sistemas innovadores de conservación del agua; integración con otros proyectos para la ciudad y la región; y, finalmente, los sistemas de transporte integrados de bajo impacto ambiental.

Greenpeace también fue invitada a unirse al Comité de Medio Ambiente de Sidney 2000 para desarrollar un conjunto de líneas directrices sobre medio ambiente para los Juegos Olímpicos de Verano, ampliando así el alcance inicial de la propuesta (limitado a la Villa Olímpica), hasta abarcar todo el Plan Olímpico. Esas directrices se basaban en el reconocimiento de cinco problemas medioambientales esenciales: las amenazas a la biodiversidad, el efecto invernadero, la disminución de la capa de ozono, la contaminación del aire, el suelo y las aguas, y la sobreutilización de los recursos. La consecuencia más importante reside en el largo plazo, ya que, de ahora en adelante, las ciudades anfitrionas de los Juegos Olímpicos deberán observar estos principios medioambientales.

In 1992, Greenpeace consultants entered the Sydney Olympic Village design competition and won joint first prize, together with four other teams. The five winners agreed to work together cooperatively on a final design in accordance with an environmental brief from Greenpeace, addressing global and local environmental concerns. Greenpeace's environmentally-responsive design aimed to minimize energy and resource use and waste creation, and to maximize open space for residents, with more than 50 per cent of the site to be retained as parkland. The preservation of existing landscape features and the creation of a buffer zone between the human and natural environments were also addressed. Key design features included highly efficient land use through medium-density housing, economical energy use via passive solar design, integrated domestic and commercial waste minimization systems, use of environmentally friendly building materials, innovative water conservation systems, integration with other city and regional planning, and low-impact integrated transport systems.

Greenpeace was also invited to join the Sydney 2000 Bid Environment Committee to develop a set of comprehensive Environmental Guidelines for the Summer Olympic Games, expanding the original scope (limited to the Olympic Village) to cover the entire Olympic plan. The guidelines were based on acceptance of five core environmental problems: threats to biodiversity, the greenhouse effect, ozone depletion, air, soil and water pollution and the over-consumption of resources. Even more consequential, all future host Olympic cities are henceforth expected to observe these environmental principles.

Greenpeace ha elaborado una estrategia de Urbanización Ecológicamente Sostenible (Ecologically Sustainable Development, ESD) para Sidney, que puede servir como modelo para otras ciudades del mundo, con las lógicas variantes en aspectos de detalle y ejecución. Esta estrategia global integra transporte, uso del suelo, agua y producción de energía, y constituye una base ecológica para sostener a la población actual y futura de Sidney. El Parque del Milenio (página siguiente, derecha), materializa esta estrategia y proporciona un centro físico y una imagen tanto de los Juegos Olímpicos del 2000 como de la Sidney Sostenible del siglo XXI.

Greenpeace has devised an Ecologically Sustainable Development (ESD) strategy for Sydney which can serve as a model for other cities in the world (with suitable variation in detail and implementation). The comprehensive strategy integrates transport, land-use, water and energy production and has an ecological basis to sustain Sydney's existing and future population. The 'Millennial Park' (opposite page, right) materializes this strategy and provides a physical focus and a vision for both the 2000 Olympics and the sustainable Sydney of the 21st century.

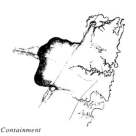
Containment

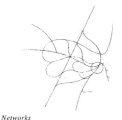
Networks

Regional cities

Watercourses

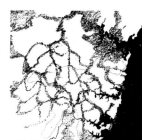
Wildlife corridors

transport

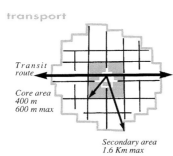

Transit route

*Core area
400 m
600 m max*

*Secondary area
1.6 Km max*

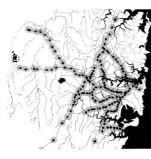

400 metre/5 minute walking and 1500
metre/5 minute cycling radii enclosing areas
appropriate for targeted consolidation.

20 Km

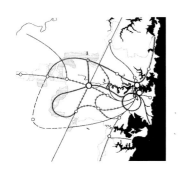

Existing Urban Area

Targeted Consolidation:
existing rail
light rail

Model Redevelopments:
1 Rouse Hill
2 City West
3 Homebush Bay
4 Eveleigh

Urban Villages in Urban
Development Program areas

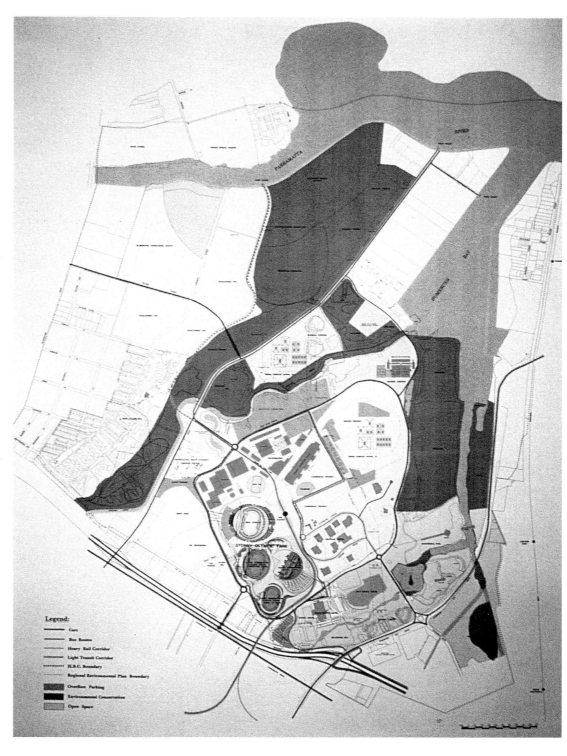

Legend:
Cars
Bus Routes
Heavy Rail Corridor
Light Transit Corridor
H.B.C. Boundary
Regional Environmental Plan Boundary
Overflow Parking
Environmental Conservation
Open Space

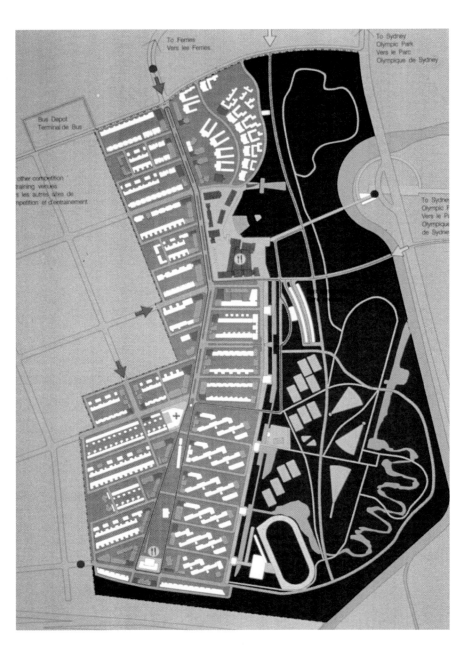

To Ferries
Vers les Ferries

To Sydney
Olympic Park
Vers le Parc
Olympique de Sydney

Bus Depot
Terminal de Bus

other competition
training venues
s les autres aires de
mpétition et d'entraînement

To Sydne
Olympic F
Vers le P
Olympiqu
de Sydne

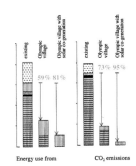

Energy use from CO_2 emissions

Fossil fuel based energy   Fossil fuel based energy   Fossil fuel based energy

Renewables   Renewables   Renewables
Existing   Olympic Village   Olympic Village
with solar cogen
40.7 gigajoules/yr   26.4 gigajoules/yr

Estimated annual energy use for a typical household by fuel.

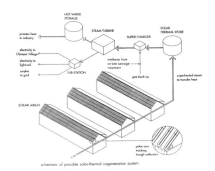

HOT WATER
STORAGE
process heat
to industry   STEAM TURBINE   SUPER CHARGER   SOLAR
THERMAL STORE
electricity to
Olympic Village
electricity to
light rail   methane from
on-site sewage
treatment   superheated steam
to transfer heat
surplus
to grid   SUB-STATION   gas back-up

SOLAR ARRAY

polar axis
tracking
trough collectors
schematic of possible solar-thermal cogeneration system

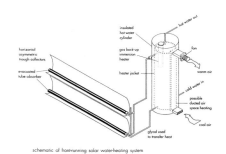

insulated
hot water
cylinder   hot water out
horizontal
asymmetric
trough collectors   gas back-up
immersion
heater   fan
heater jacket   warm air
evacuated
tube absorber   cold water in
possible
ducted air
space heating
glycol used
to transfer heat   cool air

schematic of front-running solar water-heating system

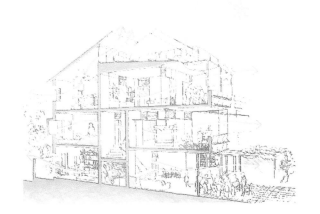

El concepto de "pueblo urbano" de Greenpeace ofrece un modelo realista para una urbanización ecológicamente sostenible, incorporando las últimas tecnologías en materias de energía (cogeneración solar), transporte, residuos, agua, organización de actos y protección de la diversidad. Por otra parte, también se han aplicado los principios ESD y sus correspondientes tecnologías en todos los equipamientos olímpicos.

Greenpeace's 'urban village' concept offers a realistic model for ecologically sustainable development, incorporating cutting-edge technologies in areas of energy (solar co-generation), transport, waste, water, event management and protection of diversity. ESD principles and matching technologies have also been applied to all Olympic venues.

Ecopueblo Anningerblick
Guntramsdforf, Austria, 1992-
Helmut Deubner, Architekt

Anningerblick EcoVillage
Guntramsdforf, Austria, 1992-
Helmut Deubner, Architekt

A pesar de su escala relativamente pequeña (140 viviendas), este desarrollo es un ejemplo de la ingeniosa aplicación de las ecotecnologías actuales a una situación real. En él se han abordado la mayor parte de los temas de interés desde el punto de vista del diseño ecológico, incluyendo el máximo aprovechamiento de los recursos naturales disponibles, el uso de formas constructivas y materiales de construcción apropiados, y el acentuar un tipo de diseño orientado hacia lo comunitario.

La propia organización general de la urbanización fomenta la interacción social mediante una red de espacios públicos, a la par que se crean zonas abiertas de carácter más íntimo. Todo el poblado es peatonal, con aparcamientos ubicados en el límite de la urbanización. Un café y un centro cívico emplazados en torno a la plaza principal proporcionan dependencias comunitarias acordes con el tamaño y la población del barrio.

Los edificios se estructuran según varias tipologías que incluyen casas con patio de una sola planta, viviendas adosadas de dos plantas y edificios atrio. Todos los edificios son de ladrillo y, por criterios energéticos, la mayoría de ellos tienen cubierta inclinada a dos aguas con aberturas orientadas a mediodía. Las cubiertas están diseñadas en función de los colectores solares y la mayor parte de las casas disponen de invernaderos de uno o dos pisos de altura para capturar calor. Las cubiertas son de madera, con aislamiento acústico granulado y fibra de coco. El material básico utilizado en la construcción de los muros es la fábrica de bloque revestida de un aislamiento y colocada con mortero aislante. En los muros interiores se utiliza un aislamiento de celulosa, mientras que en los baños y cocinas se emplea un aislamiento de corcho.

Las aguas pluviales se recogen en depósitos y se utilizan para las cisternas de los inodoros, las lavadoras y el riego de los jardines. El sistema de purificación y aireación del agua se acciona mediante un molino de viento. Existen sistemas de separación de residuos domésticos y de conversión de éstos en abono.

Despite its relatively small scale (140 dwellings), this settlement exemplifies the ingenious application of state-of-the-art 'ecotechnologies' to a real-life situation. Most areas of concern from an ecologically conscious design standpoint have been addressed, including taking maximum possible advantage of available natural resources, using appropriate building forms and construction materials, and emphasizing a community-oriented design.

The development's overall layout encourages social interaction by means of a network of public spaces while also providing for more private open areas. The whole settlement is a pedestrian zone, with parking facilities located at the site's edge. Around the main square, a cafe and a community hall provide communal facilities in accordance with the development's size and population.

Buildings are structured in various typologies, including single-story courtyard houses, two-story terraced housing and atrium buildings. All buildings are built in brick and, for energy criteria, most have steeply pitched, ridge roofs opening to the south. Roofs are designed for solar collectors while most houses have one or two-story-high conservatories to capture solar energy. Roofs are made of timber, with granulate and coconut fiber acoustic insulation. The basic wall material is insulated rendered block-work laid on insulating mortar. Cellulose insulation is used in internal walls, while cork insulation is used in bathroom and kitchens.

Rainwater is collected in cisterns and used for toilet flushing, washing machines and garden irrigation. A system of water purification and aeration is driven by a windmill. Domestic refuse separation and composting systems have been provided.

LAGEPLAN 1:2000

WOHNDORF ANNINGERBLICK

Urbanización ecológica
Colonia-Blumenberg, Alemania, 1989-1991
Architekturgesellschaft Reimund Stewen

Ecological Housing
Köln-Blumenberg, Germany, 1989-1991
Architekturgesellschaft Reimund Stewen

Esta urbanización residencial ecológica, una experiencia piloto de la ciudad de Colonia, es un proyecto experimental concebido como un estimulante marco físico en correspondencia con sus alrededores en el que desarrollar un modo de vida comunitario de una manera ecológicamente responsable.

Entre sus principios proyectuales destacan los siguientes: uso económico del suelo; alentar una mezcla social variada y proveer viviendas a precio razonable a través de la autoconstrucción; ahorro energético mediante la utilización pasiva de la energía solar; instalaciones respetuosas con la ecología; empleo de estructuras y materiales de construcción basados en los principios de la construcción biológica; reducción de los desperdicios domésticos a través de la segregación y el reciclaje de los residuos y la dotación de huertos domésticos para la producción de hierbas, fruta y verdura.

Este proyecto es un ejemplo de planteamiento ecológico aplicado a una urbanización residencial de baja altura y alta densidad; está compuesto de unidades en hilera proyectadas individualmente. Los espacios libres privados del lado sur no están subdivididos en parcelas, sino que se usan comunitariamente de acuerdo con los principios ecológicos como una serie de zonas de carácter casi natural. En contraste con el aspecto relativamente uniforme de las fachadas septentrionales de los edificios –donde, para conservar mejor la energía, se abren los mínimos huecos imprescindibles–, las fachadas orientadas a mediodía son muy abiertas y tienen un carácter fuertemente individualizado.

El armazón estructural de los edificios está formado por soportes de madera que sostienen la cubierta revestida de tepe. Como material para las fachadas se ha recurrido a la arcilla, debido a sus propiedades ecológicas como material de construcción: almacena el calor, actuando como una membrana microporosa que filtra y regula la humedad atmósférica.

This ecological housing estate, a pilot scheme for the City of Cologne, is an experimental project designed as a stimulating physical framework with corresponding surroundings in which to try out communal living in an ecologically responsible manner.

Design principles include the economic use of land; the stimulation of a rich social mix and the provision of reasonably priced housing through a self-build approach; a passive energy-saving design concept; ecologically friendly building services; the use of structures and building materials based on the principles of 'construction biology'; reduction of domestic refuse through separation and recycling of waste and the provision of kitchen gardens for the production of herbs, fruits and vegetables.

The development is an example of an ecological approach to low-rise, high-density housing, comprising individually designed units built together in terraces. The south side private open areas are not divided into individual plots, but used communally according to ecological principles as a series of near-natural areas. In contrast to the relatively uniform north side of the buildings, where openings are kept to a minimum for energy conservation reasons, the south facades open up and develop an individual character.

The structural frame of the buildings is made of timber columns supporting a turf-covered roof. The frame is in-filled with clay due to its ecoproperties as a building material: it stores heat, acting as a breathing, draught-proofing membrane that filters and regulates atmospheric moisture.

ENERGIEKONZEPT
am Beispiel Haus 2
der ökologischen Siedlung
Köln Blumenberg

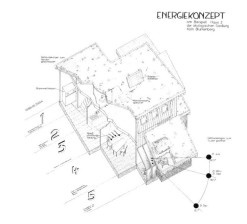

WASSERKONZEPT
am Beispiel Haus 2
der ökologischen Siedlung
Köln Blumenberg

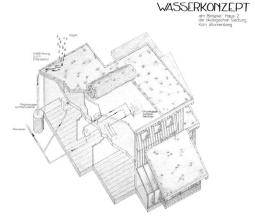

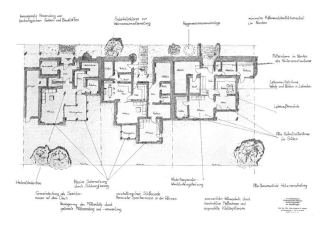

ÖKO SIEDLUNG
KÖLN BLUMENBERG

Ciudad Solar

Linz-Pichling, Austria, 1995-
Norman Foster and Partners,
architects and designers
Herzog+Partner Architekten
Richard Rogers Partnership

Solar City

Linz-Pichling, Austria, 1995-
Norman Foster and Partners,
architects and designers
Herzog+Partner Architekten
Richard Rogers Partnership

La ciudad de Linz se propone construir un nuevo barrio urbano de uso mixto para 25.000 habitantes incorporando el uso exhaustivo de la energía solar. El presupuesto es muy reducido y el conjunto debe incluir viviendas sociales subsidiadas. También hay limitaciones a la densidad y ya existe una cierta infraestructura viaria básica. La integración de la energía solar deberá satisfacer la doble condición de ser funcional en lo técnico y efectiva en lo social.

Esos requerimientos contemplan dos escalas: las casas solares individuales y los barrios urbanos. El deseo de lograr el máximo asoleo en invierno y de reducir al máximo las zonas en sombra se equilibra con la necesidad de conseguir una cierta densidad, diversidad y mezcla de usos, lo que exige edificios de diversos tipos y orientaciones. En consecuencia, se ha desarrollado una amplia y variada gama de tipologías edilicias, ampliando el abanico habitual en los planteamientos convencionales de la arquitectura solar.

El plan director se ha organizado en una serie de compactos barrios urbanos de uso mixto, articulados a distancias peatonales en torno a una plaza central dotada de servicio de transporte público con el fin de disuadir el uso del coche. Con ello, además de ahorrarse energía, se fomenta la interacción social y se fortalecen los vínculos comunitarios.

El proyecto es el resultado de un planteamiento orgánico donde se integran la energía y la infraestructura y ya desde el principio se definen las redes de transporte y las de suministro y producción de energía. Soluciones que resultarían excesivamente costosas en caso de aplicarse a un solo edificio se convierten en asequibles cuando se emplean a gran escala, ya que los gastos de instalación y funcionamiento quedan repartidos.

The city of Linz intends to build a new mixed-use urban district for 25,000 inhabitants incorporating extensive use of solar energy. The budget is very restricted and subsidized social housing must be included. There are also limitations to density and some basic road infrastructure is already in place. Solar technology is expected to be integrated both in technically functional as well as socially effective ways.

These requirements have been addressed at two levels: the individual solar houses and the urban neighborhoods. The desire to maximize solar gain in winter and minimize overshadowing is balanced by the need to achieve a certain density, diversity and mix of uses, which calls for buildings of varied type and orientation. A wide and diversified range of building typologies has thus been developed, broadening the topical scope of standard approaches to solar architecture.

The masterplan is organized in a series of compact mixed-use urban neighborhoods, each within walking distance from a central square served by public transport, thus discouraging the use of cars. This not only saves energy; equally important, it encourages social interaction and fosters community bonds.

The project is the result of a holistic approach, integrating energy and infrastructure planning, and defining transport networks and energy supply and production from the outset. Solutions which are too costly for individual buildings are made achievable by balancing costs through economies of scale and reduced operating expenditure.

Linz-Pichling aborda las consecuencias individuales y sociales del empleo de la energía solar a escala urbana. El sentido de comunidad vendrá inducido por un enfoque del planteamiento basado en el *sentido común* y en el que se fomentan el aprovechamiento del sol y los contactos sociales al aire libre.

Linz-Pichling addresses the individual and social implications of solar energy at an urban scale. The feeling of community will be promoted by a 'common sense' planning approach to benefit from the sun and encourage outdoor interaction.

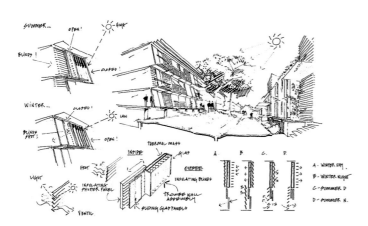

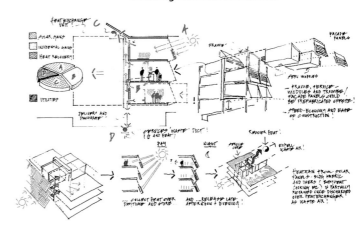

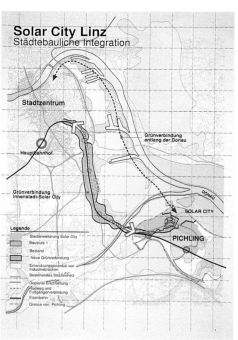

Solar City Linz
Städtebauliche Integration

Stadtzentrum

Grünverbindung
entlang der Donau

Hauptbahnhof

Grünverbindung
Innenstadt-Solar City

DONAU

SOLAR CITY

PICHLING

Legende

Stadterweiterung Solar City
Baustufe 1
Bestand
Neue Grünverbindung
Entwicklungspotential von
Industriebrachen
Bestehendes Straßennetz
Geplante Erschließung
Radweg und
Fußgängerverbindung
Eisenbahn
Grenze von Pichling

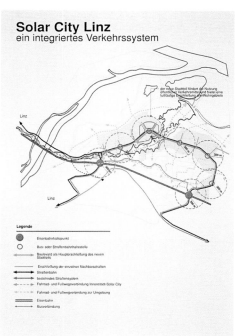

Solar City Linz
ein integriertes Verkehrssystem

der neue Stadtteil fördert die Nutzung
öffentlicher Verkehrsmittel und bietet eine
fußläufige Erschließung der Wohngebiete

Linz

Linz

Legende

Eisenbahnhaltepunkt
Bus- oder Straßenbahnhaltestelle
Boulevard als Haupterschließung des neuen
Stadtteils
Erschließung der einzelnen Nachbarschaften
Straßenbahn
bestehendes Straßensystem
Fahrrad- und Fußwegverbindung Innenstadt-Solar City
Fahrrad- und Fußwegverbindung zur Umgebung
Eisenbahn
Busverbindung

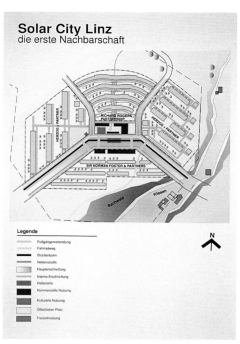

Solar City Linz
die erste Nachbarschaft

HERZOG PARTNER

RICHARD ROGERS
PARTNERSHIP

HERZOG PARTNER

SIR NORMAN FOSTER & PARTNERS

Bachwald

Wiesen

Legende

Fußgängerverbindung
Fahrradweg
Straßenbahn
Nebenstraße
Haupterschließung
Interne Erschließung
Haltestelle
Kommerzielle Nutzung
Kulturelle Nutzung
Öffentlicher Platz
Freizeitnutzung

N

RECURSOS **RESOURCES**

Urbanización bioclimática
Tenerife, Islas Canarias, España, 1995-
Instituto Tecnológico y de Energías
Renovables (ITER)

Bioclimatic Dwellings
Tenerife, Canary Islands, Spain, 1995-
Instituto Tecnológico y de Energías
Renovables (ITER)

En 1995, las autoridades de la isla de Tenerife organizaron un concurso internacional para el proyecto de un conjunto residencial de 25 viviendas unifamiliares basado en principios bioclimáticos y con la máxima utilización posible de materiales reciclados y reciclables. El objetivo del concurso consistía en proyectar un enclave autónomo, complementado con espacios al aire libre y un centro de visitantes, como modelo para comunidades no contaminantes, sensibles a los temas ecológicos. Según las bases del concurso, cada uno de los 25 equipos ganadores construirá una vivienda bioclimática diferente. Las unidades se organizarán en forma de una pequeña urbanización que permitirá que grupos de *turismo* técnico o científico se alojen en ellas, para evaluar *in situ* los resultados y el rendimiento de cada uno de los planteamientos.

Se confía en que la integración de fuentes de energía renovables en las viviendas, como la solar o la eólica, tenga un impacto significativo en la divulgación y aplicación de las últimas tecnologías en la materia. Las 25 viviendas dispondrán de electricidad suministrada a través de paneles solares fotovoltaicos, turbinas eólicas y/o aprovechamiento energético de la biomasa y los desechos. El agua caliente se producirá mediante colectores solares individuales independientes para cada vivienda. En todo el conjunto se aplica la utilización pasiva de la energía solar y la mayoría de los electrodomésticos tiene el *sello ecológico*. Cada vivienda vendrá dotada de un sistema sensor que transmitirá los datos a un ordenador central, lo que permitirá obtener una información completa de los procesos y una evaluación de los rendimientos.

La planta de desalación (accionada por energía renovable) producirá agua potable, un sistema ya habitual en un archipiélago donde las fuentes naturales de agua potable resultan insuficientes para satisfacer la demanda actual. Se dispondrá también de un sistema de depuración de aguas residuales accionado asimismo por energía no contaminante y renovable; el agua obtenida se empleará para riego.

In 1995, the government of the island of Tenerife organized an international competition for the design of a 25 single-family dwelling settlement based on bioclimatic principles and using recycled and recyclable materials whenever possible. The competition's objective was to design an autonomous enclave, complete with open spaces and visitor centre, as a model for non-pollutant, ecologically conscious communities. The dwellings (each designed by one of the 25 competition winners) will be organized into a small urban development that will allow technical and scientific 'tourism' to come and stay in the place in order to evaluate the results and performance of each approach.

The integration of renewable energy sources, such as solar and wind, into dwellings is expected to have a significant impact in spreading state-of-the-art technology and know-how in the field. All 25 dwellings will be supplied with electricity generated via photovoltaic panels, wind turbines and/or biomass and waste. Hot domestic water will be produced by individual solar collectors, independent for each unit. Passive solar design is thoroughly applied, as are 'ecological label' home appliances. Each dwelling will be provided with a sensor system that will transmit data to a central computer for performance evaluation and feedback.

A desalination plant (fed by renewable energy) will produce fresh water, a system already common in an archipelago where fresh water resources cannot meet current human demands. Waste-water will be treated and used for irrigation, again using non-pollutant, renewable-energy technologies.

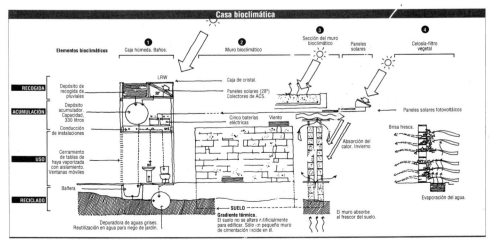

El equipo dirigido por César Ruiz-Larrea obtuvo el primer premio del concurso con un proyecto basado en los muros circulares de piedra de lava que se usan tradicionalmente en las islas para proteger los cultivos de la acción del viento. En el interior de la vivienda, muros y plataformas crean unos interesantes juegos de luz y sombra, a la vez que proporcionan una serie de espacios flexibles; las ecotecnologías se integran con naturalidad en el concepto arquitectónico. El equipo también está proyectando el plan director de la urbanización y el centro de visitantes.

The team headed by César Ruiz-Larrea won the competition's first prize with a design based on the circular lava-stone enclosures which are used in the islands to protect crops from strong winds. Inside the dwelling, walls and platforms create a play of light and shadow while providing a series of flexible spaces; ecotechnologies are seamlessly integrated into the architectural concept. The team is also designing the settlement's masterplan and the visitor center.

El equipo de Natasha Pulitzer y Sergio Los fue el ganador del segundo premio, con un proyecto flexible de vivienda bioclimática adaptable a diferentes ubicaciones, sea en forma aislada o agrupada. El proyecto combina los elementos arquitectónicos mediterráneos con las ecotecnologías, para expandir una tradición constructiva local poco diversificada.

Natasha Pulitzer and Sergio Los's team won second prize with a flexible scheme for a bioclimatic home adaptable to different locations, either isolated or clustered. Mediterranean architectural elements are combined with ecotechnologies to expand a sparse local building tradition.

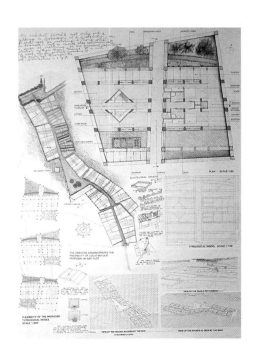

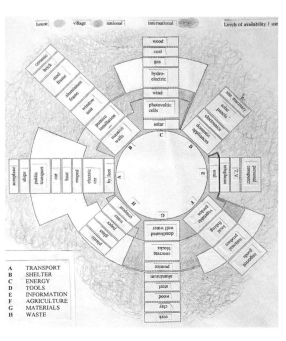

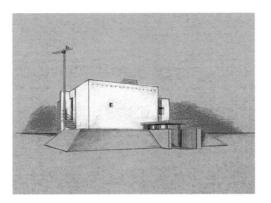

Luc E.G. Eeckhout y Jean Pierre Van Den Broeke basaron su proyecto (tercer premio) en una respuesta apropiada a las condiciones ambientales locales, extremando el uso de la tecnología actual y aplicando las lecciones aprendidas de ejemplos históricos. En el proyecto se emplean sistemas activos y pasivos de aprovechamiento de la energía solar, y la elección de los materiales de construcción se realiza tras una cuidadosa evaluación bioecológica y un análisis de sus ciclos de vida.

Luc E.G. Eeckhout and Jean Pierre Van Den Broeke based their entry (third prize) on an appropriate response to local environmental conditions, optimizing the use of modern technology and applying the lessons learned from historic examples. Both passive and active systems are utilized, and construction materials have been chosen upon bio-ecological evaluation and life-cycle analysis.

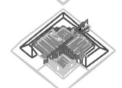

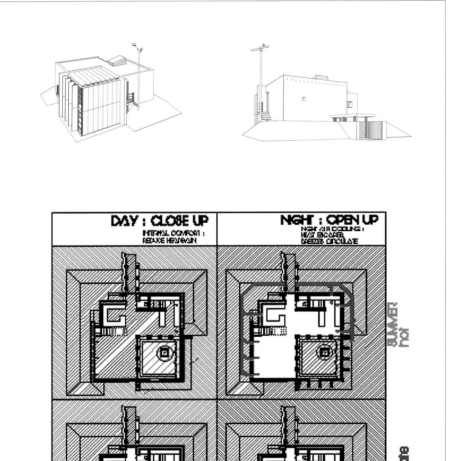

Todas las viviendas funcionarán con arreglo a ciclos similares de aprovechamiento de los recursos naturales (energía solar y agua de mar), energía, agua y residuos, como se muestra en el diagrama (arriba). Se controlará el rendimiento de cada vivienda y de cada sistema específico mediante una red de sensores conectada a un ordenador central, a fin de disponer de una evaluación comparativa de todos ellos (abajo).

All dwellings will function according to similar flow cycles for natural resources (solar energy and sea-water), energy, water, and waste, as shown in the diagram (top). The performance of each dwelling design and each specific system will be monitored by a sensory system connected to a central computer for comparative evaluation and feedback (bottom).

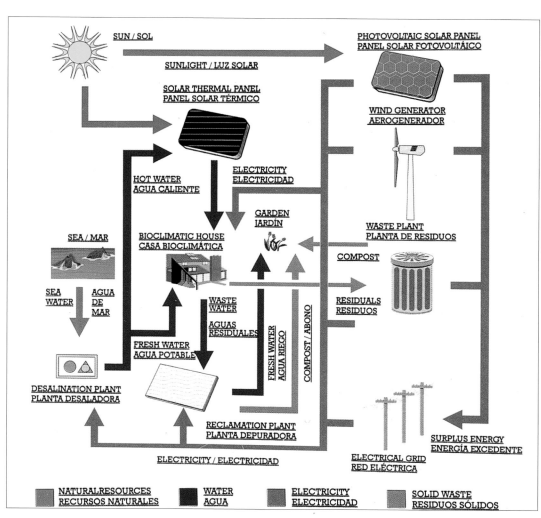

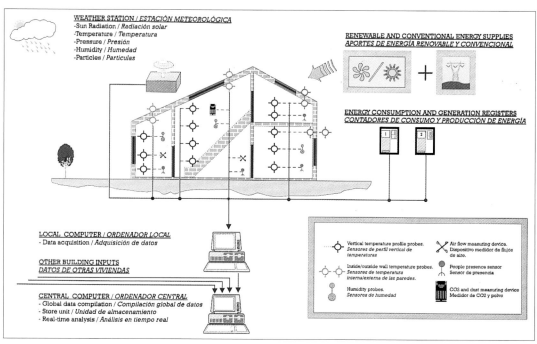

Eco-viviendas
Altötting, Alemania, 1993-
Demmel+Mühlbauer, Legdobler,
Architekten

Eco-Housing
Altötting, Germany, 1993-
Demmel+Mühlbauer, Legdobler,
Architekten

Los principales factores determinantes en el proyecto de estas viviendas en hilera fueron la flexibilidad, la minimización de los costes y, especialmente, la sensibilidad ecológica. Las viviendas proporcionan alojamiento a familias, hogares monoparentales y personas discapacitadas.

En la construcción se hace amplio uso de materiales ecológicos. Todos los edificios tienen estructura de madera laminada, cubierta con paneles de fachada de madera prefabricados integrados en la estructura. Las paredes medianeras entre viviendas están formadas por dos capas de ladrillo silicocalcáreo de 17,5 centímetros de espesor.

La energía solar se utiliza de forma pasiva y activa. La calefacción viene suministrada por dos equipos que alimentan a cuatro y seis viviendas, respectivamente; se dio opción a los propietarios para elegir el tipo de instalación de calefacción. El uso de técnicas de ahorro energético como la energía solar y las calderas de condensación, permite reducir el consumo de gas al mínimo. Además, el alto grado de aislamiento térmico de la construcción permite que una sola caldera compacta sea suficiente para cada hilera de viviendas.

La instalación de calefacción del grupo de seis viviendas consiste en una caldera de condensación a gas de 40 Kw, un depósito de acumulación de agua caliente, dos elementos solares para calentar el agua recirculada (con una superficie colectora de 14 m² cada uno), y dos cisternas de almacenaje solar de 1.000 litros; cada vivienda puede ser caldeada individualmente. El grupo de cuatro viviendas también dispone de una caldera de condensación, una instalación solar de 28 m² de superficie y un depósito de acumulación de agua caliente de 4.000 litros; las cuatro tienen paneles murales de calefacción. En este grupo se consiguió la síntesis más eficiente entre construcción en madera, energía solar y condiciones de vida saludable.

Flexibility, cost minimization and, especially, ecological sensitivity were the major factors determining the design of this row house scheme which provides accommodation for families, single-parent households and handicapped persons.

Extensive use is made of ecomaterials. All buildings have a laminated timber skeleton frame covered with structurally integrated prefabricated timber facade panels. The party walls between houses are two 17.5 cm sand-lime brick layers.

Solar energy is used both passively and actively. Heating is supplied by two heating plants serving four and six dwellings respectively; owners were able to determine the type of heating installation they preferred. The use of energy-saving techniques such as solar energy and condensate boilers enables gas consumption to be reduced to a minimum. The high level of thermal insulation means that a compact boiler is enough for each row of houses.

The six-house group heating system consists of a 40 kW gas condensate boiler, a hot water storage tank, two solar elements for heating recirculated water (each with 14 m² collector area), and two 1,000 litre solar storage cisterns; each house can be heated individually. The four-house group also has a condensate boiler, a solar installation with 28 m² area and a 4,000 litre hot-water storage tank; all four houses have wall panel heating. It was thus possible in this group to achieve a higher-efficiency synthesis of timber construction, solar energy and healthy living conditions.

Centro de Estudios Regeneradores
Pomona, California, EE UU, 1976-
John Tillman Lyle, CRS Design Team

Center for Regenerative Studies
Pomona, California, USA, 1976-
John Tillman Lyle, CRS Design Team

El Centro de Estudios Regeneradores es una dependencia académica de la California State Polytechnic University en Pomona, dedicada a la enseñanza, experimentación e investigación de sistemas regeneradores, es decir, prácticas y tecnologías que incorporan procesos de autorrenovación progresiva basados principalmente en el uso de la energía solar y en los ciclos de los materiales. Los intereses principales del centro son los sistemas relacionados con la energía, la construcción, el agua, la producción de alimentos y el tratamiento de los residuos. En un contexto más amplio, su actividad está dirigida a la mejora del entorno para las comunidades humanas y naturales.

El centro está concebido como un prototipo de ecopueblo, una comunidad en donde los estudiantes viven y trabajan con sistemas regeneradores como parte integral de sus vidas cotidianas, bajo la tutela de un profesorado interdisciplinar. El aprendizaje se realiza primordialmente a través de la práctica, reforzada y justificada por experimentos y debate.

Todos los edificios están caldeados mediante energía solar pasiva y refrigerados por medios naturales. Los dispositivos de energía renovable incluyen conversores fotovoltaicos, un sistema de seguimiento solar en la cubierta mediante placas fotovoltaicas, turbinas eólicas y un sistema experimental de célula energética de hidrógeno.

Todas las aguas pluviales son conducidas a lagunas de retención para ser infiltradas al subsuelo; además, el medio húmedo de las lagunas de retención constituye un hábitat ideal para aves acuáticas y pequeños mamíferos. Las aguas residuales se tratan en estanques con jacintos acuáticos para ser recicladas para riego y acuicultura. Se preservó la fauna preexistente, la cual ha aumentado notablemente gracias a la presencia del agua.

El centro experimenta el potencial de cultivo de la agricultura urbana utilizando métodos intensivos en espacios reducidos, con total ausencia de productos químicos. Casi todos los cultivos producen alimentos u otros productos útiles. Los desperdicios alimentarios se usan para dar de comer a los animales, como abono o se reciclan.

El diseño del centro fomenta la interacción humana y el sentido comunitario, proporcionando una rica variedad de espacios de reunión interiores y exteriores. Este sentido de participación viene reforzado por la organización de actos y actividades comunitarias.

The Center for Regenerative Studies is an academic unit of the California State Polytechnic University in Pomona dedicated to education, experimentation and research in regenerative systems. These include practices and technologies incorporating processes of ongoing self-renewal based primarily on use of solar energy and the cycling of materials. The Center's major focus is on systems related to energy, building, water, food production and waste management. In a broader context, the Center's work is also concerned with enhancing the environment for human and wildlife communities.

The Center is designed as a prototype eco-village, a living community in which students live and work with regenerative systems as integral parts of their daily lives under the guidance of an interdisciplinary faculty. Learning is primarily through experience, enhanced and explained by experiment and discussion.

All buildings are passively solar heated and naturally cooled. Renewable energy devices include photovoltaic converters, tracking solar thermal rooftop photovoltaic arrays, wind turbines, and an experimental hydrogen fuel cell system.

All rainwater is directed into retention basins to be infiltrated to ground water; the basins are also rich wetland habitats for aquatic birds and small mammals. Wastewater is treated in water hyacinth ponds to be used for irrigation and aquaculture. Existing wildlife at the site was preserved and has augmented due to the presence of water.

The Center tests the food-growing potential of urban agriculture using small spaces with intensive methods and no chemicals. Almost all plantings produce food or other usable products. Food-wastes are fed to animals, composted or recycled.

The design of the Center fosters human interaction and sense of community by providing a number of indoor and outdoor gathering spaces and meeting areas. This is reinforced by community events and activities.

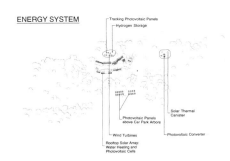

ENERGY SYSTEM

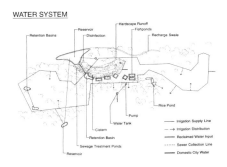

WATER SYSTEM

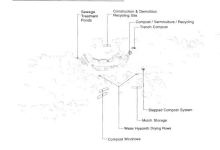

WASTE MANAGEMENT SYSTEM

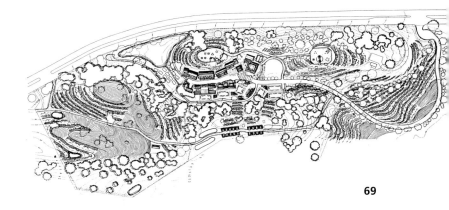

Ecorrenovación en Tokio
Tokio, Japón, 1994-
Yuichiro Kodama, Instituto de
investigación de la edificación

Tokyo EcoRenewal
Tokyo, Japan, 1994-
Yuichiro Kodama,
Building Research Institute

Esta propuesta prototipo para la reurbanización de una zona de alta densidad, poblada de edificios de madera de poca altura, abarca tres barrios del área central de Tokio. La zona estuvo ocupada anteriormente por pequeñas industrias adyacentes a las casas, pero esa actividad industrial está hoy en pleno declive, debido a los cambios sociales, técnicos y económicos. Aunque la zona siga conservando un cierto ambiente de comunidad, carece, sin embargo, de equipamientos públicos, espacios libres y de las adecuadas medidas de seguridad frente a contingencias tales como incendios, seísmos, etc., por todo lo cual se hace necesaria su reurbanización.

El emplazamiento ha sido específicamente elegido a fin de que el proyecto opere como el detonador de un planeamiento ecológico de toda la zona, con dos objetivos principales. El primero de ellos es establecer un prototipo de grupo residencial ecológico en un área urbana, y el segundo, introducir un nuevo modelo de renovación urbana a escala regional, en especial en lo referente al equilibrio ecológico global. En consecuencia, el prototipo integra ecotecnologías tales como la producción de energía alternativa, el reciclaje de agua y de residuos y sistemas de protección de la naturaleza y el medio ambiente.

El proyecto pretende alcanzar una integración equilibrada de las ecotecnologías específicamente seleccionadas entre el amplio espectro disponible en la actualidad. Entre los aspectos considerados como fundamentales destacan la sensibilidad hacia el contexto y las expectativas de los residentes, además de la funcionalidad, el coste y el mantenimiento.

This is a prototype proposal for the redevelopment of an area of high-density, low-rise wood structures scattered in three quarters of central Tokyo. The area had formerly been occupied by small industries adjacent to houses, but this industrial activity is nowadays in decline as a result of social, technical and economic change. While the area still retains a community atmosphere, it nevertheless lacks public facilities, open spaces, and defence against potential disasters such as fires and earthquakes, thus making redevelopment necessary.

The specific site has been chosen so the project can act as a trigger for ecological planning of the whole area, with two main goals. First, to set forth a prototype of ecological housing complexes in an urban area, and second, to introduce a new urban redevelopment model on the regional scale, especially with regard to the larger ecological balance. In consequence, the prototype integrates ecotechnologies such as alternative energy generation, water recycling, waste processing and nature and environment protection systems.

The project aims to achieve an appropriately balanced integration of the specific ecotechnologies selected from the wide spectrum available nowadays. Sensitivity to context and residents' expectations have been considered as fundamental, as well as functional, cost, and maintenance issues.

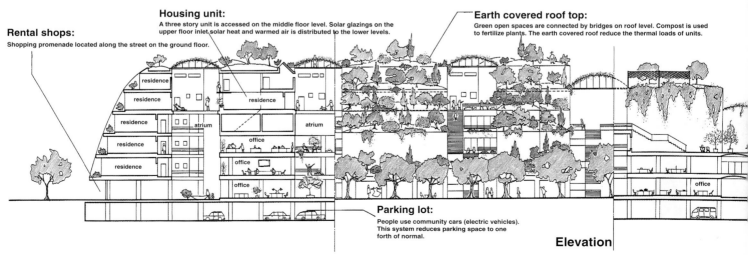

Rental shops:
Shopping promenade located along the street on the ground floor.

Housing unit:
A three story unit is accessed on the middle floor level. Solar glazings on the upper floor inlet solar heat and warmed air is distributed to the lower levels.

Earth covered roof top:
Green open spaces are connected by bridges on roof level. Compost is used to fertilize plants. The earth covered roof reduce the thermal loads of units.

Parking lot:
People use community cars (electric vehicles). This system reduces parking space to one forth of normal.

Elevation

La densidad de este proyecto de ecorrenovación es aproximadamente la misma que la de las zonas circundantes (70 viviendas por hectárea). Las 130 unidades del proyecto ocupan el 40% de la superficie total construida, mientras que el 60% restante se destina a uso comercial y público. Extensas zonas verdes moderan el clima urbano de la zona y proporcionan espacios públicos de diversos tamaños y configuraciones.

The density of the proposed EcoRenewal development is approximately the same as in the surrounding areas (70 housing units per hectare). The 130 units occupy 40% of the total built floor area, the remainder 60% being assigned to commercial and public use. Extensive green areas moderate the urban climate and provide public spaces of varied sizes and configurations.

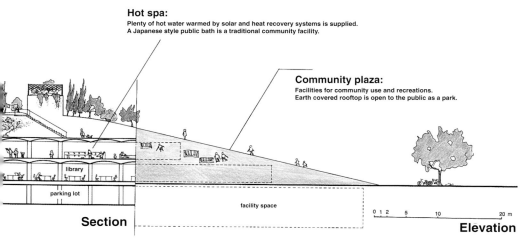

Hot spa:
Plenty of hot water warmed by solar and heat recovery systems is supplied.
A Japanese style public bath is a traditional community facility.

Community plaza:
Facilities for community use and recreations.
Earth covered rooftop is open to the public as a park.

library

parking lot

facility space

0 1 2   5   10   20 m

Section

Elevation

Las cubiertas ajardinadas constituyen inéditas zonas verdes en un barrio urbano por lo demás bastante densificado, mejorando el microclima urbano y proporcionando más espacios públicos y privados. Se extrema la entrada del sol y se aplica un criterio de zonificación sensible al ahorro de energía.

Rooftop greenery generates new landscaped areas in an otherwise crowded urban district, improving the urban micro-climate and providing additional public and private open spaces. Solar access is maximized and energy-conscious zoning applied.

am10:00

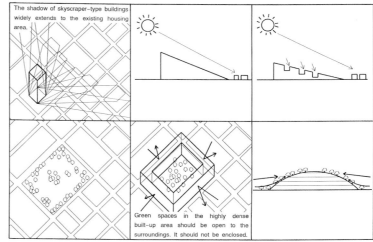

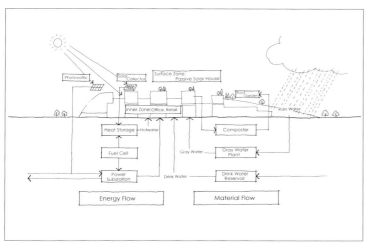

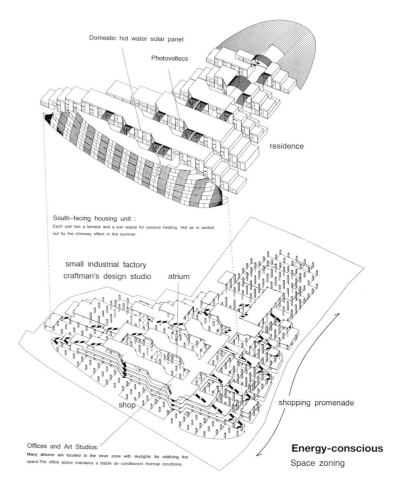

Domestic hot water solar panel

Photovoltecs

residence

South-facing housing unit :
Each unit has a terrace and a sun space for passive heating. Hot air is vented out by the chimney effect in the summer.

small industrial factory
craftman's design studio   atrium

shop   shopping promenade

Offices and Art Studios:
Many atriums are located in the inner zone with skylights for vitalizing the space.The office space maintains a stable air-conditioned thermal conditions.

Energy-conscious
Space zoning

am11:00

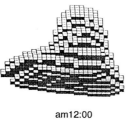
am12:00

pm1:00

pm2:00

pm3:00 **21 December**

Pueblo solar n.º 3
Pefki-Lykovryssi, Atenas, Grecia, 1978-1989
Meletitiki-Alexandros N. Tombazis &
Associates Architects, Ltd.

Solar Village No. 3
Pefki-Lykovryssi, Athens, Greece, 1978-1989
Meletitiki-Alexandros N. Tombazis &
Associates Architects, Ltd.

Este proyecto de investigación y demostración de 435 viviendas sociales fue el resultado de un acuerdo entre los gobiernos de Alemania y Grecia para la construcción de un barrio basado en la energía solar y en estrategias de conservación energética. El proyecto fue llevado a cabo por la compañía Poblado Solar, una empresa pública griega creada especialmente para este fin.

El terreno, de 7,2 hectáreas, está ubicado en las afueras de Atenas, al norte de la ciudad, en una zona de suave clima mediterráneo que requiere calefacción en invierno. Se han utilizado varios sistemas de calefacción con el fin de poder evaluar los resultados desde distintos puntos de vista: coste y rendimiento energético, disponibilidad e idoneidad, fiabilidad, implicaciones de diseño arquitectónico, mantenimiento y aceptación del público. En total, se usaron, comprobaron y compararon 17 combinaciones de sistemas activos de energía solar con sistemas convencionales de calefacción. Como promedio, el 70% de los requerimientos energéticos se resolvió con medios solares, lo cual, unido al considerable ahorro obtenido con el aumento del aislamiento térmico (requerimientos energéticos del orden del 60% en relación a la construcción tradicional), redujo la demanda a la red de energía del conjunto de la urbanización a menos del 20% de la habitual para una construcción convencional.

A fin de minimizar los costes y garantizar la aceptación del usuario, todos los materiales y métodos de construcción empleados son convencionales (excepción hecha de los sistemas solares que, en general, son relativamente sencillos, especialmente los pasivos). También se introdujeron sistemas de participación que permitían a los futuros habitantes formular propuestas para mejorar la calidad de vida en el barrio.

This research and demonstration project of 435 social housing units is the result of an intergovernmental agreement between Germany and Greece to build a community furnished with solar energy and energy conservation strategies. The project was executed by the Solar Village Company, a public-owned Greek company specially created for this purpose.

The 7.2 hectares site is located in the northern suburbs of Athens, an area of mild Mediterranean climate requiring heating in winter. Various heating systems have been used in order to be evaluated from different points of view, such as energy and cost efficiency, availability and applicability, reliability, architectural design implications, maintenance, and public acceptance. In total, 17 different combinations of active solar energy systems with conventional heating systems were used, tested and compared. On average, 70% of energy requirements are covered by solar means, which, in combination with the savings obtained through the increment of insulation (energy requirements down to 60% of conventional construction) reduces the development's overall energy demand on the power network to less than 20% of standard construction.

To minimize costs and secure user acceptance, all the building materials and construction methods used are conventional – apart from the solar systems, which are in general relatively simple (especially the passive ones). Participation schemes were also introduced, in which would-be inhabitants were able to formulate proposals to enhance the quality of life in the development.

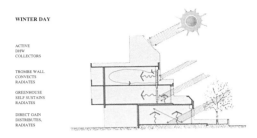
WINTER DAY

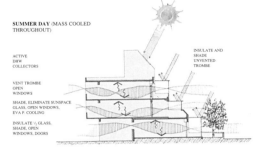
SUMMER DAY (MASS COOLED THROUGHOUT)

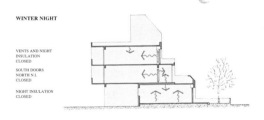
WINTER NIGHT

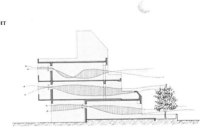
SUMMER NIGHT

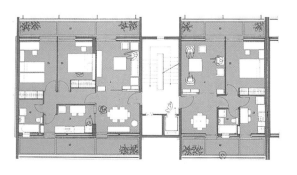

GROUND FLOOR PLAN

FIRST FLOOR PLAN

LEGEND
1 LIVING ROOM
2 HALL
3 KITCHEN
4 W.C.
5 TROMBE WALL
6 GREENHOUSE
7 TERRACE
8 GARDEN
9 BEDROOM
10 BATHROOM
11 BALCONY

Las estrategias básicas del proyecto para el ahorro de energía empleadas en el Pueblo solar son: orientación a mediodía para obtener el máximo de insolación en invierno y protección contra los vientos fríos; pocas aberturas en las fachadas norte, este y oeste; reducción de la carga energética por medio del aislamiento; minoración de puentes térmicos y suministro de la masa interna adecuada para reducir al mínimo las oscilaciones de temperatura; posibilidad de sombreado total en todas las aberturas y uso de colores claros en las paredes para evitar el recalentamiento; ventilaciones transversales efectivas, conseguidas mediante forjados de poca profundidad y aberturas adecuadas en las fachadas norte y sur.

The basic energy-conscious design strategies used in the Solar Village project are: south orientation for full winter insolation and cold wind protection; few windows on north, east and west sides; reduction of energy loads through insulation; minimization of thermal bridges and provision of adequate interior mass to reduce temperature swings; full shading of all openings and use of light wall colors to avoid overheating; appropriate cross-ventilation achieved by thin decks and suitable openings on north and south sides.

LEGEND

A CENTRAL PIAZZA
B SOCIAL AND SOLAR INFORMATION CENTRE
C SHOPS
D LIBRARY
E ENERGY CENTRE
F KINDERGARDEN
G PRIMARY SCHOOL
H DAY CARE CENTRE-VOCATIONAL TRAINING
K GIMNASIUM
L PLAYGROUND
M INTERSEASONAL STORAGE
N WOODED AREAS

Parque Morra
Smallingerland, Países Bajos, 1989-
Architecten-en Ingenieursbureau
J. Kristinson

Morra Park
Smallingerland, Netherlands, 1989-
Architecten-en Ingenieursbureau
J. Kristinson

Éste es un magnífico ejemplo de cooperación entre el sector público y el privado en la construcción de urbanizaciones sensibles al medio ambiente. La empresa inmobiliaria Nijhuis colaboró con el ayuntamiento de Smallingerland en el plan de urbanización del parque Morra, en lo que resultó ser una fascinante e imaginativa experiencia de trabajo en equipo para todos los implicados. Profesionales y funcionarios públicos de varias disciplinas trabajaron conjuntamente en la discusión y puesta en práctica de todas las facetas de planificación del espacio, gestión del agua, suministro de energía, infraestructuras y materiales de construcción.

Se conservó el paisaje original de acequias y pantallas de alisos. Otros criterios importantes de proyecto fueron reducir la velocidad del tráfico rodado y minimizar los costes de la infraestructura. Evitar el sobredimensionado de la infraestructura redujo los costes de la urbanización. Se creó un sistema de alcantarillado diferenciado y mejorado, en el que las aguas pluviales se conducen hacia acequias y charcas. Un pequeño molino se encarga de hacer circular el agua a través de los juncales para su purificación; el resultado es un ecosistema de marismas de agua limpia.

Todas las viviendas están construidas con muros solares huecos, sin colectores de aire adicionales. Los garajes ubicados entre las casas en hilera funcionan como invernaderos de dos pisos, ejerciendo la función de espacio solar adosado. En invierno, se insufla el aire caliente en los muros huecos, que actúan como acumuladores térmicos además de aislamiento acústico. En verano, las ventilaciones cruzadas proporcionan aire fresco del exterior. También pueden yuxtaponerse invernaderos a las fachadas orientadas a mediodía, lo que proporciona calor adicional en la estación fría y un ambiente interior más fresco en verano.

This is an exemplary instance of cooperation between the public and private sectors for the construction of environmentally conscious settlements. The building company Nijhuis worked with the Municipality of Smallingerland to develop the Morra Park extension plan in what proved to be a fascinating and surprisingly inspiring teamwork experience for all involved. Professionals and public officials from several disciplines worked together and all the facets of spatial planning, water management, energy supply, infrastructure and building materials were jointly discussed and decided upon.

The existing landscape of ditches and alder screens was kept. Slowing down car traffic and minimizing infrastructure costs were also major design criteria. In turn, avoiding an oversized infrastructure resulted in lower development costs. A differentiated and improved sewage system was created, with rainwater directed into ditches and ponds. A small windmill circulates the water through rush fields for its purification; the result is a wetland ecosystem of clean water.

All dwellings are built with solar cavity walls, without extra air collectors. The garages situated between the row houses are two-story hothouses, acting as a semi-detached solar space. In winter, hot air is blown into the sound-insulated cavity walls, which act as heat-storage devices. In summer, cross-ventilation provides cooling fresh air from the outside. Greenhouses can also be attached to the south-facing facades, providing additional heat in the cold season and a fresher interior atmosphere in summer.

MORRA PARK

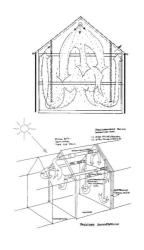

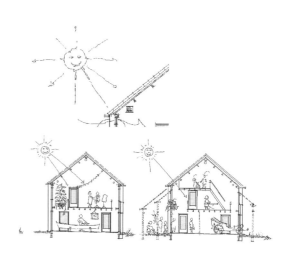

Barrio diplomático

Riad, Arabia Saudí, 1977-1988
Bödeker, Wagenfeld & Partners (BW+P),
Landschaftsarchitekten
Heinle-Wischer GmbH
Rhein-Ruhr Ingenieur-Gesellschaft
Speerplan

El agua es la fuente de vida en la Tierra y, en las regiones áridas, es el factor de proyecto más restrictivo. En algunas zonas de la península Arábiga, las fuentes de agua pueden estar alejadas hasta 1.000 kilómetros de distancia. Pero el agua no tiene por qué ser necesariamente un problema irresoluble para el riego en las áreas urbanizadas del desierto: de hecho, la cantidad de agua utilizada por una persona en una ciudad del desierto, una vez reciclada, es suficiente para regar unos seis árboles. Así pues, una ciudad del desierto con una población de 3,5 millones de habitantes como Riad podría llegar a ser un paraíso verde con 21 millones de árboles.

En 1977 el rey de Arabia Saudí decidió trasladar todas las misiones diplomáticas extranjeras de Yidda a Riad. El emplazamiento elegido era una árida meseta de 900 hectáreas, desnuda de toda vegetación y ocupada por un par de campamentos beduinos, con sus correspondientes rebaños de ovejas, cabras y camellos. Ante el lógico escepticismo de los sorprendidos diplomáticos procedentes de todos los países del mundo, se les prometió que la calidad de vida que allí iban a disfrutar sería muy superior a la que habían gozado en su anterior emplazamiento.

La primera medida que se adoptó fue cercar a los animales; tras las primeras lluvias, el terreno se pobló de gran cantidad de plantas caducas y perennes que crecieron espontáneamente. Hoy día, el barrio de 35.000 habitantes es una especie de oasis, en cuyo centro se agrupan las embajadas a lo largo de un eje lineal, rodeadas de cinco barrios residenciales, cada uno de los cuales dispone de un parque propio de 2 a 4,5 hectáreas. Un sistema de espacios verdes proporciona nexos internos dentro del barrio diplomático, mientras que un cinturón verde formado por 18 parques opera como espacio de transición hacia al desierto circundante.

La filosofía del proyecto se basa en los principios de la cultura local saudí, combinados con conceptos ecológicos. Entre ellos cabe citar la utilización de la sombra, el contraste y la pequeña escala para mitigar el clima del desierto; las actividades después de la puesta del sol; la separación por medio de muros interpuestos entre los espacios abiertos protegidos y el desierto; la unidad con el desierto a través de jardines situados en los límites; el uso de vegetación autóctona con escaso requerimiento de agua; y, muy especialmente, el uso intensivo de las infrecuentes lluvias, cuyas aguas son cuidadosamente canalizadas y aprovechadas.

Diplomatic Quarter

Riyadh, Saudi Arabia, 1977-1988
Bödeker, Wagenfeld & Partners (BW+P),
Landschaftsarchitekten
Heinle-Wischer GmbH
Rhein-Ruhr Ingenieur-Gesellschaft
Speerplan

Water is the source of life on Earth and, in arid regions, it is the most limiting design factor. In some areas of the Arabian peninsula water sources may be as far as 1,000 km apart. But water does not necessarily need to be a problem for irrigation in the urbanized areas of the desert: the amount of water used by a person in a desert city, when recycled, is sufficient to irrigate about six trees. A desert city with a population of 3.5 million people such as Riyadh could be a green paradise of 21 million trees.

In 1977 the King of Saudi Arabia decided to move all diplomatic missions from Jeddah to Riyadh, to a barren limestone plateau of 900 hectares, devoid of any vegetation and home to a couple of Bedouin camps with their herds of sheep, goats and camels. The understandably skeptical diplomatic officials from all countries of the world were then promised a considerably higher quality of life than before.

The first measure undertaken was to fence animals out and, after the first rains, a mass of annuals and perennial plants spontaneously sprung up. The 35,000-resident quarter is nowadays an oasis-like self-contained district in the center of which the embassies are grouped on a linear axis, surrounded by five residential neighborhoods, each with a local park of 2-4.5 hectares. A system of green spaces provides internal links within the Quarter, while an enclosing belt of eighteen parks acts as a transition buffer to the surrounding desert.

Principles of local Saudi culture were combined with ecological concepts to form the basis of the design philosophy. These include the utilization of shade, contrast and small scale to ameliorate the desert climate; activities after sunset; separation by walls between protected open spaces and open desert; unity with the desert through gardens on the edge; use of indigenous vegetation with low water requirements; and, especially, intensive use of the occasional rainfall, which is carefully channeled and husbanded.

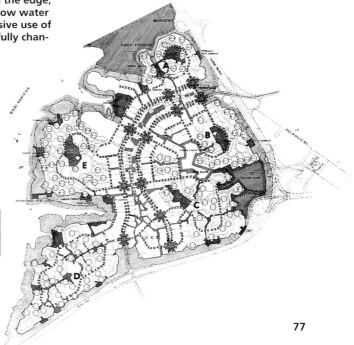

Potsdamer Platz
Berlín, Alemania, 1991-1998
Renzo Piano Building Workshop
Richard Rogers Partnership *et al.*

Potsdamer Platz
Berlin, Germany, 1991-1998
Renzo Piano Building Workshop
Richard Rogers Partnership *et al.*

En 1992 la empresa Daimler-Benz AG convocó un concurso internacional para el proyecto de la Potsdamer Platz y la Leipziger Platz. El punto de partida fue un concurso internacional de urbanismo que había tenido lugar el año anterior. El primer premio fue concedido a Renzo Piano y a su socio, Christoph Kohlbecker.

El objeto del concurso era la reunificación de los sectores oriental y occidental de Berlín. Se buscaba un modelo urbano europeo que fuera apropiado para una zona que aún estaba fuertemente caracterizada por su anterior papel de frontera entre las dos ciudades adyacentes.

El equipo de arquitectos incluyó, entre otros, a Richard Rogers Partnership, Hans Kollhof, Arata Isozaki, Lauber und Wöhr y Rafael Moneo, además de Renzo Piano y Christoph Kohlbecker, que también actuaron como equipo de planificación urbana.

El proyecto abarca una superficie de 34 hectáreas, de las cuales 67.000 m² (alrededor del 20%) pertenecen a Daimler-Benz, uno de los cinco inversores. Se trata, sin duda, de la mayor obra en Europa en ese período. Las obras se iniciaron en octubre de 1994. El proyecto, de uso mixto, incluye 18 edificios de viviendas, oficinas, tiendas, un hotel y un casino.

Con este ambicioso proyecto, Daimler-Benz pretende establecer un ejemplo de la preocupación empresarial por el medio ambiente y el futuro. Un grupo industrial de alta tecnología intenta así demostrar cómo pueden integrarse las preocupaciones comerciales y las ecológicas en un proyecto urbanístico a gran escala.

In 1992 Daimler-Benz AG launched an international design competition for the detailed design of the Potsdamer Platz and Leipziger Platz. The point of departure was an international urban design competition which had taken place a year earlier. Renzo Piano and his associate Christoph Kohlbecker won the first prize.

The goal of the competition was to rejoin the eastern and western sectors of Berlin. The search was for a European city model which was appropriate for an area still characterized by its former role as a border between two adjacent cities.

The team of architects included, among others, Richard Rogers Partnership, Hans Kollhof, Arata Isozaki, Lauber und Wöhr, and Rafael Moneo, plus Renzo Piano and Christoph Kohlbecker who also act as the urban planning team.

Construction took place on a site of 34 hectares, of which 67,000 m² (about 20%) belong to Daimler-Benz, one of five investors. Construction started in October 1994; this was to be Europe's largest building site during its development. The mixed-use scheme includes eighteen buildings with apartments, offices, retail, a hotel and a casino.

Daimler-Benz, with this ambitious development, intends to set an example of corporate responsibility towards the environment and the future. A high-tech industrial group aims to demonstrate how both business concerns and an ecologically minded approach can be integrated within a large-scale development project.

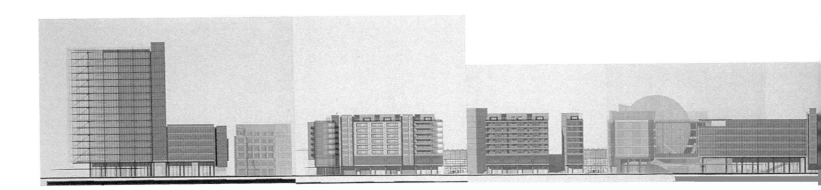

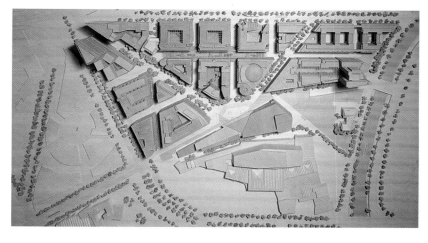

Antes de la Segunda Guerra Mundial, la Postdamer Platz era el foco cultural y social de Berlín en una época en que esta ciudad era el centro de la vida cultural en Europa. Tras la destrucción producida por la guerra y el posterior abandono durante la guerra fría, esta zona ha sido recuperada como nuevo centro urbano de un Berlín revitalizado.

Before the Second World War, Postdamer Platz was the center of cultural and social life in Berlin, at a time when the city was itself the center of Europe's cultural life. In the wake of wartime destruction and Cold War abandonment, this area has been revitalized as a new urban center for a rejuvenated Berlin.

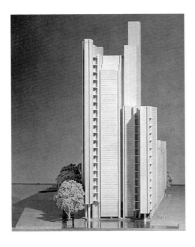

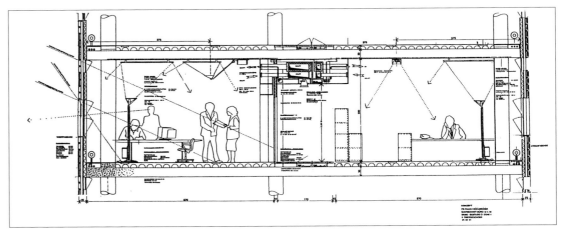

La nueva sede de Debis, una compañía perteneciente al grupo Daimler-Benz, ha sido proyectada por Renzo Piano Building Workshop. Su doble fachada concilia el deseo del cliente de disponer de un edificio alto, de fachadas transparentes, con las exigencias inherentes a la eficacia energética. La doble piel regulable combina los usos de luz natural, ventilación y producción de energía (esto último, a través de células fotovoltaicas).

The new headquarters of Debis, a company within the Daimler-Benz group, have been designed by Renzo Piano Building Workshop. A double facade conciliates the client's wish to have a high-rise building of transparent facades with efficient energy management. The adjustable double skin combines daylight use, natural ventilation, and energy generation (via photovoltaic cells).

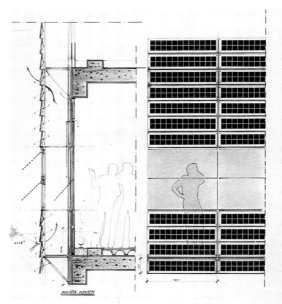

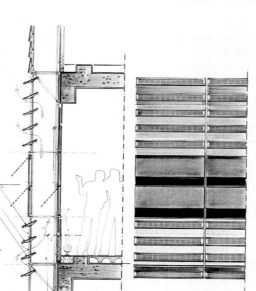

System Sommer (Stand April 94)
System summer (planning april 94)

El equipo Richard Rogers Partnership ha proyectado tres edificios de uso mixto en la Postdamer Platz. La fachada sureste de los bloques es abierta, lo que permite la penetración profunda de la luz y el sol en los patios. Los edificios se ventilan por medios naturales y se extrema el ahorro energético. En general, las configuraciones arquitectónicas vienen determinadas por las condiciones climáticas locales y por los objetivos de ahorro de energía.

Richard Rogers Partnership have designed three mixed-used buildings in Postdamer Platz. The southeast side of the blocks is open, allowing daylight and sunlight to penetrate into the courts. Buildings are naturally ventilated and energy use is optimized. In general, local climate conditions and low-energy consumption goals have determined the architectural layout.

B8 Ost - West Schnitt

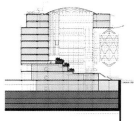

B4 Ost - West Schnitt

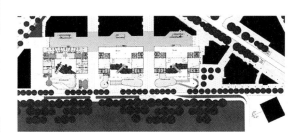

RECURSOS **RESOURCES**

Mannheim Wallstadt-Nord
Alemania, 1987-
Joachim Eble Architektur

Mannheim Wallstadt-Nord
Germany, 1987-
Joachim Eble Architektur

Éste sería el primer plan director urbano en Alemania en el que se plantea un uso exhaustivo de los principios ecológicos. El plan presupone la puesta en marcha de un paquete completo de medidas económicas, sociales, ecológicas y estructurales, cuyos efectos a largo plazo sólo se conseguirán mediante la acción combinada de los elementos individuales del proyecto. Por tanto, pasar por alto alguno de esos elementos individuales supondría dañar el equilibrio general y podría tener efectos negativos sobre el conjunto.

Entre los temas abordados en el proyecto se incluyen: la calidad ambiental y del aire urbano; la densidad de urbanización; el desarrollo ecológico de la infraestructura; el concepto de energía sostenible; la gestión de los recursos; el concepto de agua superficial; la plantación de vegetación en las áreas urbanas y agrícolas; y la estructuración socioeconómica.

Los elementos de diseño ecológico se agrupan en las cuatro categorías siguientes:
• Desarrollo urbano bioclimático: ventilación, geometría y porosidad de la estructura de la urbanización; desarrollo de espacios urbanos exteriores climáticamente confortables; desarrollo del potencial agrícola para mejorar las condiciones micro-climáticas.
• Suministro energético sin emisiones de CO_2: uso de energías renovables; métodos constructivos de bajo consumo energético, con incorporación de tecnología solar.
• Gestión de los recursos (suelo-agua): fertilidad del suelo y producción de humus; control del agua urbana mediante la retención y utilización de las aguas pluviales y la protección contra las inundaciones; elevación del nivel freático, para aumentar la fertilidad del suelo; plantación de vegetación para alimentación biológica, generación de fuentes renovables de energía y mejora del clima.
• Estructura socioecológica: sistemas de construcción humanoecológicos/biológicos; estructuración socioespacial de los espacios libres; equilibrio agrourbano, por medio de economías agrícolas descentralizadas; estrategias de educación medioambiental; agricultura ecológica como elemento de transición en los límites del espacio urbano.

This is, reportedly, the first urban masterplan in Germany with extensive application of ecological principles. The masterplan concept comprises an integrated package of economic, social, ecological and structural measures whose long-lasting effect is achieved by the interlinking of the individual design elements. Disregarding a single element would therefore damage the overall balance and have a detrimental effect on the whole.

The issues addressed include: urban climate and air quality; density of development; ecologically developed infrastructure; sustainable energy concept; resource management; surface-water concept; establishment of vegetation in urban and agricultural areas; and socio-economic structuring.

The ecological design elements are grouped into four categories, as follows:
• Bioclimatic urban development: ventilation, geometry and porosity of development structure; development of outdoor comfort in urban spaces; development of agricultural potential to enhance micro-climatic conditions.
• CO_2-neutral energy concept: supply with renewable sources; low-energy construction methods incorporating solar technology.
• Resource management (soil-water): soil fertility and humus production; urban water concept with retention of rain and protection against flooding; exploitation of surface water; raising of water table to increase soil fertility; establishment of vegetation for biological foodstuffs, renewable resources (energy) and climate.
• Socio-ecological networking: human-ecological/biological construction methods; socio-spatial structuring of open spaces; agri-urban balance by decentralized agricultural economy; environmental education strategies; ecological agriculture as buffer at urban edges.

En un terreno de 17 hectáreas, se organizan unas 1.000 viviendas en diferentes tipologías, agrupadas en minibarrios descentralizados. La organización general responde a las condiciones climáticas y a criterios de máximo aprovechamiento de la ventilación natural y del asoleo.

On a site of 17 hectares, about 1,000 dwelling units are organized in different building types, and clustered in smaller, decentralized mini-neighborhoods. The overall planning layout responds to climatic conditions, favors natural ventilation and maximizes insolation.

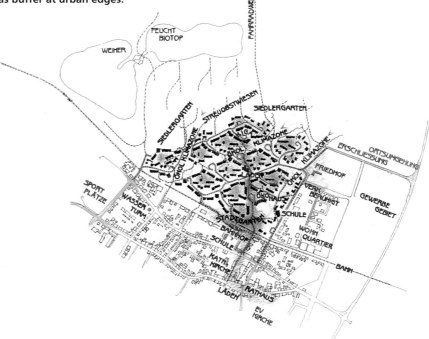

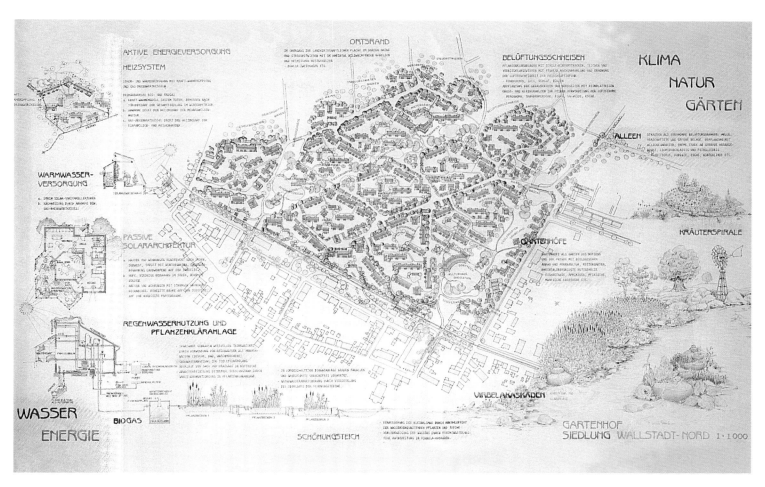

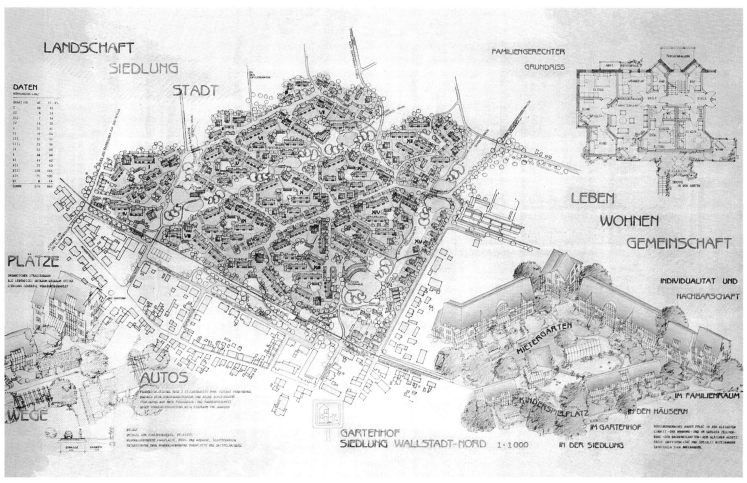

Tid, människor och hus
Malmö, Suecia, 1981
Ettore Nobis, Henrik Johannesson,
Jaume Calsapeu

Tid, människor och hus
Malmö, Sweden, 1981
Ettore Nobis, Henrik Johannesson,
Jaume Calsapeu

Tid, människor och hus (Tiempo, gente y viviendas) es un experimento de participación del usuario, patrocinado por el Ministerio de la Vivienda de Suecia con vistas a desarrollar un programa de viviendas sociales municipales en régimen de alquiler. El concepto plantea algunos temas poco habituales entre los modelos convencionales de desarrollo urbano, como la necesidad de jerarquía en el espacio urbano o las expectativas de los residentes en lo relativo a desarrollo comunitario, sentido de pertenencia, interrelación social, nuevos usos y actividades, y nuevas formas de interacción con el entorno.

Para conseguir flexibilidad se ha recurrido a un sistema de construcción estandarizado que proporciona soluciones tipificadas, permitiendo así la evolución y la transformación. El sistema se acomoda al crecimiento y a los cambios de uso gracias a un *vocabulario* de elementos constructivos cuidadosamente estudiado que admite múltiples combinaciones, de acuerdo con una *sintaxis* que determina las reglas de combinación funcional, estética y tecnológicamente viables.

Ese mismo sistema permite también la diferenciación expresiva. Para evitar el desorden y la cacofonía, la participación del usuario se organiza en tres niveles. A nivel de barrio, los residentes, en estrecha colaboración con arquitectos y urbanistas, pueden expresar democráticamente sus preferencias en lo referente a configuración, planta general de la agrupación, materiales y aspecto general. En el segundo nivel, los grupos de residentes pueden manifestar sus preferencias respecto a la manzana, probablemente con la ayuda de un arquitecto. Finalmente, en el tercer nivel, los residentes individuales controlan los interiores de sus propias viviendas, así como algunos espacios exteriores semiprivados; en este último nivel sólo precisarán de asesoramiento técnico en casos muy específicos.

Tid, människor och hus ('Time, people and houses') is an experiment in user participation sponsored by Sweden's Ministry of Housing to develop municipal social housing for rent. The concept addresses some issues typically not embraced by conventional urban development models, such as the need for an urban space hierarchy or the demands from residents regarding community development, sense of belonging, social interface, new activities and uses, and novel ways of interacting with the environment.

Flexibility is achieved by means of a standardized construction system which provides typified solutions and thus permits evolution and transformation. The system accommodates growth and use change by means of a 'vocabulary' of carefully studied construction elements which can be combined in many possible ways, according to a 'syntax' which determines the functionally, aesthetically and technologically viable combination rules.

The same system enables differentiated expressions. To avoid disorder and undue dissonance, participation is organized in three levels. At the neighborhood level, residents, working with architects and city planners, can democratically express their preferences regarding spatial configurations, layouts, materials and overall character of the development. At the second level, groups of residents can express their preferences at block level, probably with the assistance of an architect. Finally, at the third level, individual residents will control the interiors of their dwellings as well as some of the semi-private open areas; technical assistance would be required only in specific cases.

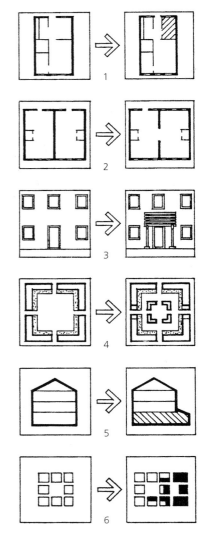

Niveles de participación/
transformación
1. Variaciones en la planta
   de la vivienda
2. Variaciones en el tamaño
   de la vivienda
3. Participación en el diseño
   de balcones
4. Participación en el diseño
   de espacios comunes
5. Cambios funcionales
6. Potencial de expansión

**Levels of participation/
transformation**
1. **Variations in dwelling
   layout**
2. **Variations in dwelling size**
3. **Participation in balcony
   design**
4. **Participation in common
   spaces design**
5. **Functional changes**
6. **Potential for expansion**

Expresiones individuales no estructuradas llevarían al desorden
Unstructured individual expression would lead to disorder

Las fachadas a la calle están concebidas como expresión colectiva de sus residentes
Street facades are designed as the collective expression of the residents

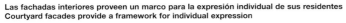

Las fachadas interiores proveen un marco para la expresión individual de sus residentes
Courtyard facades provide a framework for individual expression

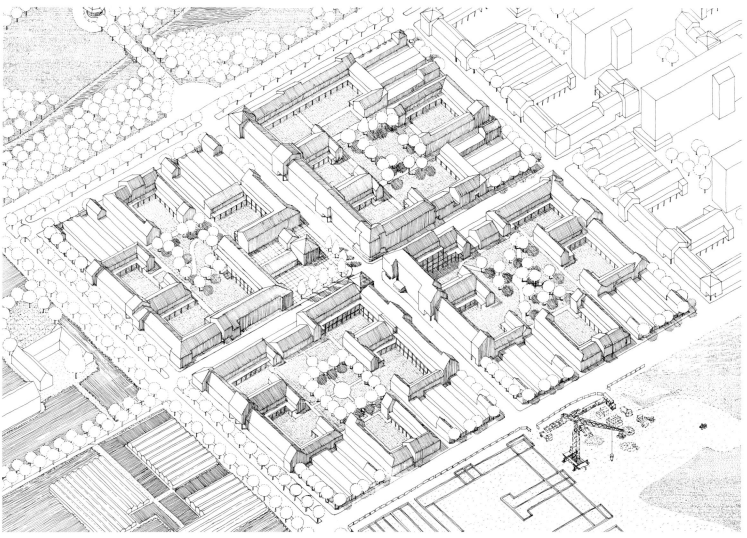

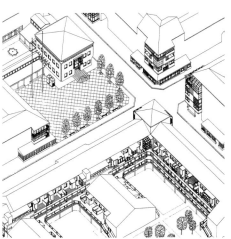

Diversos grados de participación de los usuarios: la planta general, diseñada por los urbanistas, con intervenciones puntuales de los residentes del barrio (arriba); las fachadas urbanas más formales, diseñadas por arquitectos en colaboración con grupos de residentes en cada manzana (izquierda); y las fachadas de los patios interiores, un marco para la expresión individual y el cambio funcional (izquierda y derecha).

Diverse levels of participation: the overall layout, designed by planners with input from residents (above); the more formal urban facades, designed by architects working with block resident groups (left); and the inner courtyard facades, a framework for individual expression and functional change (left and right).

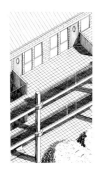

Urbanización ecológica Geroldsäcker
Karlsruhe, Alemania, 1990-1994
Planungsgruppe Integrale Architektur P•I•A
Löffler, Schneider, Schmeling, Leicht

Ecological Housing Geroldsäcker
Karlsruhe, Germany, 1990-1994
Planungsgruppe Integrale Architektur P•I•A
Löffler, Schneider, Schmeling, Leicht

La Initiativkreis Ökologisches Bauen e.V. es una asociación dedicada a la promoción de métodos de construcción ecológicos fundada en 1989 con el apoyo de la Universidad de Karlsruhe. En 1991, varios miembros de esa asociación junto con otras personas (40 en total) fundaron una cooperativa de viviendas para edificar unos terrenos que el ayuntamiento de Karlsruhe tenía reservados para la construcción ecológica. La cooperativa se reunía regularmente para resolver todos los temas de financiación, legales, de planificación y los aspectos arquitectónicos de la urbanización, actuando colectivamente como cliente.

La urbanización ecológica resultante está formada por viviendas en hilera, un edificio de viviendas de poca altura, oficinas, y un centro comunitario ubicado sobre el aparcamiento de la urbanización. La planta de conjunto obedece al esquema tradicional de las ciudades europeas: calles, callejuelas, plazas. Existe una gradación de las zonas públicas a los espacios más privados, desarrollada mediante una gama de patios de entrada, pequeños jardines privados, cambios de nivel, callejuelas y pasillos semipúblicos. Se fomentan tanto las interacciones casuales como las actividades comunitarias organizadas.

La tipología y los sistemas constructivos empleados en las viviendas permiten establecer diferentes distribuciones interiores, de manera que los usarios pudieron participar en el diseño de sus viviendas de acuerdo con sus propias necesidades. La expresión de individualidad no se produce únicamente en los interiores sino que se manifiesta también en el exterior, en especial en las fachadas a mediodía, donde los usuarios construyen invernaderos y otros anexos. Por contraste, las fachadas a norte mantienen un aspecto más uniforme.

Los edificios están construidos con ladrillo macizo, a efectos de almacenamiento de calor, mientras que las fachadas y cubiertas están muy aisladas térmicamente. Paredes calefactoras, diseño pasivo (acristalamiento a mediodía, aislamiento a norte) y paneles solares (para agua caliente sanitaria y calefacción) son algunas de las características de la construcción; también pueden instalarse fácilmente paneles fotovoltaicos, en cuanto sean rentables. Las aguas pluviales son recogidas en depósitos y utilizadas para las cisternas de inodoros, lavadoras y riego.

The 'Initiativkreis Ökologisches Bauen e.V', an association for ecological building methods, was founded in 1989 with the support of the University of Karlsruhe. Members of this association, together with private parties (a total of 40) founded in 1991 a housing co-operative to develop a piece of land that the municipality of Karlsruhe had designated for ecological building purposes. They met regularly to address all issues concerning the financial, legal, planning and architectural aspects of the development, acting collectively as the client body.

The resulting ecological settlement is made of row houses, a low-rise apartment building, and offices and community center located above the development's parking garage. The layout refers to traditional elements of the European city: streets, alleys, squares. There is a gradation from public areas to more private spaces by means of entrance courts, small private gardens, changes of level and semi-public access alleys and corridors. Both casual interactions and organized communal activities are frequent occurrences.

The typology and construction systems used in the dwellings enables different internal layouts, so users were able to design the units to suit their individual needs. Individual expression occurs not only internally, but also on the outside, particularly on the south facades, where users build greenhouses and other appendages. The north facades, in contrast, maintain a more uniform appearance.

Buildings are constructed of solid brick for heat storage purposes, while facades and roofs are highly insulated. Heating walls, passive design (glazing to the south, insulation on the north) and solar panels (for warm water and heating) are used; photovoltaic panels can be readily installed as they become cost-effective. Rainwater is collected in cisterns and used for toilets, washing machines and irrigation.

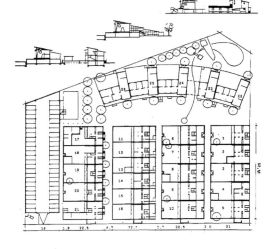

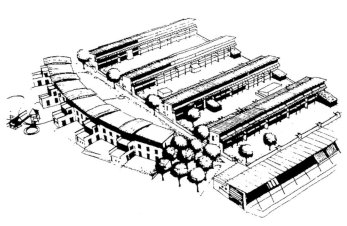

Energieversorgungskonzept

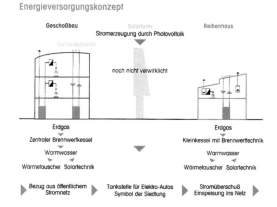

Geschoßbau	Solarturm	Reihenhaus
Sonnenkollektor	Stromerzeugung durch Photovoltaik	
	noch nicht verwirklicht	
Erdgas		Erdgas
Zentraler Brennwertkessel		Kleinkessel mit Brennwerttechnik
Warmwasser		Warmwasser
Wärmetauscher Solartechnik		Wärmetauscher Solartechnik
Bezug aus öffentlichem Stromnetz	Tankstelle für Elektro-Autos Symbol der Siedlung	Stromüberschuß Einspeisung ins Netz

Wasser- und Abwasserkonzept

Geschoßbau		Reihenhaus
WC-Spülung mit Regenwasser	Dachregenwasser	Komposttoilette
Pflanzenkläranlage nicht verwirklicht		Pflanzenkläranlage nicht verwirklicht
	Regenwasser	
Grauwasser	50% des Wasserverbrauchs für Garten, Toilette und Waschmaschine	Grauwasser
Abwasseranschluß an das Städtische Netz/ Überlauf-Zysternen	50% des Wasserverbrauchs mit Trinkwasserqualität	Öffentliches Wassernetz

Poblado urbano, Blairs College Estate
South Deeside, Aberdeen, Escocia,
Reino Unido, 1994-
John Thompson & Partners

Urban Village, Blairs College Estate
South Deeside, Aberdeen, Scotland,
United Kingdom, 1994-
John Thompson & Partners

Aberdeen es una próspera ciudad petrolífera del mar del Norte, con una imperiosa necesidad de proporcionar 3.300 nuevas viviendas en la zona. El Blairs College Estate, con sus 445 hectáreas, en su día un seminario católico, ofrece una excepcional oportunidad de proporcionar nuevas viviendas a través de la creación de un *poblado urbano*, una urbanización planificada de propiedad y uso mixto, diseñada para convertirse en un asentamiento sostenible de la era *pospetrolífera*.

En junio de 1994 se organizó en Blairs un Fin de Semana de Planificación Comunitaria para estudiar la viabilidad de reurbanizar la finca como un poblado urbano, incorporándo los edificios del *college* existente. A lo largo de dos intensos días de talleres y reuniones de planificación abiertas al público, la gente de la localidad fue invitada a participar en el desarrollo de ideas sobre cuál era la mejor forma de utilizar los edificios, qué actividades económicas serían las más apropiadas y qué forma física era la adecuada para el nuevo pueblo.

Inmediatamente después de las sesiones públicas, un Equipo de Fin de Semana compuesto por arquitectos, urbanistas, ecologistas y planificadores procedió al análisis y evaluación de la información y las ideas obtenidas y, en el plazo de dos días, realizó una presentación pública de los resultados ante una amplia audiencia, mediante una exposición y un pase de diapositivas donde se ilustraba la forma física, social y económica que podría tener el nuevo poblado urbano. Al cabo de otros tres días se presentó un informe de los resultados obtenidos durante fin de semana que sirvió como base para la solicitud de reurbanización de la finca. En una fase posterior, y siempre siguiendo el mismo método de participación popular, se incluyeron en el proyecto un campus universitario y un parque científico y tecnológico, reforzándose así el carácter de uso mixto del nuevo poblado urbano.

Aberdeen is a thriving 'North Sea Oil' city with a pressing requirement to provide approximately 3,300 new houses in the area. With 445 hectares, Blairs College Estate, formerly a Catholic seminary, offers an exceptional opportunity to provide new homes through the creation of an 'urban village', a planned, mixed-use, mixed-tenure development designed to become a sustainable 'post-oil' settlement.

In June 1994 a Community Planning Weekend was organized at Blairs to test the suitability of redeveloping the Estate as an urban village, incorporating the existing college buildings. During two days of public workshops and 'Planning for Real' sessions, local people were invited to participate in the development of ideas on how the buildings could best be utilized, what economic activities would be appropriate, and the physical form of the new village.

Immediately following the public sessions, a Weekend Team of architects, urban designers, ecologists, and planners analyzed and evaluated all the information and ideas and within two days gave a presentation of the outcome to a large local audience with an exhibition and slide show illustrating the physical, social and economic form the new urban village might take. Within a further three days, the results of the Weekend were produced in a report which formed the basis of a planning application for the redevelopment of the Estate. At a later stage, and following the same participation method, a university campus and a science and technology park were included in the scheme, thus strengthening the urban village mixed-use concept.

Cooperativa ecopueblo
Ithaca, Nueva York, EE UU, 1991-
Center for Religion, Ethics, and Social Policy,
Cornell University
Jerold Weisburd, Housecraft Builders

EcoVillage CoHousing Cooperative
Ithaca, New York, USA, 1991-
Center for Religion, Ethics, and Social
Policy, Cornell University
Jerold Weisburd, Housecraft Builders

La finalidad de este proyecto es rediseñar el hábitat humano mediante la construcción de un pueblo modelo para 500 habitantes que integre cuidadosamente el diseño para las necesidades humanas (abrigo, producción de alimentos, interacción social, energía, trabajo) con la conservación de la tierra y el agua y la preservación del ecosistema. En su calidad de modelo internacional, exhibirá sistemas y métodos sostenibles, prácticos y reproducibles, a fin de convertirse en un centro de enseñanza para una audiencia global.

Las comunidades de coalojamiento, iniciadas en Dinamarca en los años setenta, buscan un nuevo modo de afrontar los retos de los diversos y cambiantes estilos de vida. La idea básica es la creación de una comunidad para dar acomodo a las ajetreadas vidas de personas en diversas situaciones familiares –solteros, separados o casados, con o sin hijos, trabajando en casa o fuera de ella–, formando una red de vínculos sociales que reduzca el sentimiento de aislamiento, en particular de los ancianos. Cada comunidad de coalojamiento es diferente y está organizada, planificada y gestionada por los propios residentes.

Las casas son totalmente autosuficientes y están agrupadas por barrios, cada uno de los cuales se organiza en torno a una vital *calle* peatonal y a un centro comunitario. Las zonas compartidas, interiores o exteriores, ensanchan el espacio individual y crean interacciones entre el vecindario. El centro comunitario, el corazón del barrio, dispone de un gran comedor y una amplia cocina para que los residentes puedan compartir las comidas si así lo desean. Una sala de juegos infantiles proporciona abrigo cuando hace mal tiempo y espacio para jugar en grupos. El centro comunitario también incluye una sala de trabajos manuales, varias salas de estar y una lavandería.

Las viviendas están construidas con el objetivo de obtener el grado máximo de eficiencia energética y de conservación de recursos, creando, al mismo tiempo, una comunidad llena de vida. Todas las viviendas son totalmente herméticas y están perfectamente aisladas, por lo que los costes de calefacción son muy bajos. Las altas paredes de vidrio del lado sur proporcionan iluminación natural y ganancias térmicas por efecto del sol durante el día, mientras que los jardines y huertos contiguos a la vivienda suministran fruta y verdura orgánicas. La estrecha agrupación de las casas del barrio reduce el grado de ocupación del suelo, a la par que proporciona espacios adecuados para los juegos infantiles y para las charlas de los vecinos. El poblado está emplazado en plena campiña y goza de vistas espectaculares.

The purpose of this project is to redesign the human habitat by building a 500-resident model village that will carefully integrate design for human needs (shelter, food production, social interaction, energy, work) with land and water conservation and ecosystem preservation. As an international model, it will showcase systems and methods that are sustainable, practical and replicable, thus becoming a teaching center with a global audience.

CoHousing communities, pioneered in Denmark in the 70s, seek a new way to meet the challenges of diverse and changing lifestyles. The basic concept is a community that accommodates the busy lives of working, single, and at-home parents, individuals, and couples without children, forming social networks that lessen the isolation of people, in particular the elderly. Each CoHousing community is unique, and is organized, planned, and managed by the residents themselves.

Fully self-sufficient, individual houses are grouped in neighborhoods, each organized around a lively pedestrian "street" and large Common House. Shared indoor and outdoor areas expand the individual space and build community interaction. The Common House, the heart of a neighborhood, features a large dining room and kitchen where residents may share meals as they wish. A children's playroom provides for rainy days and play groups. Craft rooms, sitting rooms and laundry are also included.

Homes are built to maximize energy efficiency and resource conservation, while at the same time creating a vital community. All houses are super-insulated and airtight, resulting in very low heating costs. Tall window walls on the south side provide natural daylight and solar gain, while on-site gardens supply fresh, organic produce. The neighborhood of tightly-clustered houses minimizes land coverage, yet provides places for children to play and for neighbors to chat. The village is surrounded by open fields and spectacular views.

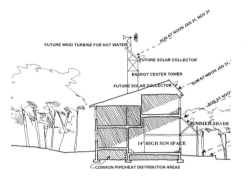

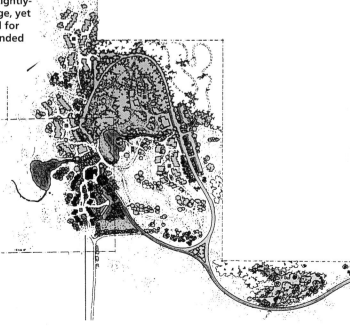

Proyecto de ecociudad Halifax
Adelaida, Australia, 1992-
Paul Francis Downton RAIA,
Centre for Urban Ecology

Halifax EcoCity Project
Adelaide, Australia, 1992-
Paul Francis Downton RAIA,
Centre for Urban Ecology

Esta propuesta de reurbanización ecológica de uso mixto para un contaminado terreno industrial de 2,4 hectáreas situado en el centro de Adelaida pretende ser un proyecto modelo y un catalizador de la conciencia ecológica. Como tal, el proyecto es sólo una parte de otro proyecto mayor de *ecociudad* (en contraposición al concepto de ecopueblo autosuficiente), y ofrece la oportunidad de actuar directamente sobre todos los apectos medioambientales y sociales, simplemente al hacer una elección consciente de dónde y cómo se quiere vivir. El objetivo a largo plazo se centra en las cruciales transformaciones urbanas que habrá que acometer para la supervivencia de nuestro planeta, en una época en la que prácticamente el 50% de la humanidad vive en áreas urbanizadas. La tesis adoptada es que, si la ciudad es el centro de destrucción ecológica global, también debe necesariamente devenir la solución a los problemas ecológicos globales. En consecuencia, el desarrollo urbano ecológicamente *sostenido*, esto es, un desarrollo que sostiene la ecología (y no al revés), debe ser decididamente apoyado.

El proyecto aborda temas sociales y ambientales, por considerarse que una ciudad ecológica ha de tener tanto de equilibrio interno de la sociedad humana como de equilibrio entre los humanos y la naturaleza. Se considera que las claves para el desarrollo ecológico están en la genuina participación comunitaria durante la configuración de los asentamientos urbanos y en unos sistemas económicos que reflejen las realidades ecológicas (p. ej., el coste real del uso de combustibles fósiles) y promuevan la equidad social. Los factores esenciales para que este radical cambio económico y cultural sea efectivo son la educación y el compromiso individual directo y, consecuentemente, también son éstos los principios básicos del proyecto.

This proposal for a mixed-use ecological redevelopment of a 2.4 hectare contaminated industrial site in the center of Adelaide is intended to be a showcase and a catalyst for ecological consciousness. As such, the project is designed as a piece of the larger 'EcoCity' (as opposed to a self-contained 'EcoVillage'), giving people the possibility to act directly on a whole range of environmental and social issues just by making a discriminating choice of where and how they want to live. The longer-term view is placed on the crucial urban transformations required for the survival of our planet at a time in which practically 50% of humanity lives in urbanized areas. The viewpoint taken is that if the city is the center of global ecological destruction, it must also become the solution to global ecological problems. In consequence, ecologically 'sustained' urban development, that is, development which sustains the ecology (and not the reverse), must be decidedly accelerated.

The project addresses social as well as environmental issues, as it is felt that an ecological city is as much about balance within human society as it is about balance between humans and nature. Genuine community participation in shaping urban settlements as well as economic systems which both reflect ecological realities (e.g., the real cost of fossil fuel use) and promote social equity are considered the keys to ecological development. For such a radical economic and cultural shift to be effected, education and direct individual involvement are essential factors and, consequently, they are the guiding principles of the project.

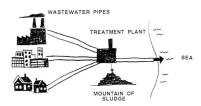

WASTEWATER PIPES
TREATMENT PLANT
SEA
MOUNTAIN OF SLUDGE

CONVENTIONAL WASTE WATER TREATMENT

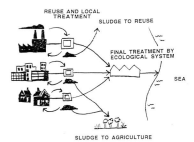

REUSE AND LOCAL TREATMENT
SLUDGE TO REUSE
FINAL TREATMENT BY ECOLOGICAL SYSTEM
SEA
SLUDGE TO AGRICULTURE

ECOLOGICAL WASTE WATER TREATMENT

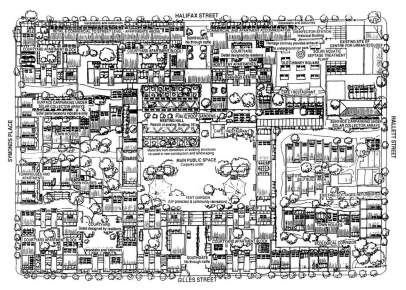

Labels visible in drawing (partial):

- MATERIALS FROM EXISTING SITE REUSED IN NEW CONSTRUCTION
- ROOF-TOP BEDSITS
- TOWN HOUSES — MOSTLY 3-STOREY DWELLINGS. SOLAR HEATING, COOLING, HOT WATER & ELECTRICITY
- A LIMITED NUMBER OF SKY COMPOSTING TOILETS — EXISTING SEWERS ARE USED WITH LOCAL BIO-GAS GENERATION PROPOSED IN THE LONGER TERM FEEDING INTO THE GAS GRID
- SOUTHBRIDGE — CONTAINING A SELECTION OF DWELLINGS & EXTENSIVE ROOF GARDENS
- THE BELVEDERES CARRY EFFLUENT... COOL AIR TO ATTACHED BUILDINGS
- THE TOWERS CONTAIN STAIRS, LIFTS & ACCOMMODATION
- BRIDGE JOINING AT VARIOUS HEIGHTS TO SUIT ALL AGES & TYPES
- LIFTS TO CAR PARK IN EACH TOWER
- ROMEO & JULIET — DWELLINGS, OFFICES, KINDERGARTEN & THEATRE STAGE
- TENTS IDENTIFY & SHELTER CAR PARK EXITS & PROVIDE SHADE TO THE PUBLIC FORUM
- WEATHER PATTERNS & GLOBAL EVENTS BACK-PROJECTED ON THE PLANET SURFACE — SMALL AUDITORIUM UNDER
- INDIGENOUS VEGETATION AS A FLEDGLING ECOLOGICAL CORRIDOR
- RAINWATER TANKS
- TOWN FORUM — CENTRAL MEETING PLACE FOR THE COMMUNITY WITH A CAFE, KINDERGARTEN & OTHER FACILITIES AROUND IT — A 77-CAR SPACE VEHICLE PARK LIES BENEATH WITH STORMWATER STORAGE TANKS & OTHER SERVICE PROVISIONS — DEEP-ROOTED TREES ACCOMMODATED IN LANDSCAPING
- OUTLOOK TOWER — PART OF THE ECOLOGY CENTRE & TOURISM FACILITIES
- UNDER THE TENTS, SOLAR FOUNTAINS AERATE THE STORMWATER & VEGETATION FILTERS THE CITY AIR
- DRAWBRIDGE ACROSS PASSAGE OF FIRE TRUCKS, ETC.
- NORTHBRIDGE — STUDIO & WALKWAY CONNECTION BETWEEN ECOLOGY CENTRE & RESIDENCE
- MEETING HALL FOR 1-200 PEOPLE, FOOD GARDEN ABOVE
- LIFT
- HYDROPONIC GREENHOUSE
- DWELLINGS, STUDIOS & WORKSHOPS
- ECOLOGY CENTRE — DEDICATED TO RESEARCH, EDUCATION & ACTION TO RE-BALANCE THE BIOSPHERE
- EXPERIMENTS WITH VERTICAL REED-BEDS & GREY WATER FILTRATION ARE PART OF THE ONGOING ECOLOGY PROGRAM
- FOOD HALL — HAWKERS' STYLE OPEN-AIR SPACES
- MARKET SQUARE — SMALL SCALE, WITH EXPERIMENTAL SOLAR STALLS
- COLLONADE
- WITHIN A FEW YEARS THE WIDE, EMPTY STREETS ARE FILLED WITH TREES, PEOPLE & LIFE
- STATION

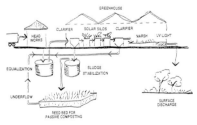

WASTE WATER TREATMENT AND REUSE CYCLE

SOLAR AQUATIC SEPTAGE SYSTEM

Labels: GREENHOUSE · CLARIFIER · SOLAR SILOS · CLARIFIER · MARSH · UV LIGHT · HEAD WORKS · EQUALIZATION · SLUDGE STABILIZATION · UNDERFLOW · SURFACE DISCHARGE · REED BED FOR PASSIVE COMPOSTING

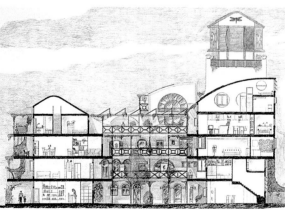

Todas las tecnologías aplicadas en el Proyecto de Ecociudad Halifax han sido utilizadas previamente en otros lugares del mundo. Algunas de ellas son de reciente invención, mientras que otras han venido usándose tradicionalmente durante miles de años. El proyecto incorpora todas esas ideas y tecnologías en el marco de una urbanización ecológica integrada.

All the technologies used in the Halifax EcoCity Project have been used elsewhere in the world. Some are recent inventions, while others have been in use for thousands of years. The project incorporates all these ideas and technologies within a comprehensive ecological development.

Riesefeld
Friburgo de Brisgovia, Alemania, 1992
Atelier Lucien Kroll, John Tillman Lyle,
Jörn Coppijn

Riesefeld
Fribourg-en-Brisgau, Germany, 1992
Atelier Lucien Kroll, John Tillman Lyle,
Jörn Coppijn

El proyecto propone la reurbanización de un terreno de 80 hectáreas, situado en una zona de pólders [*pantanos desecados* que se dedican al cultivo] de 1.000 hectáreas a orillas del Rin, protegida ecológicamente. El agua es aquí el tema principal, recuperando lo que, en otros tiempos, constituyó una especie de delta fluvial mediante una red de lagos, estanques, canales y cascadas. El sistema recoge, almacena y filtra el agua de lluvia y las aguas residuales procedentes de la nueva urbanización y de la vecina ciudad, restableciendo el equilibrio ecológico original del lugar.

El proyecto rescata el sistema existente de acequias, canales y zonas de tierra recuperada, proponiendo una urbanización de uso mixto, estrechamente vinculada al agua y enfocada decididamente de cara al peatón. Los espacios urbanos se yuxtaponen sin recurrir a una geometría predeterminada, analizándose en cambio cada espacio según su propio potencial latente. El *desorden* resultante es sólo aparente ya que refleja y fomenta un determinado modo de vida, habitual en muchas ciudades europeas (y no europeas) hasta la llegada del automóvil. Los peatones *conviven* con los vehículos lentos, con la particularidad de que cualquier vehículo está obligado a respetar la limitación de velocidad de 30 km/hora, incluyendo las bicicletas y los transportes públicos (que, sin embargo, reciben un apoyo total en el proyecto). De esta forma, la vida urbana se puede disfrutar a un ritmo más lento, creando un tiempo y un espacio adecuados para el fomento y desarrollo de las relaciones humanas y la interacción social.

This is a proposal for the development of a 80-hectare site within an ecologically protected 1000-hectare zone of 'polders' by the Rhine river. Water is here the main theme, and what used to be a sort of deltaic configuration is restored by means of a network of lakes, ponds, canals, and waterfalls. The system collects, stores and filters rainwater and waste-water from the new development and the adjoining town, reestablishing the primal ecological balance of the site.

The scheme retraces the existing pattern of ditches, canals and tracts of reclaimed land to design a water-related, mixed-use, pedestrian-oriented community. Urban spaces are juxtaposed without resorting to a prefabricated geometry, but rather analyzing each place on an individual basis to realize its latent potential. The resulting 'disorder' is only apparent, as it reflects and enables a particular way of life which used to be common in many European (and non-European) towns prior to the advent of the automobile. Pedestrians mix with slow-moving vehicles, as even bicycles and public transportation systems (which are nevertheless fully supported) have to adhere to a 30 km/hour speed limit. Urban life can thus be experienced at a slower pace, providing time and space for human interface and social interaction.

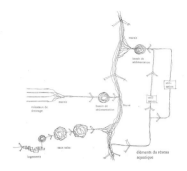

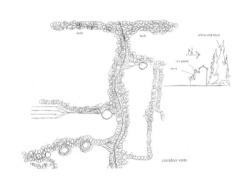

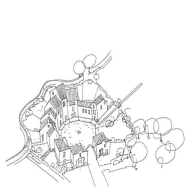

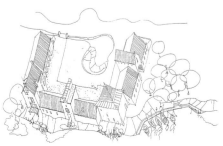

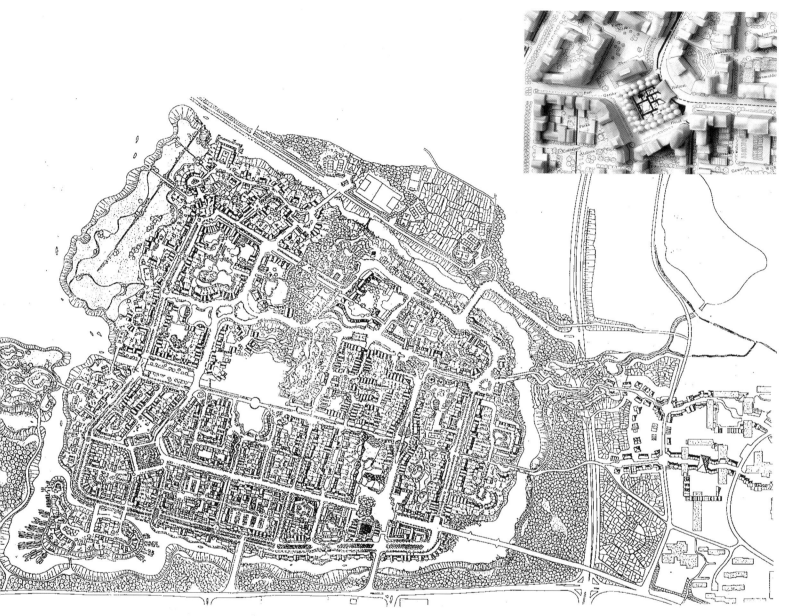

 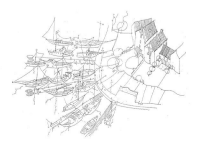

El agua y la vegetación, conjugadas con una estructura urbana concebida con criterios básicamente peatonales, son los elementos definidores del proyecto de Riesefeld. El agua permea la urbanización, caracterizando su tejido urbano. Abundan los parques, bosques y prados, mientras que espacios verdes de menor escala se intercalan entre las casas, proporcionando unos lugares ideales para el descanso, los juegos infantiles o los actos comunitarios.

Water and greenery, together with a pedestrian-oriented urban structure, are the defining elements of the Riesefeld project. Water permeates the settlement, characterizing its urban fabric. Parks, woods and meadows abound, while smaller-scale green spaces are interspersed among the houses, providing places for relaxation, children's games or community events.

Nueva ciudad de Playa Vista

Los Ángeles, California, EE UU, 1989-
Maguire Thomas Partners
Elizabeth Moule & Stephanos Polyzoides,
arquitectos y urbanistas
Andrés Duany y Elizabeth Plater-Zyberk,
arquitectos y planificadores urbanos
Charles Moore, John Ruble, Buzz Yudell,
arquitectos y planificadores
Ricardo Legorreta Arquitectos,
Hanna/Olin, Ltd., arquitectos y paisajistas

Playa Vista New Town

Los Angeles, California, USA, 1989-
Maguire Thomas Partners
Elizabeth Moule & Stephanos Polyzoides,
Architects and Urbanists
Andrés Duany and Elizabeth Plater-Zyberk,
Architects and Town Planners
Charles Moore, John Ruble, Buzz Yudell,
Architects & Planners
Ricardo Legorreta Arquitectos,
Hanna/Olin, Ltd., Landscape Architects

Los promotores y proyectistas de este proyecto están convencidos de que las nuevas urbanizaciones residenciales deben estar concebidas como comunidades de uso mixto, básicamente peatonales y con un alto grado de sensibilidad ecológica. Esos tres conceptos básicos apuntalan la propuesta de urbanización de un terreno de 400 hectáreas, antiguo emplazamiento de la fábrica de aviones y pista de aterrizaje de la compañía Hughes, y último gran solar sin urbanizar de la zona oeste de Los Ángeles.

La estructurada jerarquía de paseos, senderos y parques proporciona un extenso dominio público a la urbanización. Las 12.000 viviendas se organizan en tres distritos y seis barrios con casas-patio y viviendas en hilera. El centro de cada uno de los barrios está constituido por pequeños parques con escuelas, instalaciones cívicas y culturales, y tiendas, todo ello situado a distancias peatonales. Un centro social, un *campus* de oficinas y un puerto deportivo añaden diversidad y oportunidades de empleo a la urbanización, completando la gama de funciones de esta vibrante comunidad de uso mixto.

Desde el punto de vista medioambiental, se restaurarán más de 120 hectáreas de marismas, conservando su flora y su fauna; se han previsto sistemas de recogida y reciclaje de residuos sólidos y líquidos y de aguas pluviales, así como un sistema eléctrico de transporte público para complementar la extensa red de caminos para bicicletas.

A fin de entender las preocupaciones de los ciudadanos de la zona, se organizó un sistema de participación mediante el cual las autoridades municipales y colectivos representativos de la comunidad, así como los grupos medioambientales y otros interesados, tuvieron ocasión de expresar sus puntos de vista a través de una serie de talleres de trabajo que, coordinados y dirigidos por el equipo de proyecto, sirvieron como punto de partida para el proceso de planificación.

The developers and designers of this project are convinced that new residential developments should be conceived as pedestrian-based, mixed-use communities with a strong ecological sensitivity. These three basic concepts underpin the proposal for the development of a 400-hectare site, the former location of the Hughes Aircraft factory and runway, and the last remaining undeveloped piece of land on the west side of Los Angeles.

A structured hierarchy of richly landscaped streets, footpaths and parks provides an extensive public realm to the development. 12,000 dwellings are organized into three districts and six neighborhoods of courtyards and townhouses. Small parks with schools, civic and cultural facilities, and corner retail, all within easy walking distance, provide the focus for each neighborhood. A town center, an office campus and a marina add diversity and employment opportunities to the development, completing the array of functions of a vibrant mixed-use community.

On the environmental side, over 120 hectares of wetlands and tidal marshes will be restored, saving native flora and fauna; solid-waste, waste-water and rainwater collection and recycling systems are planned, as well as an electric transit system to complement the extensive bicycle path network.

To address local concerns, a participation scheme was devised by which local government and community representatives, as well as environmental and other interest groups, were given an opportunity to express their views through a series of workshops which the design team directed and used as the point of departure for the planning process.

La combinación de un plan director enfocado hacia el peatón, de
densidades de edificación con-
centradas, acordes con la tipología de edificación tradicional en
California, y de una extensa y
jerarquizada estructura de espacios públicos, confiere al tejido
urbano de Playa Vista un carácter
diferenciado.

**The combination of pedestrian-
oriented masterplanning, concentrated building densities
in accordance with historical
Californian building typologies,
and hierarchy and expanse of
public space lends Playa Vista
its distinct urban grain.**

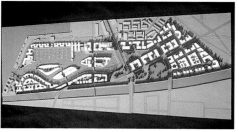

Otay Ranch
San Diego, California, EE UU, 1989-
Equipo de proyecto conjunto del condado
de San Diego y la ciudad de Chula Vista

Otay Ranch
San Diego, California, USA, 1989-
Joint Project Team, County of San Diego
& City of Chula Vista

Otay Ranch será una extensa nueva ciudad, ubicada en un terreno de 9.200 hectáreas justo al sur de San Diego, concebida con unos criterios urbanísticos basados en el transporte público al servicio de la comunidad. El plan urbanístico aprobado en 1992 prevé una población de casi 80.000 habitantes para el año 2020 e incluye la construcción de 27.000 viviendas organizadas en 11 *pueblos*. Éstos se dispondrán en torno a un *centro urbano* principal, de 170 hectáreas, donde se concentrarán la mayoría de los usos cívicos y comerciales. Cada pueblo dispondrá también de su propio *núcleo cívico,* con equipamientos públicos, tiendas, oficinas, viviendas de alta densidad y una plaza pública. Seis de los núcleos cívicos y el centro urbano estarán comunicados mediante una prolongación de la red de trolebuses de San Diego. Para asegurar el carácter peatonal del conjunto, 60.000 de los futuros habitantes vivirán cerca del transporte público y los equipamientos comunitarios.

Reconociendo la importancia de la conservación de la energía, el plan de Otay Ranch incluye políticas y objetivos específicos de ahorro energético a largo plazo, con la deliberada finalidad última de crear un modelo para futuras urbanizaciones.

El plan también incluye un programa de viviendas asequibles (10% del total), ya que se espera que en Otay Ranch se generen unos 47.000 puestos de trabajo, el 40% de los cuales estarán ocupados por personas de bajo nivel de renta.

Se ha destinado un mínimo de 5.700 hectáreas (aproximadamente un 62% del total) a espacios verdes y a la preservación del hábitat natural. Para economizar agua y adaptarse mejor al medio existente, se recuperará la flora autóctona, utilizando especies que toleren bien la sequía, en contraste con el pulido paisaje artificial, despilfarrador de agua, típico de la mayoría de las urbanizaciones estadounidenses.

Otay Ranch will be a vast new town, located on a 9,200-hectare site just south of San Diego, that will incorporate community-oriented, public transport-based planning principles. The development plan approved in 1992 anticipates a population of almost 80,000 by 2020, and includes 27,000 dwelling units organized into 11 'villages'. The villages will encircle a 170-hectare 'town center', where most civic and commercial uses will be located. Each village will also have its own 'civic core' with public facilities, retail, offices, high-density housing, and a public plaza. Six of the village cores and the town center will be linked by an extension of the San Diego trolley system. To ensure the pedestrian character, 60,000 future residents will live in close proximity to public transport and community facilities.

Recognizing the importance of energy conservation, the Otay Ranch plan includes specific objectives and policies that provide for the long-range increase in energy conservation and reduction of energy consumption, with the deliberate goal of creating a showcase for future developments.

Affordable housing is also included in the plan (10% of total units), as Otay Ranch is expected to generate 47,000 jobs, and 40% of the workers are likely to come from low-income groups.

At least 5,700 hectares (about 62% of the site) are designated as open space and natural habitat preservation. To preserve water and create a landscape that is more related to the exiting natural environment, a drought tolerant, rustic landscaping will be created or restored, as opposed to the more manicured, water-wasting human-made landscape typical in most US developments.

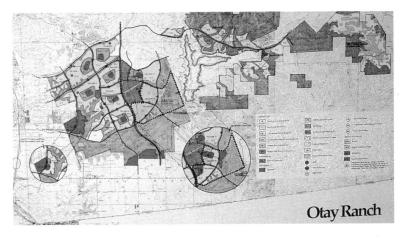

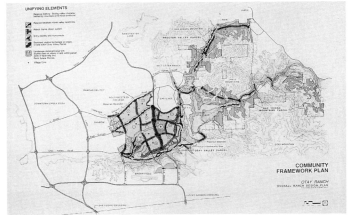

96

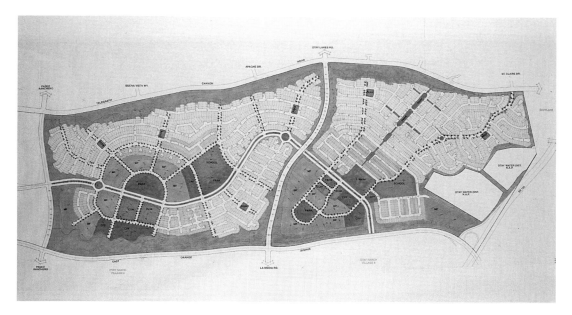

El paisaje y las formas naturales del terreno constituyen las bases sobre las que se apoya el proyecto de Otay Ranch. Se reforzarán los elementos destacados del paisaje (crestas, bosques, lagos) y se camuflará la edificación. Las densidades mayores se concentran en las zonas de formas orográficas más suaves, donde la vegetación natural fue arrasada en su día para crear zonas de cultivo y de pastos. La nueva ciudad estará interconectada por tipos variados de calles y senderos, a fin de que sus habitantes puedan escoger entre desplazarse en coche, a pie, en transporte público (trolebuses y autobuses), en vehículos eléctricos o en bicicleta. Las calles se ajardinarán profusamente, de tal manera que la vegetación amortigüe las altas temperaturas del verano.

The natural land forms and landscape serve as the foundation for the Otay Ranch overall design. Major landscape elements (ridges, forests, lakes) will be reinforced and development hidden. The greatest density is concentrated on the areas where land form is gentler and natural vegetation has been scrapped for agriculture and pasture. Various types of streets and pathways interconnect the entire new town, so inhabitants will be able to choose between auto, walking, mass transit (trolley and buses), golf carts and bicycles. Streets will be heavily landscaped, thus lowering ambient temperatures during the hot summers.

COMUNIDAD COMMUNITY

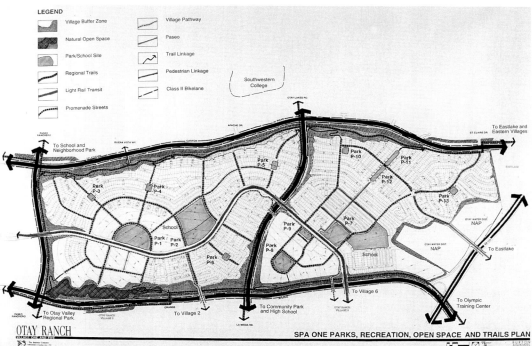

LEGEND

- Village Buffer Zone
- Natural Open Space
- Park/School Site
- Regional Trails
- Light Rail Transit
- Promenade Streets
- Village Pathway
- Paseo
- Trail Linkage
- Pedestrian Linkage
- Class II Bikelane

OTAY RANCH
VILLAGE ONE AND FIVE

SPA ONE PARKS, RECREATION, OPEN SPACE AND TRAILS PLAN

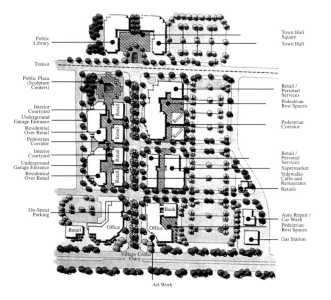

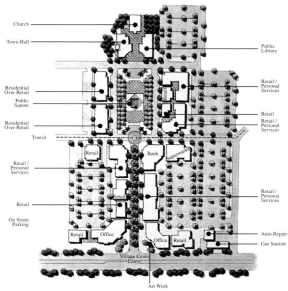

97

Centro urbano de Glendale
Glendale, California, EE UU, 1995-
Elizabeth Moule & Stephanos Polyzoides,
Architects and Urbanists

Glendale Town Center
Glendale, California, USA, 1995-
Elizabeth Moule & Stephanos Polyzoides,
Architects and Urbanists

Para conmemorar el centenario de su fundación, Glendale ha iniciado un proceso de diseño que definirá un nuevo centro urbano. El proceso culminará en el año 2004 con la construcción de múltiples proyectos.

El nuevo centro urbano es contiguo a un centro comercial, The Glendale Galleria, de influencia en todo el ámbito regional. Con la provisión de un nuevo aparcamiento para el barrio, la expansión de las tiendas, que normalmente se realizaría en el interior de la galería comercial, tendrá lugar en las calles. Se rediseña el paisaje de las calles poniendo énfasis en el ámbito de lo público y en una combinación del uso comercial con el ocio, lo que fomentará la vida cívica en las calles de la ciudad.

Esta nueva estructura de calles está yuxtapuesta a la calle comercial y es atravesada por la calle principal de la ciudad. A un lado de ésta se construyen una serie de edificios públicos cuyos usos están relacionados con las artes y el ocio: teatros, salas multicine, una galería municipal de arte y un salón de actos conmemorativo del centenario.

Al otro lado de la calle principal se ha organizado un grupo de edificios comunitarios –una biblioteca, un centro de adultos y sus alojamientos, y un centro de arte infantil– en torno a un pequeño parque. Se espera que esta combinación fomente el contacto intergeneracional y proporcione nuevas oportunidades para el ocio al barrio residencial vecino.

El proyecto también redefine y rediseña la calle principal, incluyendo un nuevo tramo de calle, aceras, jardinería, iluminación y una renovada combinación de tiendas y otros usos comerciales.

The City of Glendale has initiated an urban design process to define a new town center that will commemorate the 100th anniversary of its founding. The project will culminate in the construction of multiple projects by the year 2004.

The new town center is adjacent to a regional mall, The Glendale Galleria. By defining a new parking district, the expansion of retail which would ordinarily have been placed inside the mall is instead located on the street. The streetscape is redesigned with a focus on the public realm and on a mix of retail and entertainment uses which will support civic life in the city streets.

This new street layout is located adjacent to the retail street and bisected by the town's main street. Surrounding it on one side is a new series of public buildings on the theme of the arts and entertainment including live theaters, movie multiplexes, a Municipal Art Gallery and a Centennial Meeting Hall.

On the other side of the main street, a series of community buildings, a library, an adult center and its housing, and Children's Art Center are arranged around an intimate park. It is hoped that this will generate the possibility of intergenerational contact on a daily basis and provide a new amenity for the adjacent residential neighborhood.

The project also redefines and redesigns the main street, including a new street section, sidewalk paving, landscape, lighting and a new mix of retail and commercial uses.

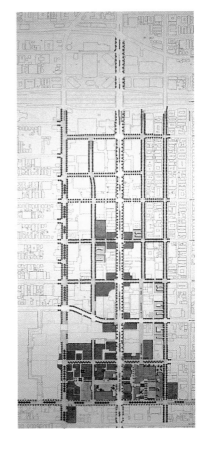

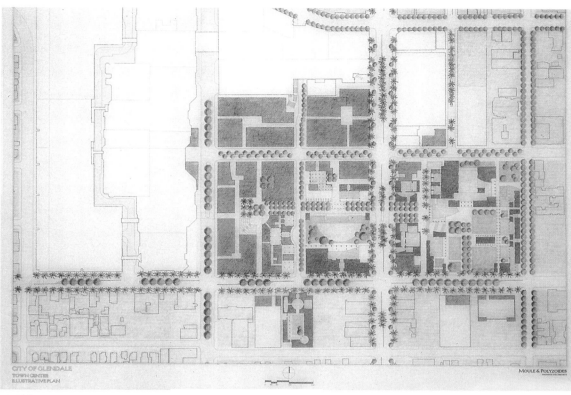

El centro comercial Glendale Galleria (una de las causas principales del declive del centro histórico de Glendale) es ahora una de las esperanzas de salvación de la zona, si se consigue que sus decenas de miles de visitantes diarios puedan ser canalizados desde el interior del centro comercial hacia las calles del centro urbano de Glendale. Para lograr este propósito el proyecto introduce el concepto de "aparque una sola vez", apoyado en unos cuidadosos equilibrios entre el espacio abierto y los edificios, entre los usos cívicos y los comerciales, entre la urbanización existente y la nueva, y entre los intereses públicos y los privados.

The Glendale Galleria shopping mall, one of the causes of the demise of Glendale's historic center, is now one of the hopes for the area's salvation if the tens of thousands of daily visitors can be enticed out of the mall and into the streets. To achieve this, the project introduces a 'park-once' concept, with carefully designed balances between open space and buildings, between civic and commercial uses, between existing and new developments, and between public and private interests.

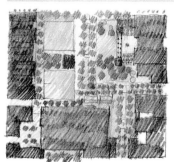

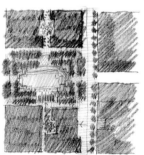

COMUNIDAD **COMMUNITY**

Kirchsteigfeld
Potsdam-Drewitz, Alemania, 1992-
Rob Krier/Christoph Kohl, Architekten

Kirchsteigfeld
Potsdam-Drewitz, Germany, 1992-
Rob Krier/Christoph Kohl, Architekten

Con sus casi 60 hectáreas, Kirchsteigfeld está conectado con el centro de Potsdam (a 3,5 kiló-metros) mediante una línea de tranvía, mientras que un servicio de S-Bhan (tren de cercanías) proporciona acceso al centro de Berlín en unos 25 minutos. El barrio albergará 7.500 personas en unas 2.600 viviendas (de las cuales 1.800 se terminaron a fines de 1996) y proporcionará más de 4.000 nuevos puestos de trabajo. La diversidad de tipos de vivienda, unida a la variedad de formas de financiación, incluyendo las subvenciones públicas, garantiza la heterogeneidad de la estructura social de la población del nuevo barrio; un barrio vital, autosuficiente y adaptado a las diversas necesidades de sus residentes, concebido para que convivan en él gentes de todas las clases sociales y de las más diversas procedencias.

La riqueza conceptual del plan director, en conjunción con la creatividad desplegada por más de 25 estudios de arquitectura de todo el mundo, confieren a la urbanización su aspecto distintivo, contrastando con la uniformidad de los bloques de viviendas prefabricados de la urbanización vecina, un típico producto de la ya extinta Alemania Oriental. En Kirchsteigfeld, no hay dos casas arquitectónicamente similares; esta variedad se complementa con una armoniosa paleta cromática organizada por familias de color. Una amplia gama de equipamientos públicos y comerciales proporciona servicios, empleo y diversidad a la urbanización. Entre ellos, se cuentan un supermercado, tiendas de todo tipo, restaurantes y cafés, una escuela de música y danza, un centro deportivo, escuelas y jardines de infancia, además de oficinas.

With its approximately 60 hectares, Kirchsteigfeld is linked to the center of Potsdam (3.5 km away) by a tram system, while an S-Bhan (overground rail service) will provide access to the center of Berlin in about 25 minutes. It will house 7,500 people in about 2,600 dwellings (1,800 already completed by the end of 1996) and will provide over 4,000 new jobs. A diversity of dwelling types, coupled with varied forms of finance, including public subsidies, plus the availability of rental units, guarantee that the population structure of the new neighborhood will be very heterogeneous; people from all social strata and many different regions will live in a vital and self-contained area which can meet the varied needs of its residents.

A rich masterplan concept, plus the creativity of over 25 architecture firms from all over the world, give the development its own distinctive appearance, in contrast to the uniform apartment blocks of the adjacent estate of prefabricated housing, a typical product of one-time East Germany. In Kirchsteigfeld, no two houses are the same architecturally; this variety is completed by a harmonious chromatic scheme arranged according to color groupings. A variety of public and commercial facilities provides services, employment and further diversity to the development. These include a supermarket, a variety of shops, restaurants and cafes, a music and ballet school, a sports center, schools and kindergartens, and general-purpose office space.

Kirchsteigfeld está planificada con arreglo a una contrastada tradición urbanística europea que se rompió en los albores del siglo XX, con la irrupción de un nuevo modo de pensar que, a la larga, acabaría por conducir a una irremediable pérdida de espacio urbano. Aquí se ha considerado la ciudad como un organismo integral y el espacio colectivo se toma como punto de partida del proyecto.

Kirchsteigfeld is planned according to a time-proven European planning tradition that was interrupted at the beginning of the 20th century, when a different thinking emerged, eventually leading to a loss of urban space. Here, the city is considered as a holistic organism, and collective living space is taken as the point of departure for planning.

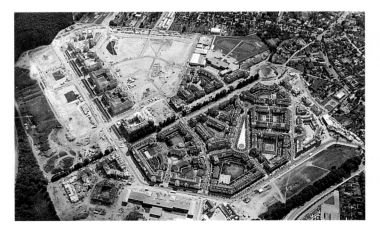

COMUNIDAD **COMMUNITY**

101

La urbanización de Kirchsteigfeld está rodeada de una zona verde de transición que vincula barrios de características diferentes. Numerosos senderos para peatones y ciclistas han sido integrados en las franjas de verde y cada manzana de edificios dispone de su propio jardín interno. Las obras de los 25 equipos de arquitectura que intervienen en la edificación están cuidadosamente mezcladas, circunstancia que contribuye a reforzar el carácter de esta rica y vibrante experiencia urbana.

A green transitional area surrounds the Kirchsteigfeld development and links quarters with different characters. Paths for pedestrians and cyclists are integrated into the bands of green, while each block of buildings has a green inner courtyard of its own. The works of the 25 participating architecture teams are thoroughly mixed, thus reinforcing a rich and vibrant urban experience.

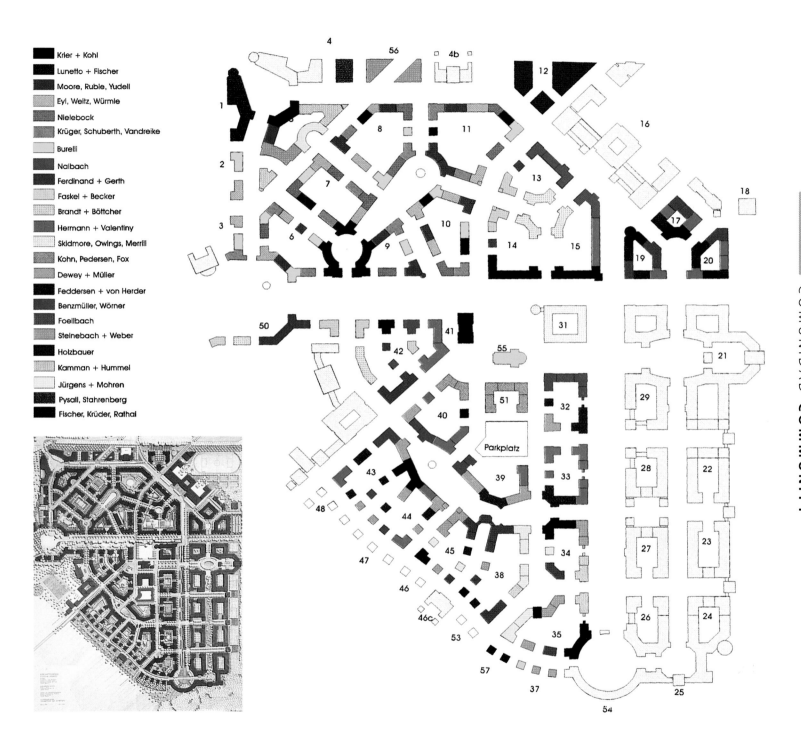

- Krier + Kohl
- Lunetto + Fischer
- Moore, Ruble, Yudell
- Eyl, Weitz, Würmle
- Nielebock
- Krüger, Schuberth, Vandreike
- Burelli
- Nalbach
- Ferdinand + Gerth
- Faskel + Becker
- Brandt + Böttcher
- Hermann + Valentiny
- Skidmore, Owings, Merrill
- Kohn, Pedersen, Fox
- Dewey + Müller
- Feddersen + von Herder
- Benzmüller, Wörner
- Foellbach
- Steinebach + Weber
- Holzbauer
- Kamman + Hummel
- Jürgens + Mohren
- Pysall, Stahrenberg
- Fischer, Krüder, Rathai

Plan General para el Desarrollo Urbanístico
Ciudad de Washington, Misuri, EE UU, 1995
Tim T. Franke, planificador

Urban Development Plan
City of Washington, Missouri, USA, 1995
Tim T. Franke, Planner

La ciudad de Washington, Misuri, está experimentando un rápido proceso de crecimiento, dentro y fuera de su término municipal. Diversos estudios demuestran que la comunidad es representativa de un fenómeno que se está produciendo también en otros lugares de Estados Unidos y que consiste en un desplazamiento significativo de población desde las áreas metropolitanas hacia alejados asentamientos suburbanos o exurbanos. Con esta propuesta se pretende preparar una estructura paisajística o "plan matriz", como marco para desarrollar la futura urbanización. Este plan matriz viene acompañado de unas orientaciones generales sobre el uso del suelo, a fin de preservar y desarrollar las condiciones ambientales, socioculturales y económicas ya existentes actualmente en el territorio.

El programa de uso mixto a desarrollar en la cuenca que rodea la ciudad (5.600 hectáreas de usos agrícolas y residenciales de baja densidad) incluye 61.500 m² para uso comercial, de oficinas y de equipamientos para la investigación y el desarrollo, 2.000 unidades residenciales y usos institucionales tales como un centro de información de la University of Missouri, una escuela pública (con equipamientos deportivos, instalaciones multimedia y red informática para la teleeducación, además de aulas para usos generales), y entre cuatro y seis solares para escuelas de barrio.

La propuesta incluye proyectos-prototipo para futuros *centros comunitarios*. Esos centros son zonas o *núcleos compactos* concebidos como puntos focales de la actividad comunitaria donde se desarrollarán las actividades laborales, comerciales, institucionales y residenciales. Todos los centros proyectados están directamente relacionados con puntos de intersección de la red sociocultural que se reservan para usos comunitarios, como escuelas de barrio, centros religiosos o puntos públicos de conexión a internet/red de comunicaciones.

The city of Washington, Missouri, is experiencing rapid growth within and adjacent to its current corporate boundaries. Research suggests that the community is representative of a significant population shift in the United States from metropolitan areas to far-flung suburban and ex-urban settlements. The intent of this proposal is to prepare a landscape framework or matrix plan for the city, within which future development will occur. This matrix is accompanied by land-use guidelines to preserve and develop environmental, socio-cultural and economic conditions already existing in the territory.

The mixed-use program, to be developed in the city's surrounding catchment area (5,600 hectares devoted to agricultural and low-density residential use), includes 61,500 m² of commercial, office and research and development facilities, 2,000 residential units and institutional use such as a University of Missouri information access site, a public school service center (with sports fields, multi-media and on-line network host facilities for tele-education, plus general classroom facilities), and from four to six neighborhood school sites.

The proposal includes representative physical design plans intended as prototypes for future community 'centers'. These centers are considered as 'density core' areas where workplace, commercial, institutional, and residential uses are developed as the loci of community activity. All of the planned centers are directly related to intersection points of the socio-cultural line network, which are reserved for community uses such as neighborhood/satellite schools, places of worship, or public internet/communication connection points.

El plan aspira a establecer una metodología destinada a encauzar y poner un límite máximo al crecimiento aconsejable en la comunidad de Washington, mediante el "desbloqueo del paisaje" a través de una serie de directrices analíticas y políticas (arriba). Entre los prototipos de centros comunitarios propuestos se incluye un "lugar de producción flexible/centro focal de trabajo" (página siguiente, arriba) y un "centro de servicio comercial/vivero de pequeñas empresas" (página siguiente, abajo).

By 'unlocking the landscape' through a series of analytical and policy constructs (above), the plan seeks to establish a methodology for directing and maximizing specific desirable growth within the Washington community. The prototype community centers include a 'Flexible Production Place/Core Work Center' (following page, top) and a 'Commercial Service Center/Small Workplace Incubator' (following page, bottom).

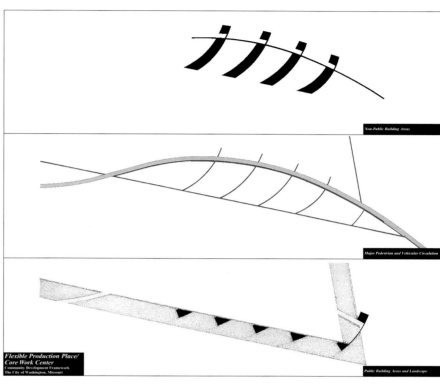

Non-Public Building Areas

Major Pedestrian and Vehicular Circulation

**Flexible Production Place/
Core Work Center**
Community Development Framework
The City of Washington, Missouri

Public Building Areas and Landscape

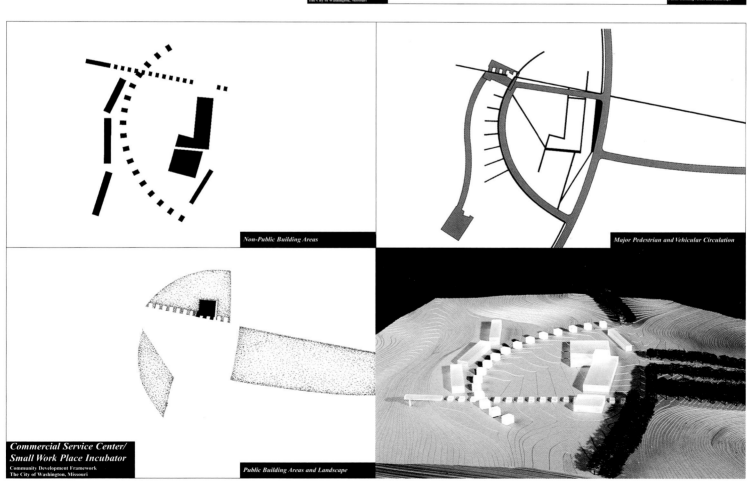

Non-Public Building Areas

Major Pedestrian and Vehicular Circulation

**Commercial Service Center/
Small Work Place Incubator**
Community Development Framework
The City of Washington, Missouri

Public Building Areas and Landscape

Ecolonia
Alphen aan der Rijn, Países Bajos, 1989-1993
Atelier Lucien Kroll

Ecolonia
Alphen aan der Rijn, Netherlands, 1989-1993
Atelier Lucien Kroll

Ecolonia (ecología+colonia) es un proyecto piloto de urbanización sensible al medio ambiente desarrollado por NOVEM, la Agencia Gubernamental Holandesa de Energía y Medio Ambiente. El proyecto pone el acento en la calidad global del tejido urbano, sin olvidar por ello los temas más técnicos. En el proyecto se abordan conjuntamente los aspectos sociales, urbanos, arquitectónicos y comunitarios de la ecología, utilizando soluciones de fácil aplicación, novedosas y, sobre todo, repetibles, a fin de minimizar los riesgos técnicos y económicos.

Una laguna de retención del agua de lluvia ocupa el punto focal de una red de calles en donde los coches, las bicicletas y los niños que juegan en la calle coexisten pacíficamente, a la manera de las antiguas ciudades europeas. El espacio urbano se estructura en una serie de *componentes* (reminiscentes de los *patterns* de Christopher Alexander) cuidadosamente diseñados y que aprovechan las condiciones específicas de cada lugar. Dichos componentes se disponen secuencialmente para conseguir el máximo de diversidad, fomentar la actividad social y, consecuentemente, robustecer las relaciones comunitarias.

Las 300 viviendas de la urbanización se organizan en forma de viviendas pareadas y en hilera, de hasta tres pisos de altura, buscando siempre la máxima variedad. Para evitar la uniformidad, las agrupaciones se realizan con tipos de viviendas diferentes. Además, para el proyecto de la primera fase de 101 unidades se seleccionaron nueve estudios de arquitectura diferentes. Sin embargo, a fin de evitar que los equipos trabajasen de forma excesivamente independiente unos de otros, el planificador mezcló concienzudamente sus edificios, de modo que los proyectistas se vieron obligados a relacionarse entre sí y resolver conjuntamente las zonas de relación entre los diversos proyectos. Además, cada firma se centró en un tema ambiental específico (energía, reciclaje, aislamiento, etc.), a fin de facilitar la evaluación de las diferentes aproximaciones a cada tema.

Ecolonia (ecology+colony) is an environmentally conscious pilot scheme developed by NOVEM, the Netherlands Governmental Agency for Energy and the Environment. The project's emphasis is placed on the overall quality of the urban fabric, without neglecting, however, the more technical issues. Social, urban, architectural, communal and psychological aspects of ecology are integrally addressed, using solutions that are easily-applied, novel and, above all, repeatable, thus minimizing technical and economic risks.

A rainwater retention lake is the focus of a fine-grain network of streets where, as in old European towns, pedestrians, cars, bicycles and playing children peacefully coexist. The urban space is structured as a series of carefully designed 'components' (reminiscent of Christopher Alexander's 'patterns') which exploit the specific conditions of each individual place. Such components are sequenced to achieve a maximum diversity and encourage social activity, thus fostering community ties.

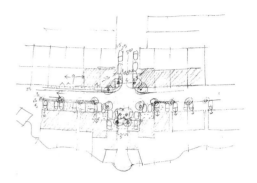

The 300-dwelling development is organized in up to three-story semi-detached and terrace houses, searching again for a maximum variety. Different house types are grouped together to avoid uniformity. Additionally, nine different architectural firms were selected to design the first phase of 101 units; to prevent them from working too independently of each other, the planner mixed their buildings thoroughly, so they were compelled to interact and jointly solve the interfaces. Each firm was also asked to concentrate on a specific environmental topic (energy, recycling, insulation, etc.), in order to facilitate performance evaluation.

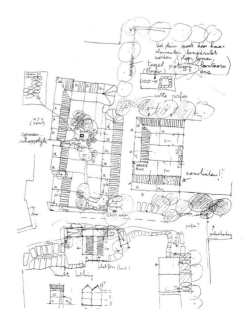

El plan director de Ecolonia fomenta un vibrante diálogo entre los espacios privados y los públicos. Los límites quedan difuminados, merced a un diseño orgánico que proporciona múltiples oportunidades para la expresión individual y la acción colectiva.

Ecolonia's masterplan encourages a vibrant dialog between private spaces and public areas. Boundaries are blurred by an organic design that provides multiple opportunities for individual expression and group action.

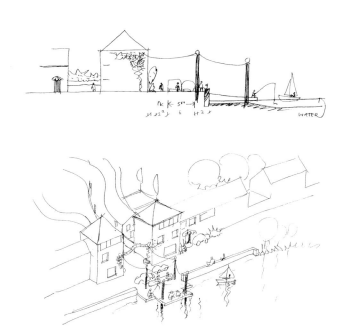

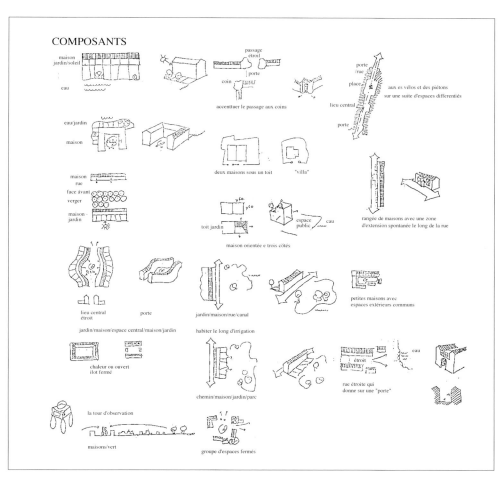

COMPOSANTS

maison jardin/soleil

eau

passage étroit

porte

coin

accenttuer le passage aux coins

porte /rue

place

lieu central

porte

aux es vélos et des piétons sur une suite d'espaces differentiés

eau/jardin

maison

deux maisons sous un toit

"villa"

maison rue

face ávant

verger

maison - jardin

toit jardin

espace public

eau

rangée de maisons avec une zone d'extension spontanée le long de la rue

maison orientée e trois côtés

lieu central étroit

porte

jardin/maison/rue/canal

petites maisons avec espaces extérieurs communs

jardin/maison/espace central/maison/jardin

habiter le long d'irrigation

chaleur ou ouvert ilot fermé

chemin/maison/jardin/parc

rue étroite qui donne sur une "porte"

eau étroit

la tour d'observation

maisons/vert

groupe d'espaces fermés

El diseño de Ecolonia se basa en un repertorio de *componentes* (arriba a la derecha), elementos urbanos y formas arquitectónicas que suscitan las relaciones inter-personales, fomentan los vínculos comunitarios y proporcionan una variada y rica experiencia urbana. Dichos *componentes* configura-ron un lenguaje codificado com-partido por los urbanistas y los nueve estudios de arquitectura que proyectaron los edificios.

Ecolonia's design is based on a repertoire of 'components' (above, right), urban elements and architectural forms that invite interaction and provide a varied urban experience. The 'components' became a coded language shared by the planners and the nine architectural firms which designed the buildings.

Los urbanistas de Ecolonia
fomentaron, e incluso forzaron,
la interacción entre los nueve
estudios de arquitectura encar-
gados de proyectar los edificios.
Fusiones, contradicciones, conti-
nuidades y confrontaciones se
utilizan aquí para conseguir que
el paisaje urbano impere sobre el
detalle, con el resultado de una
escala perceptiva más continua y
compleja.

**Ecolonia's planners have
encouraged, even forced, the
interaction between the nine
architecture teams in charge
of designing the buildings.
Fusions, contradictions, conti-
nuities, confrontations are
utilized so that the urban
landscape dominates over
the detail, resulting in a more
continuous and complex per-
ceptual scale.**

Volcano Cliffs

Alburquerque, Nuevo México, EE UU, 1996-
Sim Van Der Ryn Architects

Volcano Cliffs

Alburquerque, New Mexico, USA, 1996-
Sim Van Der Ryn Architects

Volcano Cliffs será una comunidad residencial diseñada de acuerdo a las condiciones climáticas y eficiente en cuanto a la utilización de los recursos. Constituye un ejemplo práctico de cómo proyectar un barrio y de adaptación al entorno desértico a fin de mejorar la calidad de vida de sus habitantes y minimizar el impacto ambiental sobre el entorno. El proyecto, concebido como un conjunto integrado, intenta extremar su acción beneficiosa sobre la economía local utilizando y añadiendo valor a los recursos humanos y naturales del lugar. La adaptación moderna de las arquitecturas de tierra, el uso de energía solar, tanto fotovoltaica como térmica, la recogida de aguas, la conservación y tratamiento de los residuos, son algunas de las medidas encaminadas a reducir los flujos de materia y energía necesarios para el mantenimiento de esta comunidad.

En el momento de redactar estas líneas, el proyecto todavía está en sus primeras fases de diseño conceptual. Hasta el momento, la posible organización de los edificios no ha pasado de un croquis axonométrico, realizado para comprobar los resultados iniciales de la aplicación al terreno y al programa concreto de unos principios proyectuales sensibles a la ecología y orientados hacia la comunidad. Ya se ha iniciado, sin embargo, una etapa de diálogo permanente con los organismos locales de planeamiento y con el cliente, a fin de que el proyecto se desarrolle según un proceso de diseño "eco-lógico".

Con este proyecto se pretende sentar unos criterios para futuras iniciativas de creación de comunidades humanas más sostenibles. Sin duda, su escala y perfil favorecerán las posibilidades de emulación de sus aspectos más logrados.

Volcano Cliffs will be a climate-responsive, resource-efficient housing community, demonstrating patterns of neighborhood design and adaptation to the desert environment which will enhance the quality of life for its residents and minimize impact on the environment. Planned as a comprehensive whole, the project seeks to maximize its benefit on the local economy by utilizing and adding value to local human and natural resources. Contemporary adaptation of earth architecture, use of both photovoltaic and thermal solar energy, and water collection, conservation, and on-site wetland waste treatment are aimed at reducing the flows of matter and energy needed to sustain this community.

The project is, at the time of printing, still in the very early stages of conceptual design. The potential organization of the buildings had been explored only in very simple and 'boxy' axonometric drawings to test the initial results of applying community-oriented and ecology-conscious design principles to the specific site and program. An ongoing discussion process with the local planning authorities and the client has been initiated to take the project through the entire 'eco-logic' design process.

This project seeks to establish criteria for future efforts at creating more sustainable communities. Its scale and visibility will improve the likelihood for emulation of its most successful aspects.

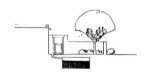

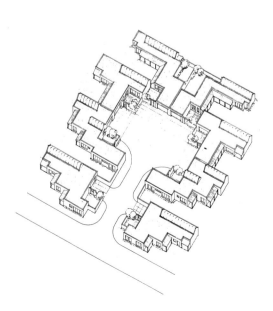

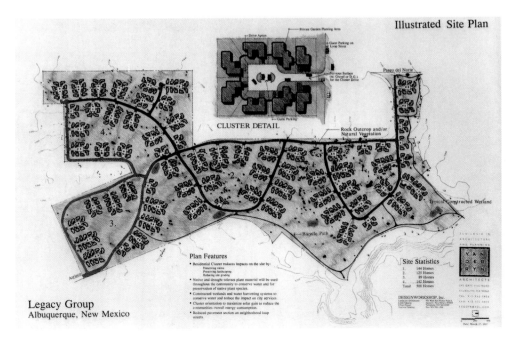

Illustrated Site Plan

CLUSTER DETAIL

Plan Features

Legacy Group
Albuquerque, New Mexico

COMUNIDAD **COMMUNITY**

Celebration

Condado de Osceola, Florida, EE UU, 1987-
The Disney Development Company
Cooper, Robertson & Partners
Gwathmey, Siegel & Associates, Architects
HOH Associates, Inc.
Robert A.M. Stern, Architect

Andrés Duany y Elizabeth Plater-Zyberk (DPZ) intervinieron en los bocetos iniciales del proyecto de Ciudades-Prototipo Disney, que más adelante daría lugar a Celebration. En esta ciudad del "sueño americano", el programa *neotradicional* se combina con lo más avanzado en tecnología (¡y *márketing*!), todo ello realzado por edificios singulares firmados por arquitectos de renombre internacional (Robert Stern, Charles Moore, Cesar Pelli, Robert Venturi, Philip Johnson, Michael Graves, Aldo Rossi). La nostalgia del pasado (la América de los cincuenta de Norman Rockwell) se mezcla fluidamente con los coches eléctricos (el NEV, o Vehículo Eléctrico de Barrio) y las infraestructuras para el *teletrabajo,* en un comercial producto inmobiliario cuidadosamente presentado y destinado a una clientela relativamente acomodada.

El emplazamiento, situado en las proximidades de Disneyworld, EPCOT y otros parques temáticos de los alrededores de Orlando, tiene una superficie aproximada de 2.000 hectáreas, que se irán desarrollando durante un periodo de unos 15 años. Cuando esté totalmente terminada, Celebration incluirá unas 8.000 viviendas, parque empresarial, zona hospitalaria, campo de golf, escuela y una iglesia presbiteriana, además de grandes parques y otras instalaciones recreativas. El núcleo de todo este universo es un centro urbano de uso mixto inspirado en las ciudades americanas preautomovilísticas. El componente residencial consiste en viviendas unifamiliares, casas adosadas y apartamentos.

Celebration ha gozado de un considerable eco en los medios de comunicación, debido en buena medida a la fama de sus promotores y de sus arquitectos, pero también a una inteligente estrategia de mercado. Aunque el proyecto haya sido fuertemente criticado (tanto conceptual como arquitectónicamente) por sus características de "parque temático", "artificiosidad" y "afectación", otros han preferido centrarse en sus aspectos positivos, considerando que pueden proporcionar claves para futuras comunidades cuyos habitantes busquen reconciliar las ventajas de la tecnología moderna con un ambiente urbano agradable. En cualquier caso, los habitantes de Celebration no suelen desaprovechar ninguna oportunidad para expresar su satisfacción por haber obtenido una de las primeras 300 viviendas en un sorteo celebrado entre casi 4.000 aspirantes.

Celebration

Osceola County, Florida, USA, 1987-
The Disney Development Company
Cooper, Robertson & Partners
Gwathmey, Siegel & Associates, Architects
HOH Associates, Inc.
Robert A. M. Stern, Architect

DPZ (Andrés Duany & Elizabeth Plater-Zyberk) were involved in the initial schemes for the 'Disney Prototype Towns' project, which later evolved into Celebration. In this American-dream town, the 'neotraditional' agenda is combined with state-of-the-art technology (and marketing!), and punctuated by land-mark buildings by famous international architects (Robert Stern, Charles Moore, Cesar Pelli, Robert Venturi, Philip Johnson, Michael Graves, Aldo Rossi). Nostalgia for the past (Norman Rockwell's fifties' America) mixes seamlessly with electric cars (the 'NEV' Neighborhood Electric Vehicle) and telecommuting infrastructures in a neatly packaged commercial real estate product geared to a relatively affluent clientele.

The site, located near to Disneyworld, EPCOT and other theme parks in the Orlando suburbs, has an extension of approximately 2,000 hectares, and will be developed in about 15 years. When completed, Celebration will include up to 8,000 dwelling units, business park, health campus, golf course, school, and Presbyterian church, plus large parks and other leisure facilities. The core of the development is a 'Downtown' mixed-use complex inspired in pre-car American towns. The residential component is made up of single family houses, townhouses and apartments.

Celebration has received considerable media exposure, in part because of its sponsors and designers's high profiles, in part because of a well-conceived marketing strategy. While the scheme has been strongly criticized (both conceptually and architecturally) because of its 'theme park', 'fakeness', and 'facsimile' qualities, many commentators have chosen to focus on its positive aspects, as they may provide clues for future communities in which inhabitants seek to reconcile the conveniences of modern technology within a pleasant urban atmosphere. In any case, Celebration's residents do not usually miss any opportunity to express their satisfaction for winning one of the first 300 homes in a lottery among almost 4,000 applicants.

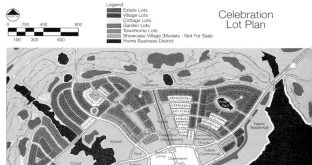

Celebration
Lot Plan

Legend
Estate Lots
Village Lots
Cottage Lots
Garden Lots
Townhome Lots
Showcase Village (Models - Not For Sale)
Home Business District

Subic Bay
Filipinas, 1994-
Koetter, Kim and Associates, Inc.

Subic Bay
The Philippines, 1994-
Koetter, Kim and Associates, Inc.

COMUNIDAD COMMUNITY

El terreno objeto de esta actuación era un promontorio parecido a una isla directamente ubicado frente a la bahía, e incluía un puerto de aguas profundas, un campo de aviación y una infraestructura reticular abandonada al ser desmantelada la base naval de la marina de EE UU que la ocupaba. De los análisis medioambientales efectuados antes de la actuación urbanística se dedujo que la infraestructura existente estaba organizada de tal manera que las construcciones que en ella se realizaran podrían aprovecharse de las brisas marinas que atraviesan el terreno. Además, la estructura de la retícula favorecía unas configuraciones de edificación susceptibles de proporcionar amplios espacios libres para uso comunitario.

Las decisiones sobre densidad y puntos focales de actividad comunitaria se tomaron de acuerdo con el tejido urbano de la ciudad adyacente, a fin de lograr una coherencia entre la nueva zona urbanizada y su entorno edificado más inmediato. Con ello también se pretendía conservar y transferir a la nueva urbanización ciertos rasgos de la actividad humana y la forma edificada existentes alrededor.

La nueva tipología edilicia que se está imponiendo aceleradamente en esta región es la del gran edificio de usos múltiples, el cual, sobre todo en ciudades como Singapur y Shanghai, acostumbra a adoptar la forma de un ente aislado y autónomo, totalmente al margen de la vida de la ciudad. Con la estrategia adoptada para esta urbanización se pretende, en cambio, que esos nuevos tipos de edificio –esos mundos internamente autosuficientes y a menudo artificialmente aislados– se fusionen con el tejido general de la ciudad, haciéndolos contiguos y continuos con otros edificios y modelos de actividad, de manera que enriquezcan la vida comunitaria y aumenten la diversidad del tejido urbano.

The existing condition of this island-like promontory located directly on bay frontage included a deepwater port, an airfield, and a gridded pattern of infrastructure that was left (after the decommissioning of a US Naval Base) as a potential resource for the site. Environmental analyses established that the infrastructure was organized in such a way that built forms laid into this pattern could take advantage of offshore breezes traversing the site and allow for induced conditions of air movement around and through buildings. Additionally, the grid pattern enabled configurations of the built fabric which would provide ample open space resources to the community.

Density and places of focused common activity within the site were arranged to relate directly to the patterns of the adjacent existing city – thus giving some coexistent relationships and opportunities, both in terms of human activities and of built form, between the new development area and its immediate built environs.

Emergent, and increasingly common, building types in the region tend to be large composite facilities (intensely multi-use) which, quite often in cities like Singapore and Shanghai, tend to exist as isolated and autonomous structures, removed from the life of the city. Here, a strategy was devised so these new building types –these large, internally integrated, and often unrealistically aloof buildings– would be blended into the general pattern of the city, making them contiguous and continuous with other building and activity patterns, thus enriching community life and increasing the diversity of the urban fabric.

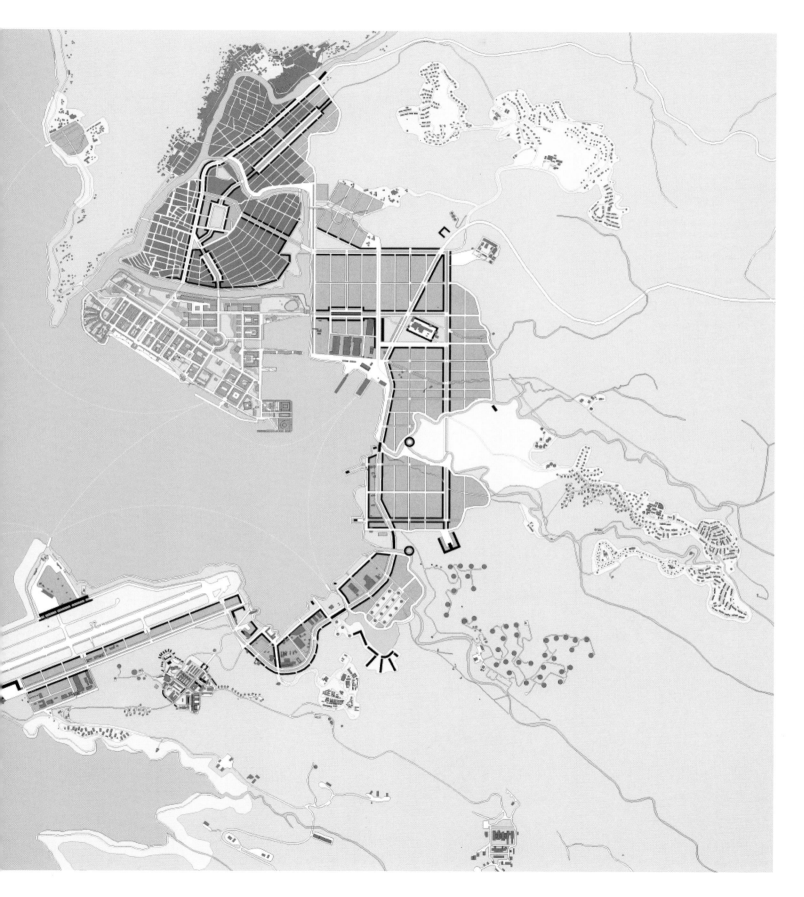

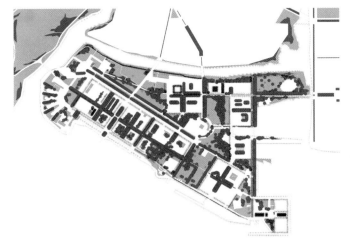

El plan director de Subic Bay viene estructurado en gran medida en función de la vegetación –combinaciones de plantaciones relacionadas con la calle, espacios verdes abiertos y zonas de foresta que, en conjunto, establecen las bases cualitativas primarias y ambientales del plan–, un medio climático y ecológico con gran capacidad de adaptación y también un vínculo duradero entre la zona del proyecto y su marco general más amplio de selva tropical.

The Subic Bay masterplan is largely structured by vegetation –by combinations of street-related planting, green open space and intersections of forest that together establish the primary qualitative and environmental basis of the plan–, a local climatic and ecological milieu of great resilience and, finally, a durable link between the site and its larger tropical rain-forest setting.

COMUNIDAD **COMMUNITY**

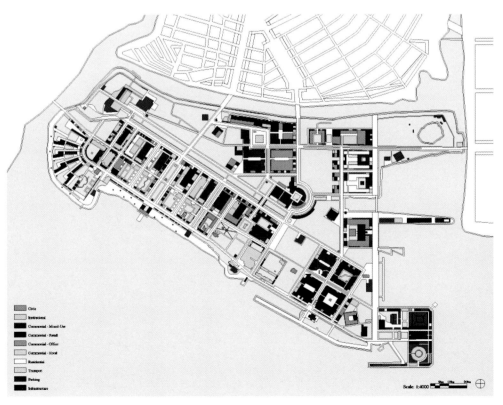

Civic
Institutional
Commercial - Mixed-Use
Commercial - Retail
Commercial - Office
Commercial - Hotel
Residential
Transport
Parking
Infrastructure

Scale: 1:8000

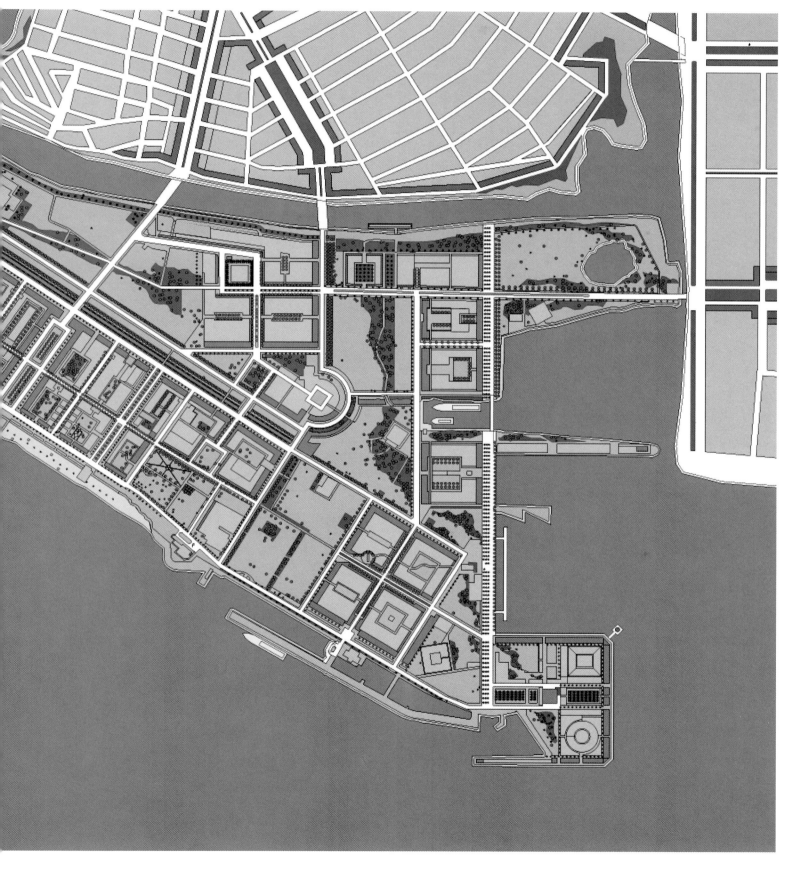

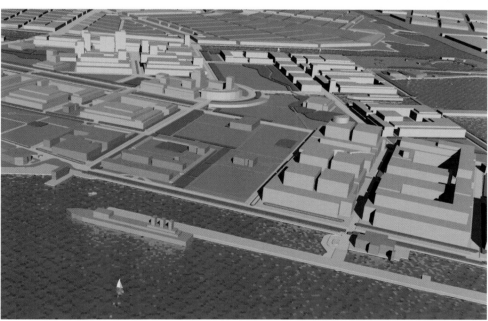

Las ordenanzas limitadoras de altura de edificación, densidad y volumen proporcionan una atmósfera urbana –matizada y a escala humana– a un entorno marcado por calles y pasajes, en el que se da significado y prominencia visual a determinados edificios singulares (o grupos de edificios), facilitando, específicamente, un aprovechamiento óptimo de las condiciones climáticas del lugar (asoleo, sombras, vientos dominantes).

Controls on building height, density and volume provide a sense of urban enclosure at a low-key and human scale, a street-oriented environment with view corridors, a visual prominence and significance to important landmark buildings (or groups of buildings) and, in particular, an optimized utilization of local climatic conditions (sun exposure, shadow patterns, prevailing winds).

COMUNIDAD COMMUNITY

Nueva ciudad de Williamsburg
Williamsburg, Virginia, EE UU, 1995
Manuel Arenas, Miguel Ruano, Arquitectos
y Urbanistas

Williamsburg New Town
Williamsburg, Virginia, USA, 1995
Manuel Arenas, Miguel Ruano, Architects
& Town Planners

Este proyecto de nueva ciudad es una propuesta para el desarrollo de un terreno de 240 hectáreas en las afueras de la antigua ciudad colonial de Williamsburg. El programa solicitaba un "modelo perdurable, de alta calidad, para las comunidades norteamericanas en desarrollo", que acreditase "no sólo excelencia (estética y funcional) de diseño, sino también eficiencia económica, sensibilidad medioambiental, viabilidad técnica y flexibilidad de comercialización".

El plan director propuesto adopta una estrategia urbanística integral y sistémica, combinando conceptos urbanos ya contrastados (tradicionales o no) con innovadoras soluciones *ad hoc,* desarrolladas especialmente en respuesta al emplazamiento, el clima y la cultura locales.

El punto de partida, y también el fundamento de la propuesta, es un concepto equilibrado de comunidad. El término *equilibrio* hay que entenderlo aquí en el sentido más amplio de la palabra: equilibrio entre lo natural y lo artificial, población equilibrada (edad, grupos sociales, etnia), usos equilibrados, transporte equilibrado, uso equilibrado de energía y recursos, en suma, equilibrio concebido como una armonía diseñada y sostenible entre las múltiples variables que configuran una comunidad saludable y diversa.

El concepto de comunidad armónica se organiza y desarrolla mediante seis temas clave: clima, movimiento y transporte, espacios al aire libre, agua, flexibilidad e identidad local. Estos temas clave, lejos de ser autónomos, están estrechamente entrelazados; consecuentemente, no se han abordado aisladamente, ni han sido desarrollados por especialistas independientes, sino que se ha adoptado un enfoque orgánico y multidisciplinario. En todo caso, el modelo de planeamiento urbano a evitar a toda costa es el resultante de la mera yuxtaposición de una serie de diferentes disciplinas técnicas y proyectuales que actúan más o menos independientemente.

This is a proposal for the development of 240 hectares of land in the outskirts of the old colonial city of Williamsburg. The design brief called for a 'high-quality, enduring model for growing US communities', demonstrating 'not only design excellence (aesthetically and functionally) but also economic effectiveness, environmental responsiveness, engineering practicality, and market flexibility'.

The proposed masterplan takes an integrated, holistic approach to community design, combining well-tested urban concepts (traditional or not) with ad hoc innovative solutions, specifically developed to respond to the site, the climate and the local culture.

A balanced community concept is both the point of departure and the kernel of the proposal. 'Balance' is understood here in the widest sense of the term: balance between the natural and the artificial, balanced population (age, social groups, ethnicity), balanced uses, balanced transportation, balance energy and resource usage; balance, in sum, conceived as a designed and sustainable equilibrium among the multiple variables that configure a healthy, diverse human community.

The balanced community core concept is deployed through and characterized by six key themes: climate, movement and transportation, open spaces, water, flexibility, and local identity. These key themes are not independent of each other, but rather intertwined; consequently, they are not addressed in isolation and by different specialists, but from a comprehensive, multidisciplinary viewpoint. The model to avoid is that of a city plan simply resulting from the juxtaposed layering of different engineering and design disciplines acting more or less independently.

KEY DESIGN OBJECTIVES

- IDENTITY AND LOCAL CHARACTER
- INTEGRATED AND BALANCED COMMUNITIES
- EMPLOYMENT ON SITE
- WALKING DISTANCES
- FULLY CONECTED PATH NETWORK
- PUBLIC TRANSIT NETWORK
- PRESERVATION OF THE NATURAL ENVIRONMENT
- SPECIALIZED OPEN SPACES
- GREENBELTS AND WILDLIFE CORRIDORS
- CONSERVE RESOURCES · MINIMIZE WASTE
- EFFICIENT USE OF WATER
- ENERGY EFFICIENCY
- MIXED-USE DEVELOPMENT
- VARIETY OF HOUSING TYPES

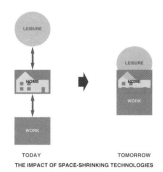

TODAY   TOMORROW
THE IMPACT OF SPACE-SHRINKING TECHNOLOGIES

A DESIGN WITH CLIMATE

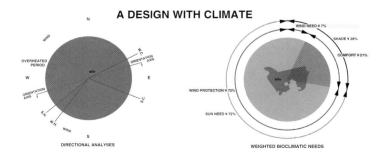

DIRECTIONAL ANALYSES   WEIGHTED BIOCLIMATIC NEEDS

Por expreso deseo del ayuntamiento, el proyecto de la nueva ciudad incluye un palacio de justicia e importantes áreas comerciales, a las cuales el plan director ha añadido importantes equipamientos públicos, destinados a satisfacer tanto las necesidades de la nueva comunidad como de las comunidades vecinas, y también a crear un núcleo urbano de carácter eminentemente peatonal para la urbanización. El plan director también comprende una considerable cantidad de espacio para oficinas e industria ligera, incorporando las últimas tecnologías de la telecomunicación aplicadas al trabajo, a la enseñanza y al ocio, evitándose así desplazamientos innecesarios.

Besides the residential component, the Williamsburg New Town scheme includes, at the city's request, a courthouse complex and major retail areas, to which significant public facilities have been added to fulfill the needs of the new and surrounding communities, providing a pedestrian-oriented civic core for the development. The masterplan also comprises a significant amount of space for offices and light industry, and incorporates state-of-the-art 'commuting-avoiding' telecommunication technologies for work, education, and leisure.

COMPLETE AND INTEGRATED COMMUNITY

A BALANCED COMMUNITY

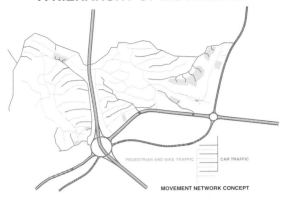

RESIDENTIAL
MAX. RESIDENTIAL
LIGHT INDUSTRY / OFFICES / R&D
MAX. LIGHT INDUSTRY / OFFICES / R&D
COURTHOUSE SITE
COURTHOUSE

COURTHOUSE COMPLEX
MIXED-USE (RETAIL, OFFICES, RESIDENTIAL)
RETAIL
INSTITUTIONAL, CIVIC, AND CULTURAL FACILITIES
PARKING
COMMONS

A HIERARCHY OF MOVEMENT

PEDESTRIAN AND BIKE TRAFFIC   CAR TRAFFIC

MOVEMENT NETWORK CONCEPT

La flexibilidad del plan director para la nueva ciudad de Williamsburg permite dar acomodo a poblaciones de diferente tamaño: desde un umbral crítico de unos 3.000 habitantes (el mínimo para una auténtica comunidad urbana), más 5.000 puestos de trabajo, hasta un máximo de 9.000 residentes y 10.000 puestos de trabajo (generando trabajos para las comunidades circundantes). El plan director está ideado de tal manera que el crecimiento se produzca gradualmente, a través de un proceso orgánico que emana radialmente desde tres centros urbanos organizados en torno a ejidos tradicionales ("commons").

The Williamsburg New Town's flexible masterplan can accommodate different population sizes: from a threshold critical mass of about 3,000 inhabitants (the minimum to establish a true urban community), plus 5,000 workplaces, up to a maximum of 9,000 residents and 10,000 workplaces (generating jobs for the surrounding communities). The masterplan is designed so that growth can take place gradually, through a organic process radiating from three urban centers organized around traditional 'commons'.

A PLAN FOR FLEXIBILITY

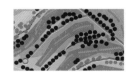

ATTACHED SINGLE-UNIT RESIDENTIAL
• Density: 160 lots / 10 acres
• 1900 sqft lots (typical)
• 1500 sqft / unit
• Two and a half storeys max. height

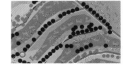

DETACHED SINGLE-UNIT RESIDENTIAL
• Density: 20 lots / 10 acres
• 1/3 acre lots (typical)
• 100' x 140' typical lot size
• Two and a half storeys max. height

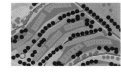

MULTI-UNIT RESIDENTIAL
• Density: 580 units / 10 acres
• 36 units per building (average)
• 1000 sqft typical unit size
• Three storeys max. height

A STRUCTURE OF OPEN SPACES

A STRATEGY FOR WATER

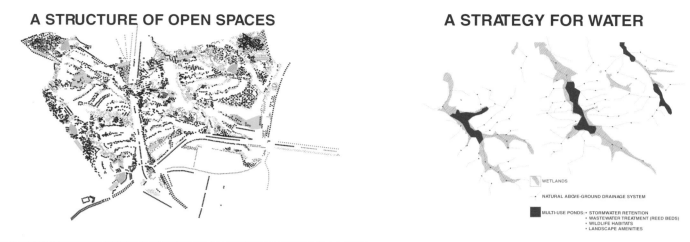

WETLANDS

• NATURAL ABOVE-GROUND DRAINAGE SYSTEM

MULTI-USE PONDS: • STORMWATER RETENTION
• WASTEWATER TREATMENT (REED BEDS)
• WILDLIFE HABITATS
• LANDSCAPE AMENITIES

N

0 200 400 600 800 1000 feet

0 100 200 300 400 500 meters

Middle Farm
Poundbury, Dorchester,
Reino Unido, 1988-
Leon Krier

Middle Farm
Poundbury, Dorchester,
United Kingdom, 1988-
Leon Krier

Los planes de expansión de Dorchester para los próximos 10 a 15 años contemplan la creación de cuatro comunidades urbanas, cada una de las cuales se concibe como un pueblo típico del condado de Dorset, con un familiar trazado de calles, plazas y ejidos (terrenos o pastos comunales), y con un tejido urbano compuesto de tipologías arquitectónicas locales, construidas con tecnologías y materiales tradicionales. Cada comunidad será autosuficiente en cuanto a enseñanza, empleo, comercio y ocio se refiere. Apoyado por la Organización Ducado de Cornwall del Príncipe de Gales, se espera que este nuevo barrio urbano llegue a convertirse en un modelo para las futuras ampliaciones de ciudades británicas.

El crecimiento de Poundbury está impulsado por la demanda del mercado. La construcción del primero de esos pueblos, Middle Farm, empezó en 1994, y la segunda fase se inició en 1996. Esta última comprende un importante componente de usos industriales ligeros, agrupados en torno a zonas de aparcamiento y servicio. También se está desarrollando un concepto de *telepueblo,* esto es, un pueblo en el que la gente desarrolla su trabajo sin moverse de sus casas, con ayuda de los modernos medios de telecomunicación.

Dorchester's expansion plans over the next 10-15 years have been planned into four urban communities, each conceived as a typical Dorset town or village with an ancestral urban pattern of streets, squares and commons, and a fine-grain urban fabric composed of local architectural types built with traditional construction technologies and materials. Each community will be self-sufficient in education, employment, shopping and leisure. Backed by the Prince of Wales's Duchy of Cornwall organization, this new urban quarter development is expected to become a model for future extensions of British towns.

The growth of Poundbury is driven by market demand. Construction of the first village, Middle Farm, started in 1994, while Phase II started in 1996. The latter comprises an important element of light industrial uses, grouped around parking and service courtyards. A tele-village concept is also being developed.

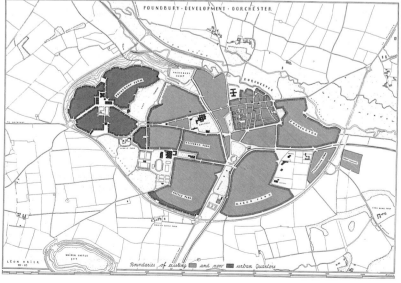

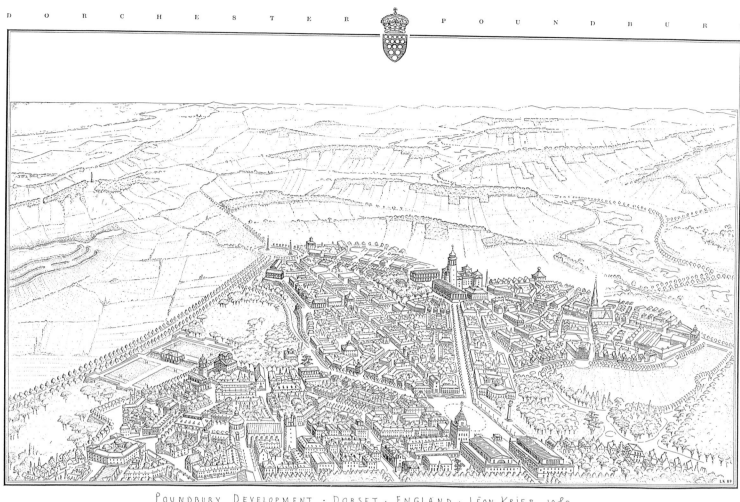

POUNDBURY DEVELOPMENT · DORSET · ENGLAND · LÉON KRIER 1989

En Poundbury, Leon Krier ha materializado sus ideas sobre la ciudad del futuro: un tejido urbano rico y complejo, con varios centros, compuesto de diversos barrios autosuficientes de uso mixto concebidos en función del peatón, evitando a toda costa los barrios monofuncionales excesivamente dependientes del coche y las abarrotadas y deshumanizadas periferias.

In Poundbury, Leon Krier has materialized his ideas for the city of the future: a complex and rich urban fabric, with several centers, made up of diverse mixed-use, self-contained, pedestrian-oriented quarters, avoiding large car-dependent monofunctional compounds and overcrowded, dehumanized peripheries.

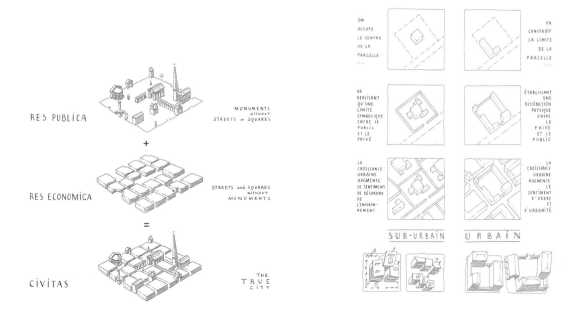

RES PUBLICA — MONUMENTS *without* STREETS or SQUARES

+

RES ECONOMICA — STREETS and SQUARES *without* MONUMENTS

=

CIVITAS — THE TRUE CITY

ON OCCUPE LE CENTRE DE LA PARCELLE ....

ON CONSTRUIT LA LIMITE DE LA PARCELLE ....

NE REALISANT QU'UNE LIMITE SYMBOLIQUE ENTRE LE PUBLIC ET LE PRIVÉ

ÉTABLISSANT UNE DISTINCTION PHYSIQUE ENTRE LE PRIVÉ ET LE PUBLIC

LA CROISSANCE URBAINE AUGMENTE LE SENTIMENT DE DÉSORDRE DE L'ENVIRON-NEMENT

LA CROISSANCE URBAINE AUGMENTE LE SENTIMENT D'ORDRE ET D'URBANITÉ

SUB-URBAIN

URBAIN

Por lo general, las calles de cada uno de los pueblos tienen un trazado irregular y serpenteante, lo que permite el control de la velocidad de los vehículos de forma natural, a la vez que se forman espacios públicos de carácter fuertemente indivi- dualizado.

Streets within each village are generally of an irregular and winding geometry, controlling the speed of vehicles in a nat- ural way and forming public spaces of a highly individual character.

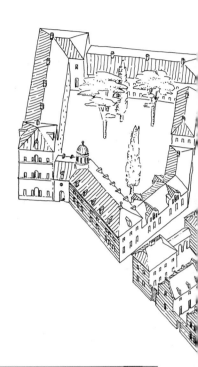

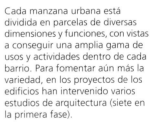

Cada manzana urbana está dividida en parcelas de diversas dimensiones y funciones, con vistas a conseguir una amplia gama de usos y actividades dentro de cada barrio. Para fomentar aún más la variedad, en los proyectos de los edificios han intervenido varios estudios de arquitectura (siete en la primera fase).

Plots of great dimensional and functional variety are mixed in each urban block, in order to offer a wide diversity of uses and activities within each quarter. Variety is furthered by the contribution of the different architectural firms responsible for the design of the individual buildings (seven firms for Phase I).

Torsted Vest

Horsens, Dinamarca, 1990-
Gruppen for by-og
landskabsplanlægning a/s

Torsted Vest

Horsens, Denmark, 1990-
Gruppen for by-og
landskabsplanlægning a/s

Torsted Vest es un terreno de 55 hectáreas situado al suroeste de la ciudad de Horsens, donde se está desarrollando un nuevo barrio experimental de 900 viviendas, de acuerdo con principios ecológicos y comunitarios.

El plan director está basado en cuatro puntos:
- Una ciudad saludable: Torsted Vest pondrá en práctica los objetivos a largo plazo del proyecto Ciudades Saludables de la Organización Mundial de la Salud (OMS), mediante la creación de una zona urbana *saludable* en el sentido más amplio del término. En este aspecto, se fomenta una variada combinación de usos y formas, poniendo especial énfasis en la seguridad y en la movilidad de las personas con minusvalías. Es indispensable el uso de materiales y métodos de construcción saludables y seguros.
- Participación comunitaria y control local: se anima a los futuros usuarios (residentes, vecinos y otras personas interesadas) a participar ampliamente en la planificación del proyecto. Se adopta un enfoque integral y se invita a cooperar a sectores tradicionalmente separados, a la vez que se desarrollan asociaciones público-privadas.
- Viviendas futuras y sistemas de construcción: en las viviendas de Torsted Vest se pondrá énfasis en la integración, la variedad, la organización espacial, la flexibilidad, los nuevos modos de vida, la democracia de base, los materiales de construcción saludables y de seguridad. El desarrollo tecnológico proporciona nuevas oportunidades para mejorar los sistemas de construcción, innovar las tipologías edificatorias y desarrollar una más rica gama de actividades cotidianas.
- Filosofía ecológica: partiendo de la base de que la ecología es la interacción entre la gente, el entorno edificado y la naturaleza, los proyectistas de Torsted Vest ponen el acento en las consideraciones ecológicas, a fin de crear una sociedad que equilibre la interacción humana con la naturaleza. A este fin, se aplica la ecotecnología a todos los niveles del proyecto.

Torsted Vest is a 55-hectare site in southwestern Horsens where a new experimental district of 900 dwellings is being developed in accordance with ecological and community principles.

The masterplan is based on four themes:
- **A healthy city: Torsted Vest will carry out the long-term goals of the World Health Organization (WHO) Healthy Cities Project by creating an urban area that is healthy in the broadest sense of the term. A mixed variety of uses and forms is encouraged and special attention is given to safety and the mobility of handicapped people. Healthy and safe construction materials and methods must be utilized.**
- **Community participation and local control: Future users (residents, neighbours and other interested people) are encouraged to participate broadly in planning the project. A holistic viewpoint is supported and traditionally divided sectors are learning to co-operate, while public-private partnerships are being developed.**
- **Future housing and construction: Housing at Torsted Vest will emphasize integration, variation, spatial arrangement, flexibility, new ways of living, expanded democracy, healthy building materials and loss prevention. Technological development provides new opportunities for improved construction processes, novel building uses, and diverse daily living activities.**
- **An ecological perspective: Taking the viewpoint that ecology is the interaction of people, built environment and nature, the designers of Torsted Vest aim to create a society that balances human interaction with nature by emphasizing ecological considerations. Ecotechnologies are applied throughout the development.**

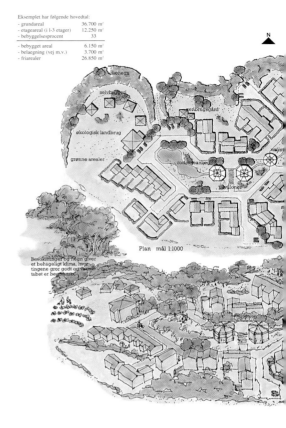

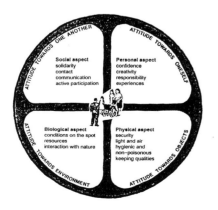

A town for everybody

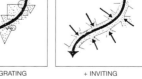

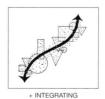 + INTEGRATING
 + INVITING
 + GATHERING

- SEGREGATING
- SHOWING OFF
 - SPREADING

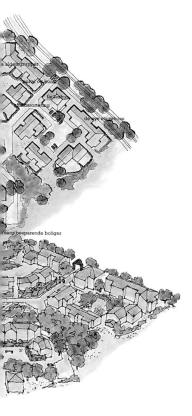

El nuevo distrito de Torsted Vest está organizado como una serie de barrios alrededor de un rosario de plazas públicas vinculadas mediante calles y senderos. Los diagramas (debajo) ilustran los principios rectores del plan director. Entre otras tecnologías aplicadas, el reciclaje de las aguas residuales domésticas se realiza en cada vivienda de una forma muy sencilla y eficaz.

The new Torsted Vest district is laid out as a series of neighborhoods organized around a sequence of public squares which are linked by streets and paths. The diagrams (below) illustrate the masterplan's guiding principles. Among other ecotechnologies, gray-water recycling is integrated into each dwelling in a very simple and effective way.

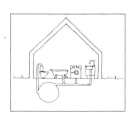

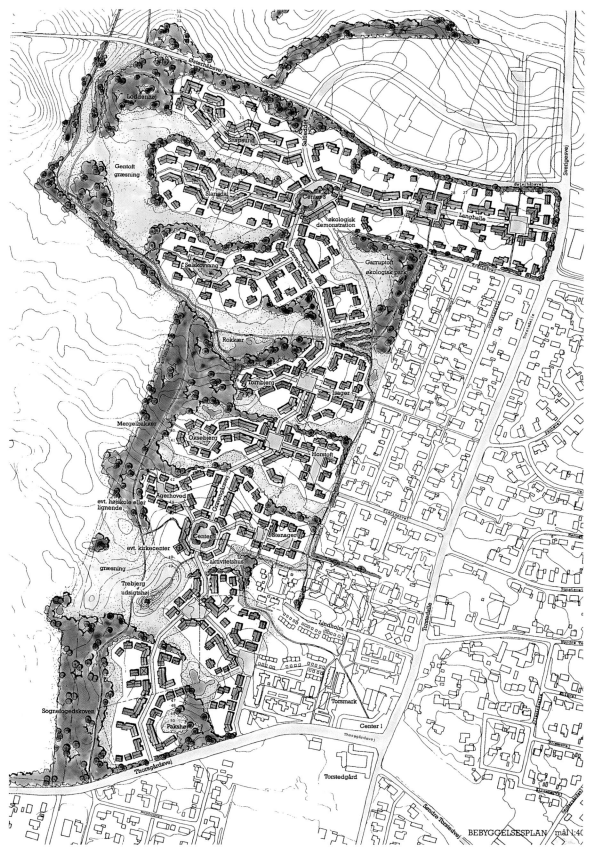

Nuevo centro urbano
Ho Chi Minh, Vietnam, 1994-
Koetter, Kim and Associates, Inc.

New City Center
Ho Chi Minh City, Vietnam, 1994-
Koetter, Kim and Associates, Inc.

COMUNIDAD **COMMUNITY**

Este ensanche sur de la antigua Saigón (hoy Ho Chi Minh) pretende ser la base para una nueva ciudad internacional, una ciudad donde las fuerzas de la industrialización global y el desarrollo económico puedan hallar una base y un foco de identidad en Vietnam. Dado que esta área de intenso desarrollo estará adyacente a la ciudad antigua, la nueva urbanización se ha organizado y estructurado de tal manera que no ponga en peligro las cualidades, escala e identidad del tejido urbano existente, sino que, por el contrario, contribuya a realzarlas.

La escasez de suelo disponible y los elevados costos inherentes al suelo de recuperación obligaron a adoptar una forma de urbanización concentrada y compacta que aprovechase al máximo las estructuras fluviales y terrestes existentes. Este enfoque se apoya así mismo en el tejido urbano del Saigón actual, una ecléctica mezcla de tradiciones locales e importadas. Desde finales del siglo XVIII, las construcciones autóctonas coexisten con las tipologías constructivas y los elementos urbanos europeos (calles, bulevares, parques), que se transformaron y adaptaron para responder a las condiciones climáticas locales. Como resultado de este proceso, la estructura general de la ciudad (y de otras muchas ciudades asiáticas) se compone de numerosos subbarrios, definidos y conectados entre sí por arterias importantes. Este heterogéneo y fértil entorno, habitado por una dinámica y variada comunidad humana, proporciona un sugerente modelo para futuras actuaciones urbanísticas. El reto del proyecto reside en cómo sacar partido de los muchos aspectos positivos que ofrece este complejo ejemplo urbano, si bien soslayando sus inconvenientes.

This southern extension of old Saigon (now Ho Chi Minh City) is intended to form the basis of a new international city – a city whereby the forces of global industrialization and economic development would find a home and an identity focus in Vietnam. As this area of intense development will be adjacent to the old city, it is arranged and structured so that the new urban development will not jeopardize but rather enhance the qualities, scale and identity of the existing city.

Restrictions of usable land and high land reclamation costs implied a concentrated and compact development form that could take full advantage of the existing waterway and land patterns. This notion was further validated by Saigon's present urban fabric, an eclectic mix of both local and imported traditions. Since the late 18th century, indigenous constructions have coexisted with European building types and urban elements (streets, boulevards, parks) that were adapted to local situations and transformed to respond directly to the climatic conditions of the place. As a result, the general structure of the city (similar to many Asian cities) tends to be made up of many internally complex sub-districts defined and connected by major streets. A thriving, diverse human community inhabits and enlivens this heterogeneous and fertile environment, providing a suggestive model for future developments. The project 's challenge is how to benefit from the many positive aspects that such a complex urban paradigm offers while addressing its drawbacks.

Office Uses
Site-wide floor area

Residential Uses
Site-wide floor area

Commercial Uses
Site-wide floor area

Public Uses
Site-wide floor area

Street Pattern

Open Space
System

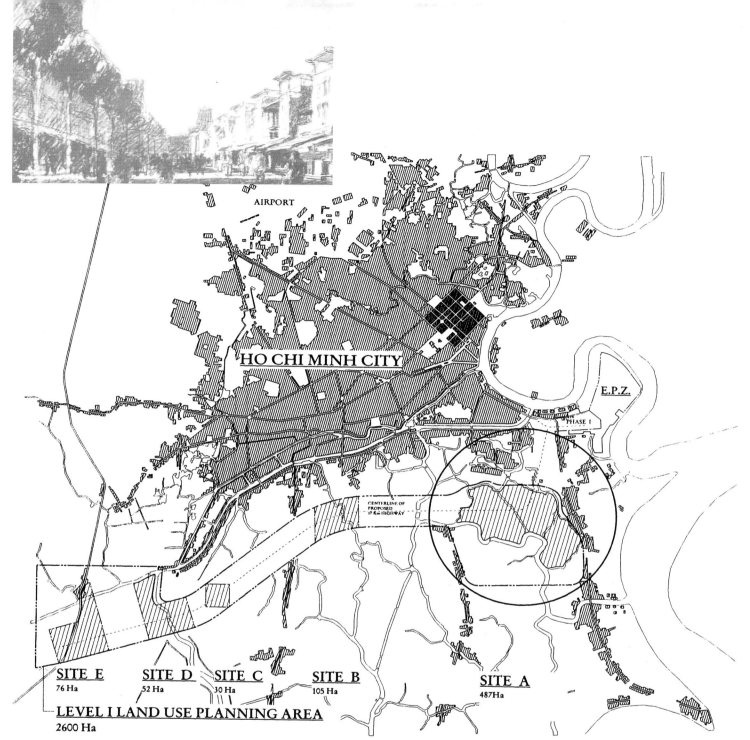

AIRPORT

HO CHI MINH CITY

E.P.Z.

PHASE I

CENTERLINE OF
PROPOSED
17 Km HIGHWAY

SITE E
76 Ha

SITE D
52 Ha

SITE C
30 Ha

SITE B
105 Ha

SITE A
487 Ha

LEVEL I LAND USE PLANNING AREA
2600 Ha

La totalidad del nuevo centro urbano se relaciona con su entorno natural mediante una amplia zona de parque semidefinida a orillas del río. El parque Ho Chi Minh, ideado como una reserva natural y un equipamiento recreativo en el corazón de la ciudad nueva, es también un recurso medioambiental de primer orden para la retención, depuración y almacenaje del agua de lluvia.

The whole of the new city center is related to its larger natural environment by way of a large semi-defined riverside park space. A natural preserve and recreational facility at the heart of the new city, the Ho Chi Minh park is also an important environmental resource for rain and run-off water retention, cleansing and storage.

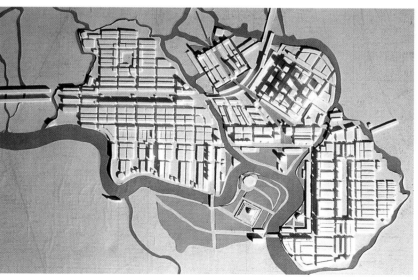

Los nuevos barrios de la ciudad se organizan por sectores o combinaciones de amplias parcelas estilo manzana, de 200 a 400 metros de lado, delimitadas por calles importantes. El interior de esas manzanas admite una amplia variedad de usos y tipos de edificio. Los pasajes públicos importantes y los espacios abiertos se organizan de modo que se aprovechen al máximo las corrientes de aire naturales y las brisas refrescantes.

The new quarters are organized into sectors of large block-like parcels two to four hundred meters on a side, delimited by main thoroughfares. Internal to these blocks, a wide variety of uses and building patterns can occur. Major public passages and open spaces are arranged to take maximum advantage of natural winds and cooling breezes.

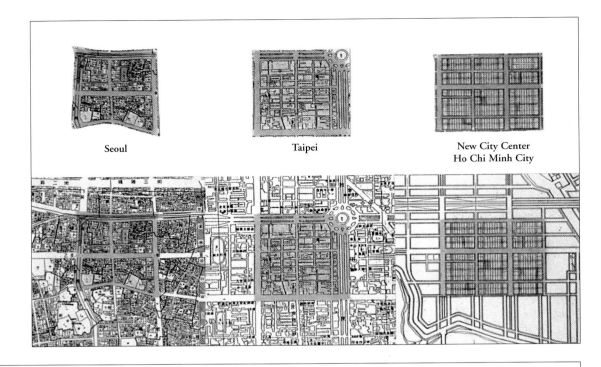

Seoul

Taipei

New City Center
Ho Chi Minh City

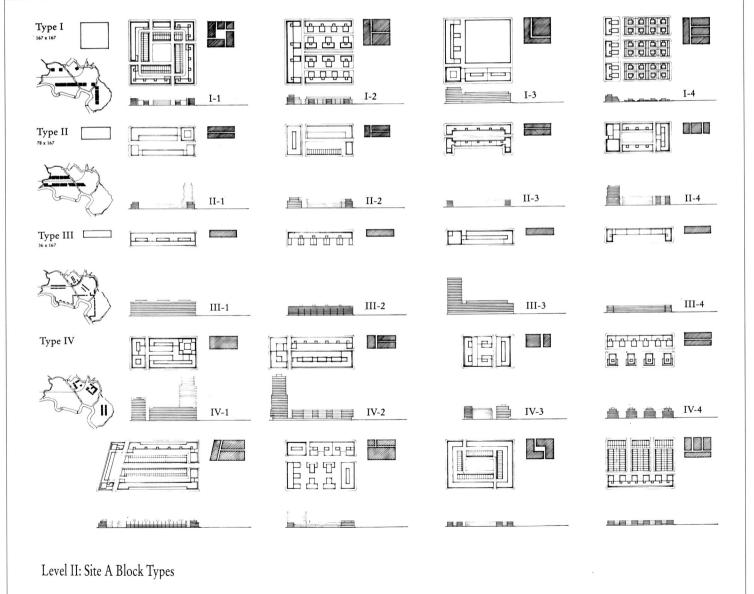

Type I
167 x 167

I-1 I-2 I-3 I-4

Type II
78 x 167

II-1 II-2 II-3 II-4

Type III
36 x 167

III-1 III-2 III-3 III-4

Type IV

IV-1 IV-2 IV-3 IV-4

Level II: Site A Block Types

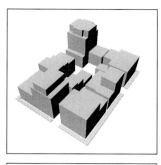

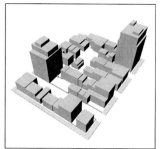

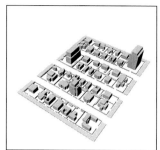

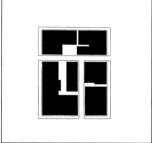

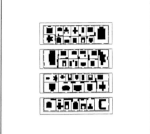

High Building Coverage
Suitable for the dense urban areas of the city center

Medium Building Coverage
Suitable for mixed-use and medium density residential areas

Low Building Coverage
Suitable for residential areas and recreational areas

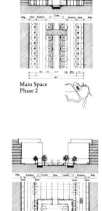

Linear Space
Phase 1

Main Space
Phase 2

Main Space
Phase 3

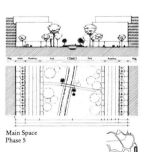

Main Space
Phase 5

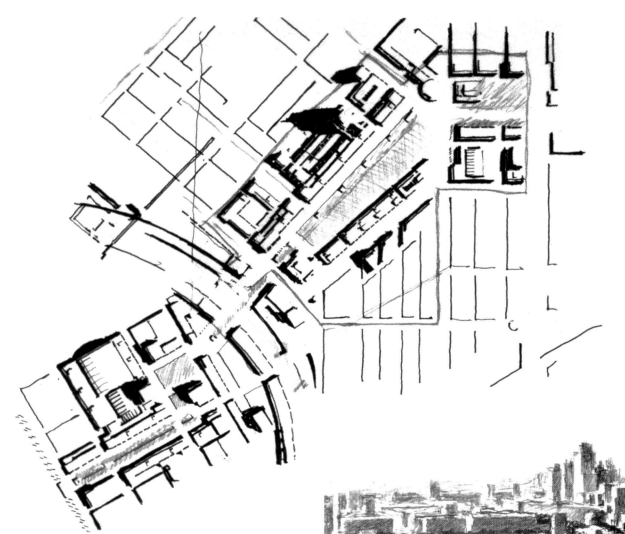

Prairie Crossing
Grayslake, Illinois, EE UU, 1987-
Peter Walker, William Johnson & Partners

Prairie Crossing
Grayslake, Illinois, USA, 1987-
Peter Walker, William Johnson & Partners

Prairie Crossing es una comunidad de conservación de recursos naturales ubicada en Liberty Prairie Reserve, una reserva natural de 800 hectáreas de bosques, marismas, campos y alquerías que data de los primeros tiempos de la colonización, durante el siglo XIX. El terreno fue adquirido por un grupo de nueve familias vecinas, en un intento de protegerlo contra los excesos de la urbanización intensiva. En su lugar, el grupo pretende desarrollar una comunidad basada en la conservación del carácter rural tradicional de la zona. Sus principios rectores son: protección y mejora del entorno; modo de vida saludable; sentido del lugar; atmósfera de comunidad; diversidad económica y social; transportes adecuados y eficientes; conservación de la energía; aprendizaje y educación continuos; diseño agradable y construcción de alta calidad; y, por último, viabilidad económica.

La idílica idea original consistía en grandes campos con casas rodeadas de amplios espacios de cultivo. Sin embargo, el concepto inicial evolucionó hacia otro de carácter más comercial y ecológicamente sostenible, basado en una gran granja *orgánica* (sin empleo de productos químicos) organizada alrededor de una urbanización concentrada. La granja quedará protegida frente a los avances de la urbanización y será atendida por granjeros del lugar, los cuales tendrán ocasión de vender sus productos a los residentes de la urbanización. Los residentes también podrán alquilar sus propias parcelas comunitarias.

El número de viviendas está limitado por el plan director exactamente a 317 casas unifamiliares, para evitar los peligros de eventuales subdivisiones. De las 265 hectáreas de la urbanización, 140 (el 52%) se dedicarán a prados, pastos, campos de cultivo, huertos, marismas y lagos. Las parcelas para edificar sólo ocuparán 53 hectáreas, el 20% del total (esta cifra se acerca al 70% en la mayoría de los suburbios residenciales típicos de Estados Unidos). En consecuencia, predominan los espacios libres con casi el 70% del suelo disponible.

Tres equipos de arquitectos se han encargado de diseñar 16 modelos diferentes de casa, inspirados en las granjas locales; las casas se emplazarán en cuatro tipos distintos de parcela, caracterizadas su tamaño, ubicación y vistas. En el proyecto también se ha previsto la remodelación de varias granjas existentes, incluyendo un vasto granero que se convertirá en centro comunitario y mercado de productos agrícolas locales.

Prairie Crossing is a conservation community located in the Liberty Prairie Reserve, a 800-hectare preserve of forests, marshes, fields and farmsteads dating back to the early days of settlement in the 1800's. The land was acquired by a group of eight neighboring families aiming to protect the site from intense development. The group sought to develop, instead, a community based on the preservation of the rural character traditional in the area. Their guiding principles are: environmental protection and enhancement; a healthy lifestyle; a sense of place; a feeling of community; economic and social diversity; convenient and efficient transportation; energy conservation; lifelong learning and education; pleasing design and high-quality construction; and economic viability.

The original vision was one of large fields with houses surrounded by ample farming space. The concept evolved into a more marketable and ecologically sustainable one based on a large chemical-free organic farm wrapped around a concentrated development site. The farm is protected from future development and will be tended by local farmers, from whom the residents can buy produce. Additionally, residents can also rent their own community plots.

The number of dwellings is limited by the masterplan to exactly 317 single-family homes to prevent the dangers of conventional subdivision development. Of the development site's total of 265 hectares, 140 (a 52%) will be devoted to prairies, pastures, farm fields, gardens, marshes and lakes. House lots occupy only 53 hectares, or about 20% of the development site (this figure approaches 70% in typical suburban developments in the US). Hence, almost 70% of the land is open space.

Sixteen different home types, inspired by local farmhouses, have been designed by three architectural firms; they will be placed on four different kinds of lots, depending on their size, location, and views. The project will also recycle several old farm buildings, including a large barn which will become a community center and farmer's market.

Prairie Crossing
A CONSERVATION COMMUNITY

Legend:
- Fields Lots
- Prairie Lots
- Village Lots
- Meadows Lots
- Parks
- Greens
- Beach
- Buildings
- Wetland
- Farm
- Outparcel
- Non Residential
- Prairie
- Lakes
- Trees

El plan director de Prairie Crossing crea cuatro tipos de parcela: parcelas para "casas de pueblo", ubicadas en un pueblo neotradicional, con su plaza del mercado y parque (página anterior); parcelas para "casas de la llanura", organizadas en grupos de ocho, con vistas sobre la campiña y reminiscencias de las granjas originales; parcelas para "casas de la pradera", emplazadas frente a grandes zonas comunes ajardinadas, con vistas sobre los campos, marismas o lagos en la parte trasera; y "casas de campo" emplazadas al borde de los campos de cultivo.

The masterplan creates four kinds of lot: 'Village' home sites in a neo-traditional village with a Market Square and Village Green (opposite page); 'Prairie' sites, arranged in groups of eight, with views over open fields and reminiscent of old farmsteads; 'Meadow' sites face large, landscaped common areas in front and overlook fields, marshes or lakes in back; and 'Field' sites border farm fields.

Ecoísla
Barcelona, España, 1993-
Javier Barba, Estudio BC Arquitectos

EcoIsland
Barcelona, Spain, 1993-
Javier Barba, Estudio BC Arquitectos

La reciente reurbanización de la fachada costera de Barcelona, con ocasión de los Juegos Olímpicos de 1992, ha proporcionado a los barceloneses y a los visitantes de la ciudad un nuevo e impresionante acceso al mar. El objetivo de esta propuesta es enriquecer aún más la diversidad de la recién adquirida fachada marítima –playas, puertos deportivos y aguas azules salpicadas de velas de wind-surf– con un nuevo y distintivo componente. La "ecoísla" pretende atenuar ese indefinible aire de espacio urbano que desprende la recién ganada franja costera, añadiéndole nuevos usos y proporcionando a la actual fachada marítima algunas de las formas paisajísticas comunes en la Costa Brava.

Dos colinas artificiales "anclan" una isla artificial de 8 hectáreas de superficie, situada unos 40 metros mar adentro y conectada con tierra firme por medio de un puente bajo. La isla tiene forma de anillo, proporcionando abrigo a un puerto deportivo interior, viviendas en hilera, restaurantes, bares y tiendas. La visión que se tiene desde tierra firme y desde el mar es la de una isla boscosa, salvaje, cubierta de encinas y pinos.

La filosofía básica del proyecto es la arquitectura bioclimática integrada. De hecho, uno de sus objetivos principales es demostrar fehacientemente que las ecotecnologías son compatibles con una construcción económicamente eficiente.

The recent redevelopment of Barcelona's waterfront on the occasion of the 1992 Olympic Games has provided the city's residents and visitors with a new and impressive access to the sea. The objective of this proposal is to further enrich the waterfront's newly acquired diversity of sandy beaches, blue waters, sailboat-filled harbours, and myriad of windsurfers with a new and distinctive component. The 'EcoIsland' intends to diminish the somewhat disappointing current 'urban' feeling by adding some new functions and bringing to the waterfront some of the landscape forms common in the northern Costa Brava.

Two artificial hills serve as the anchors for an eight-hectare landfill island, located about 40 meters out into the sea and connected to the mainland by a low bridge. The island has a ring shape, providing shelter to an inner marina with a leisure harbour, terraced apartments, restaurants and bars, and shops. From the outside, looking from the city and the sea, the aspect is that of a wild, green wooded island, covered with holm oaks and pine trees.

Integrated bioclimatic architecture is here a basic principle. In fact, one of the project's objectives is to demonstrate how cost-effective construction can be made compatible with ecotechnologies.

A fin de ahorrar energía, todos los edificios de la ecoísla están semi-enterrados, y se utilizan sistemas activos y pasivos de energía solar, asi como ventilación natural. Se utilizan sistemas generadores fotovoltaicos para fines públicos, como el alumbrado de las calles y el tratamiento del agua. Los coches quedan totalmente ocultos en un garaje enterrado bajo la *colina* (ver sección en página anterior) lo que contribuye al carácter íntimo de un entorno concebido como esencialmente peatonal.

All buildings in the EcoIsland are earth-sheltered, and passive and active solar design elements are utilized throughout, as is natural ventilation. Photovoltaic generation systems are used for public purposes, such as street lighting and water treatment. Cars are kept out of sight by means of a parking garage located below the 'hill' (see cross-section, opposite page) thus ensuring an intimate, pedestrian-oriented environment.

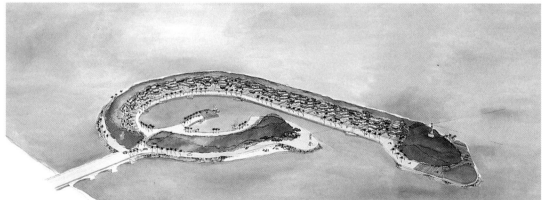

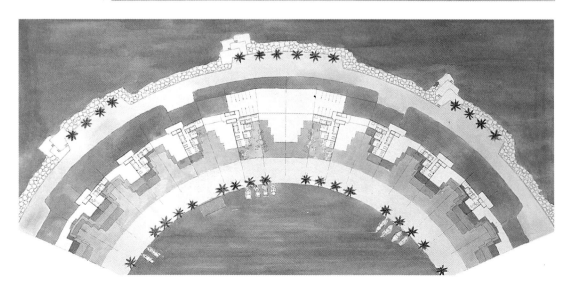

Centro turístico Las Terrenas
República Dominicana, 1989-
Gigantes Zenghelis Architects (GZA)

Las Terrenas Resort
Dominican Republic, 1989-
Gigantes Zenghelis Architects (GZA)

La infraestructura necesaria para mantener un centro de vacaciones de lujo es comparable a la de una pequeña ciudad. La infraestructura convierte el territorio virgen inicial en un campo magnético de oportunidades económicas; en su calidad de inversión, es una colonización inmediata. A menudo, los centros turísticos actúan como punto de partida para una futura aldea, pueblo o incluso ciudad.

En este *invisible* aunque *inevitable* contexto, ¿cómo proyectar un centro turístico que, además de cumplir sus funciones esenciales (descanso, evasión, recreo, sin olvidar la rentabilidad económica), asegure la interacción social y la accesibilidad como componente de una futura ciudad? ¿Como hacer que *sugiera,* por su propio diseño, un desarrollo urbano que haga preferible la agrupación (es decir, concentración) a su alrededor a la dispersión a lo largo de la franja costera, solución que sin duda acabará por resultar aún más dañina para el paisaje? Éste es el reto que afronta este proyecto.

El modelo elegido fue el Central Park de Manhattan: un corazón silvestre en el centro de un terreno urbano. Lo *duro y arquitectónico* (es decir, las calles y los edificios) se utilizó para marcar los límites del terreno y lo *silvestre,* el mar, se extendió tierra adentro en forma de una bahía artificial, con el bosque y la sierra como espalda del emplazamiento. Así se forma, tierra adentro, una zona atractiva además de un pulmón verde para la futura urbanización, la cual ya dispondrá de vías de acceso.

The infrastructure needed to sustain a luxury resort is equivalent to that of a small city. Infrastructure transforms territory from a virgin state to a magnetic field of economic opportunity; as an investment, this means instant colonization. A resort will often act as a starting point for a future village, town or even city.

In this 'invisible yet inevitable' context, how does one plan a resort that will fulfill its own function (relaxation, escape, pleasure – and economic success) while ensuring social interaction and accessibility within a future town, and by the logic of its own design 'suggest' a surrounding urban development plan that will make clustering (i.e. concentration) around the resort more desirable than a sprawling coastal strip which will further damage the landscape? That is the challenge the project takes up.

Manhattan's Central Park was used as a model: a wild heart in the middle of an urban terrain. The hard and architectural, i.e. the roads and buildings, were used to mark the boundaries of the site, and the wildness of the sea extended inland in the form of a human-made saltwater bay, a forest and a sierra to the back of the site, forming an inland zone of 'desirability' and a green 'lung' for future development with access roads already in place.

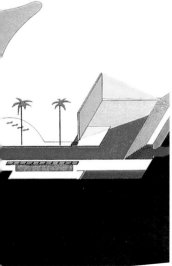

Todos los edificios de Las Terrenas están orientados para aprovechar los vientos dominantes NE/SO como ventilación natural. El bosque se convierte en un jardín botánico para la isla y, en compensación por haber introducido el mar dentro de sus lindes para uso propio, el centro veraniego *dona* a la playa y al mar nuevas islas artificiales y puntos de actividad.

All buildings in Las Terrenas are placed to catch the NE/ SW prevailing winds for natural ventilation. The forest becomes a botanical museum for the island and, in return for bringing the sea inside its boundaries for its own use, the resort 'donates' to the beach and sea new artificial islands and points of activity.

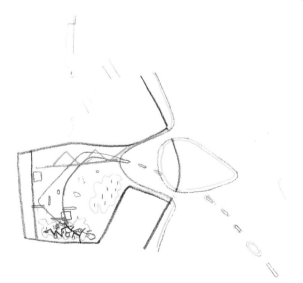

E C O R E S O R T S

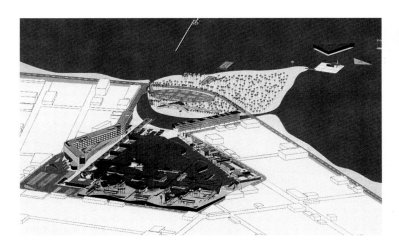 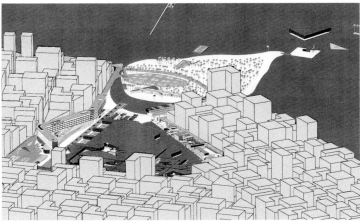

En Las Terrenas, lo denso y lo urbano —edificios, calles, servicios, aparcamiento— se relegan a la periferia, constituyendo y delineando el linde, pero no como lo haría un muro sino a la manera de un vestíbulo permeable para una futura "urbanidad" (arriba). La variedad de tratamientos del terreno contribuye decisivamente a la amenidad del conjunto: asfalto, arena, embaldosados, agua salada, agua dulce, césped, bosque, grava. La yuxtaposición de materiales —cuya naturaleza dictamina su uso— crea una coreografía interna a la que se acoplan los edificios y que constituye el descubrimiento arquitectónico del territorio.

At Las Terrenas, the dense and the urban –buildings, roads, service, parking– are relegated to the edge and delineate the boundary: not as a wall, but as a permeable entrance area in a future 'urbanity' (top). What animates the plan are the different terrains: asphalt, sand, tile paving, salt water, fresh water, lawn, forest, gravel. The juxtaposition of terrains –whose natures dictate their use– creates an internal choreography which is the architectural invention of the site and to which the buildings adhere.

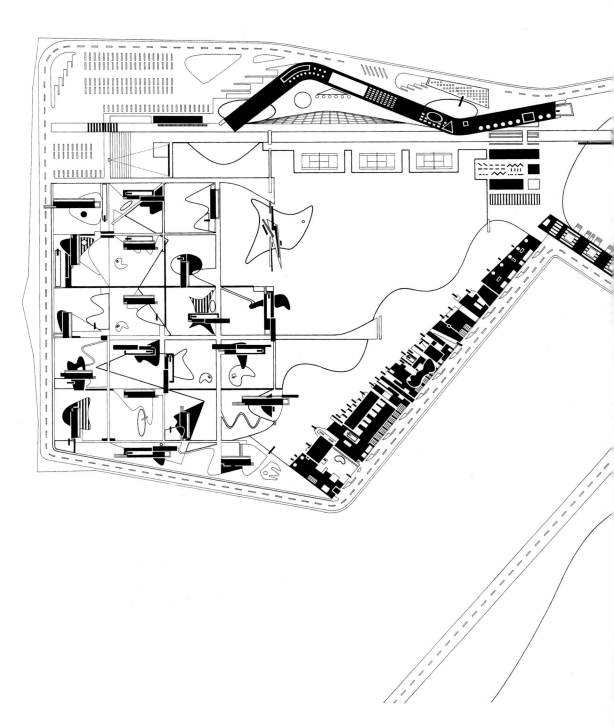

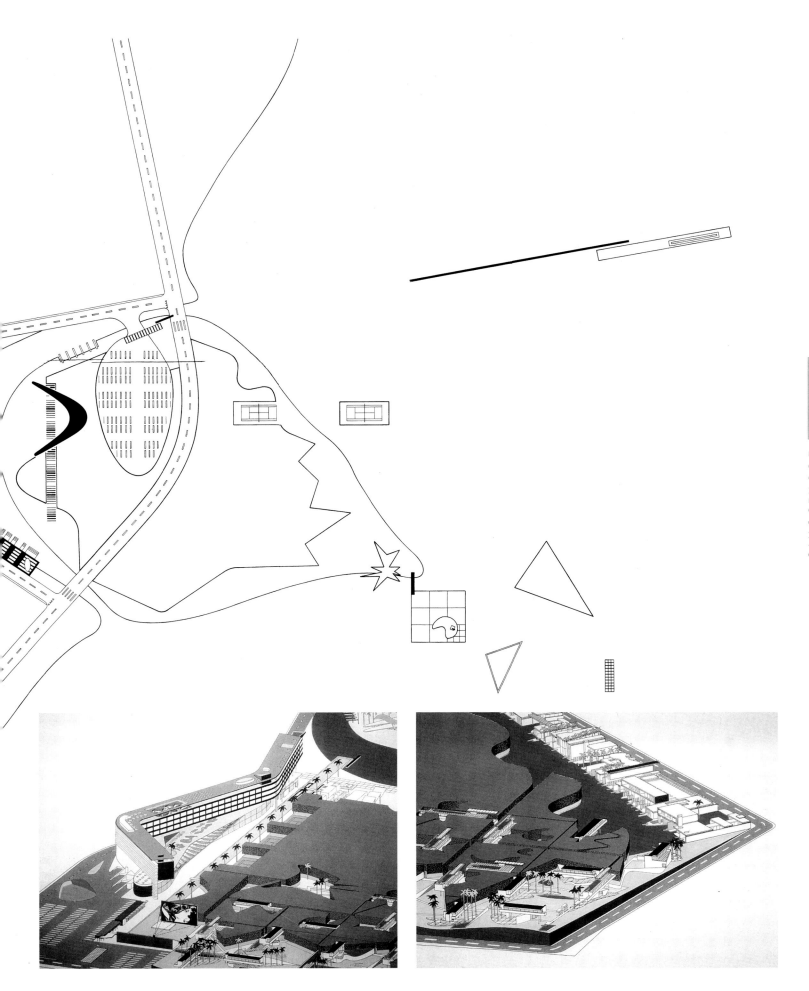

Seven Spirit Wilderness
Arnhem Land, Territorio del Norte,
Australia, 1988-1990
. EcoSystems, Landscape Architects
and Environmental Planners

Seven Spirit Wilderness
Arnhem Land, Northern Territory,
Australia, 1988-1990
EcoSystems, Landscape Architects
and Environmental Planners

El Parque Nacional de Gurig está ubicado en la remota península de Cobourg, en el Territorio del Norte de Australia. El parque posee una rica diversidad de ecosistemas costeros, incluyendo playas, dunas y praderas, manglares tropicales, marismas y lagunas de agua dulce, bosques monzónicos y zonas de selva cerrada. El objetivo de esta actuación era ofrecer una experiencia selvática a los turistas que retuviera todo el sabor de las cualidades naturales del lugar, al tiempo que proporcionase unos ingresos económicos a sus propietarios aborígenes. El perfil al que está destinado este centro es el de un viajero experto y entendido, que sabe apreciar la fuerza, belleza y fascinación del contacto con un entorno salvaje.

El objetivo principal del proyecto fue el de extremar los beneficios para el entorno natural. Si se ponía en peligro el entorno, la experiencia vital de los huéspedes quedaría perjudicada en la misma medida.

El primer paso esencial fue la elección de un emplazamiento que tuviera la suficiente capacidad para soportar los impactos de la urbanización y que fuera fácilmente rehabilitable para que se pudieran borrar los rastros del proceso de construcción. Esta fase se realizó en colaboración con los propietarios, los moradores indígenas de la zona; se trataba de buscar un lugar que precisara poca limpieza de vegetación, abierto a las brisas refrescantes y que dispusiera de un buen drenaje natural. El siguiente objetivo fue el de evitar que el paisaje mostrara signos de haber sido *diseñado*; se trataba, por el contrario, de preservar las cualidades intrínsecas del entorno natural.

Este enclave turístico no contiene campo de golf o pistas de tenis. Se pretende que la actividad turística que en él se desarrolle produzca un impacto mínimo sobre el entorno y que las actividades que se desarrollen sean la observación de los pájaros, la pesca, los paseos por los chaparrales, la fotografía y la exploración de manglares, lagunas, dunas, praderas o mágicas playas vírgenes. Tanto las 24 casas individuales para huéspedes, como la recepción, el salón, el bar, el restaurante y la piscina están ubicados en pleno bosque. El acceso de los visitantes al enclave se realiza en barco.

Gurig National Park is located on the remote Cobourg Peninsula in the Northern Territory of Australia. The park contains a rich diversity of coastal ecosystems including sandy beaches, dunes and associated grasslands, tropical mangroves, freshwater swamps and lagoons, monsoon vine forest and areas of closed forest. The objective of this development was to provide a wilderness experience for tourists which conserved the unique natural qualities of the place while providing an economic return to its Aboriginal owners. The target market was identified as the aware and discerning traveller who appreciates the depth, beauty and fascination of interacting with a wilderness environment.

The major objective behind the site planning and design of the facilities and infrastructure was to maximise the outcome for the natural environment. If the environment were compromised, the experience of the guests would similarly be diminished.

Selection of a site with the capability to withstand the impacts of development and to be rehabilitated easily in order to remove the evidence of the construction process was an essential first step. This was done in collaboration with the traditional owners, in a joint search for a location which required little woodland clearing, open to refreshing breezes, and well-drained. The principal goal then became not to appear to design the landscape, but rather to preserve the intrinsic qualities of the natural environment.

This tourist resort has no golf courses or tennis courts. The tourist activities are intended to have a low impact on the environment with an emphasis on bird watching, fishing, walking through the chaparral, photography and exploring the unique mangrove swamps, lagoons, dunes, grasslands and magical isolated beaches. The 24 individual guest houses and the centrally located reception, lounge, bar, restaurant and swimming pool are set in woodland. Visitors reach the resort by boat.

SEVEN SPIRIT WILDERNESS

CORAL BAY   COBOURG PENINSULAR   NORTHERN TERRITORY

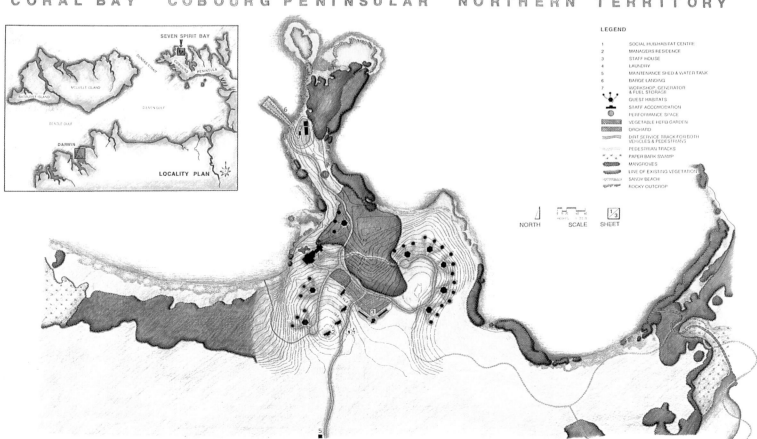

LOCALITY PLAN

LEGEND

1 SOCIAL HUB/HABITAT CENTRE
2 MANAGERS RESIDENCE
3 STAFF HOUSE
4 LAUNDRY
5 MAINTENANCE SHED & WATER TANK
6 BARGE LANDING
7 WORKSHOP, GENERATOR & FUEL STORAGE

   GUEST HABITATS
   STAFF ACCOMODATION
   PERFORMANCE SPACE
   VEGETABLE HERB GARDEN
   ORCHARD
   DIRT SERVICE TRACK FOR BOTH VEHICLES & PEDESTRIANS
   PEDESTRIAN TRACKS
   PAPER BARK SWAMP
   MANGROVES
   LINE OF EXISTING VEGETATION
   SANDY BEACH
   ROCKY OUTCROP

NORTH   SCALE   SHEET 1/3

Puerto Escondido
Baja California, México, 1985-
François Spoerry

Puerto Escondido
Baja California, Mexico, 1985-
François Spoerry

Puerto Escondido es una bahía natural de sobrecogedora belleza que ofrece una buena protección para el anclaje de barcos. El gobierno mexicano apoyó el lugar como ideal para crear un centro de vacaciones de alta calidad, a fin de generar ingresos en una zona necesitada. El éxito de la idea parece garantizado, dada la proximidad del enclave a Estados Unidos; Los Ángeles queda a sólo una hora de vuelo.

El reto para políticos, promotores y proyectistas consistía en cómo urbanizar el terreno sin destruir precisamente aquello que lo hacía tan atractivo: su entorno natural. Para evitar un exceso de urbanización, la mayor parte de las 6.400 hectáreas del terreno fue calificada como protegida y no urbanizable. La urbanización se concentrará en una nueva ciudad para 200.000 habitantes, organizada en barrios urbanos. Cada barrio desarrollará su propia temática: pueblos de pescadores, pueblos fortificados, etc., con sus respectivas identidades, actividades e imágenes arquitectónicas.

El corazón de la ciudad será un centro dotado de un fuerte acento urbano, concebido como si hubiera evolucionado a partir de un pasado colonial, que se irá fusionando gradualmente con los *pueblos* circundantes. El centro está ubicado en la costa de la amplia bahía natural, de tres kilómetros de desarrollo, e incluye el puerto, la terminal de cruceros, una iglesia, varios edificios administrativos, mercados y hoteles. En las cercanías, se ha creado un poblado lacustre organizado en torno a una intrincada red de canales.

Puerto Escondido is a natural bay of striking beauty, offering well-sheltered moorings. The site was endorsed by Mexico's government as the location of a new high-quality resort development to generate much needed income. Its success seems guaranteed by its close proximity to the United States: Los Angeles is just an hour away by plane.

The challenge for public officials, developers and designers was how to develop the site while avoiding the destruction of precisely what made it so attractive: its natural setting. To avert excessive urbanization, most of the site's 6,400 hectares were designated as protected and non-developable. Development will be concentrated in a new city for 200,000 inhabitants, organized in several urban neighborhoods. Each neighborhood or quarter will have its own theme: fishing villages, fortress towns and 'pueblos' will have specific identities, activities and architectural expressions.

The heart of the city is a town center with a strong urban character, created as if it had evolved from the colonial past, and merging gradually with the surrounding villages. The center is located on the shore of the three-kilometer wide natural bay and includes the port, the cruise liner terminal, a church, administrative buildings, markets and hotels. Nearby, a lagoon village is organized around an intricate canal system.

Los pueblos de Puerto Escondido parecerán una prolongación de las formaciones paisajísticas existentes sobre las que se van a construir. La composición general, el color y los materiales coadyuvarán a su adecuada armonización con el entorno. Los edificios, de diseño sencillo, están inspirados en las tradiciones locales y se escalonan en diferentes niveles.

The Puerto Escondido villages will appear as an extension of the existing landscape formations upon which they will be built. Color, materials and overall composition will ensure their blending with their surroundings. Simple in design, the buildings are inspired by local tradition and terraced in different levels.

Nueva ciudad Feng Shui
Nara, prefectura de Nara, Japón, 1994
Tsutomu Shigemura & Team Zoo
Grupo investigador estudiantil de la
Universidad de Kobe

New Feng Shui City
Nara, Nara Prefecture, Japan, 1994
Tsutomu Shigemura & Team Zoo
Kobe University Student Research Group

Esta propuesta de renovación de Nara, la antigua capital de Japón, y sus alrededores se basa en los principios Feng Shui para organizar un plan de renovación urbana. Feng Shui, literalmente "el camino del viento y de las corrientes de agua", es la metodología tradicional china para adivinar el potencial de prosperidad y fortuna de un lugar determinado, el cual es contemplado como el resultado de una interacción simbiótica entre la sociedad humana y el entorno natural. El concepto pretende entrelazar las ricas tradiciones artísticas, artesanales, literarias y filosóficas locales con el tejido edificado moderno y el entorno natural original.

La organización de la propuesta gira en torno a siete principios rectores (ver diagramas):
1. Jōbō-Amida: interacción entre la retícula urbana tradicional china (Jōbō), sumamente racional y organizada, y la parcelación basada en el juego de azar de Amida (uno de los cinco budas de la contemplación), como modelo para integrar los elementos antiguos de la ciudad con los nuevos.
2. Rosario de naturaleza: la ciudad está rodeada de bolsas de naturaleza interconectadas que incluyen: la vegetación, el camino natural del viento (NE-SO) y las corrientes de agua de los ríos que discurren de este a oeste a través de Nara.
3. Equilibrio de los recursos ecológicos: mantenimiento del ecosistema por medio de una relación simbiótica con la naturaleza, incluyendo el pasado (restauración de los cursos de agua naturales originales) y el futuro (explorando sistemas de reciclaje microbiológico del agua, el suelo y los residuos).
4. Escenario de tierra y vida: Nara ocupa la zona más baja de una cuenca curva rodeada de montañas. Las normas de limitación de la altura de los edificios refuerzan la percepción de la topografía (es decir, edificios más altos en la periferia y más bajos en el centro).
5. Unidad cooperativa Jōbō: los residentes trabajan conjuntamente en la gestión del entorno natural y social de su manzana.
6. Disfrutar las vistas: controlar las vistas existentes y la futura urbanización para crear nuevas perspectivas urbanas.
7. Construir la identidad futura a partir del pasado: crear una nueva identidad de la ciudad, uniendo su imagen con las cualidades intemporales de su belleza natural, sus movimientos artesanales y su cultura filosófico/espiritual.

This proposal for the rejuvenation of the old capital city of Nara and its environs is based on the principles of Feng Shui to organize an urban renewal plan. Feng Shui, literally 'the way of wind & currents of water', is the traditional Chinese approach for divining the potential for prosperity and luck for a given environment. This is seen as the result of a symbiotic interaction between human society and the natural environment. The concept seeks to weave together the area's rich traditions of arts and crafts, literature and philosophy with the modern built environment and the original natural environment.

The proposal's organization revolved around seven guiding principles (see diagrams):
1. Jōbō-Amida: looking to the interaction of the traditional Chinese city planning grid (Jōbō) –highly rational and organized– and the drawing of Amida (Buddhist deity) lots –a game of chance– as a role model for integrating the old elements of the city with the new.
2. Rosary of nature: the town is encircled by interconnected pockets of nature including: greenery, the natural path of the wind (NE-SW) and the flow of water in the rivers running east to west through Nara.
3. Balancing ecological resources: maintaining the ecosystem by a symbiotic relationship with nature, including the past (restoring former natural waterways) and the future (exploring microbiologic recycling systems for water, soil and rubbish).
4. Stage of land and life: Nara lies at the low point of a curved basin surrounded by hills. Building height restrictions reinforce the perception of the topography (i.e. higher structures at the periphery, lower at the centre).
5. Jōbō cooperative unit: residents work together to manage the natural and social environment of their block.
6. Enjoying the views: preserving existing views and controlling future development to create new vistas through the urban.
7. Building future identity from the past: creating a new identity for the town by rejoining its image with the timeless qualities of its natural beauty, arts and crafts movements and spiritual/philosophical culture.

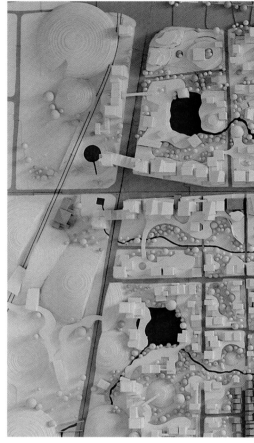

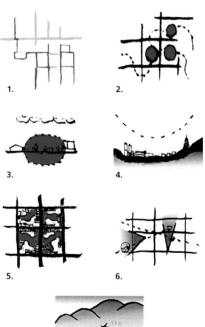

1. 2.

3. 4.

5. 6.

7.

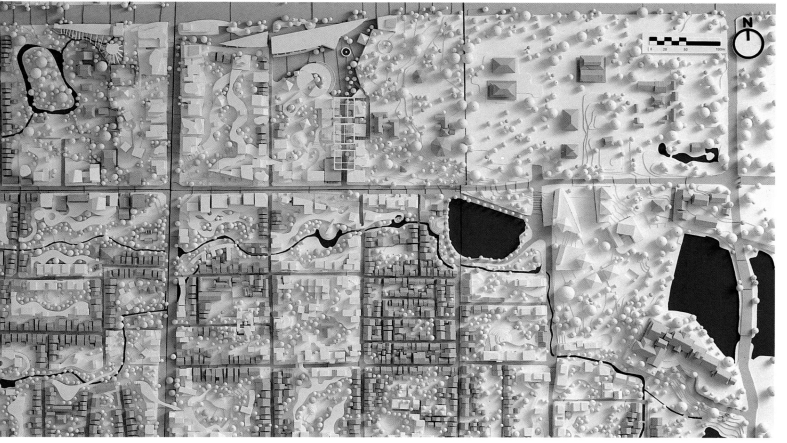

El Plano Conceptual (derecha) desarrolla los siete principios rectores (página opuesta, abajo) sobre el territorio real de la ciudad. La maqueta (arriba) muestra la traslación física de tales principios al tejido urbano de Nara.

The 'Concept Map' (right) deploys the seven guiding principles (opposite page, bottom) over the actual territory of the city. The model (above) shows the physical translation of such principles into Nara's urban fabric.

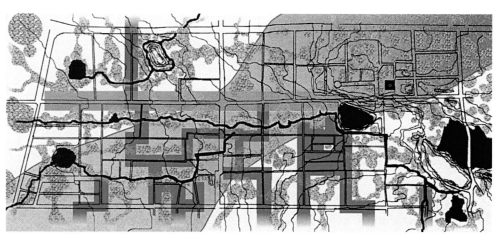

 Rosario verde **Green rosary**

Mandala de Amida **Amida mandala**

Corriente de agua **Flow of water**

Camino del viento **Path of wind**

Zonas de preservación de la arquitectura del siglo xx
20th-century architecture preservation zones

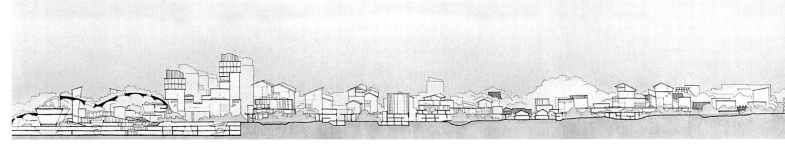

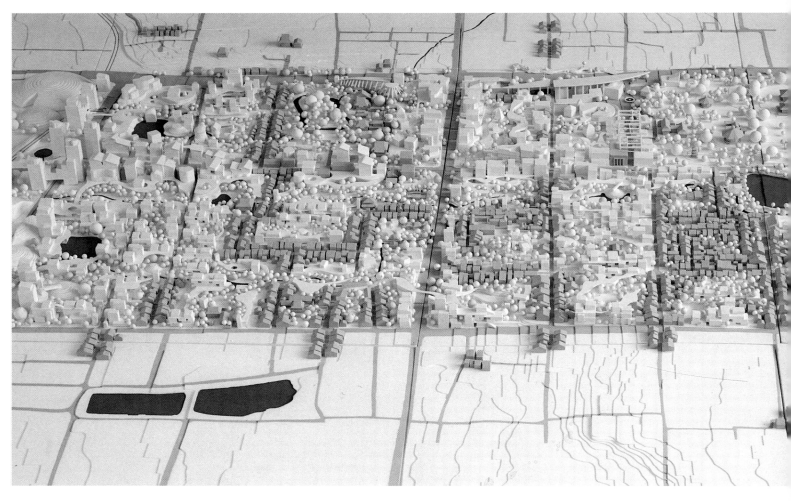

El proyecto fomenta un ambiente muy urbano y de escala humana, tal como ilustran los bocetos. Página anterior, arriba, de izquierda a derecha: casas en hilera nuevas y restauradas, arquitectura del siglo xx preservada, y antiguos templos y pagodas. En esta página, abajo a la derecha: una unidad cooperativa *jōbō*.

The project nurtures a very urban atmosphere and human scale throughout, as illustrated by the sketches. Opposite page, top, left to right: new and restored townhouses, preserved 20th-century architecture, and ancient temples and pagodas. This page, bottom right: a *jōbō* cooperative unit.

東西断面図

Plan Director Ecocentro de Ispra
Ispra, Lombardía, Italia, 1993-
Sergio Los, Natasha Pulitzer,
Severpaolo Tagliasacchi

EcoCenter Ispra Masterplan
Ispra, Lombardy, Italy, 1993-
Sergio Los, Natasha Pulitzer,
Severpaolo Tagliasacchi

El Centro de Investigación Conjunta de la Unión Europea (JRC-CEC) en Ispra ha de ser reorientado de las ciencias nucleares a las ciencias medioambientales. Actualmente el centro está organizado como un campus aislado, algo así como un parque científico con un ambiente como de ciudad jardín abandonada. Lo que originalmente eran algunos pabellones diseminados por el bosque, con el tiempo se ha convertido en una apretada y desordenada confusión de edificios de diferentes épocas, tamaños y estilos. Como consecuencia, el bosque ha ido paulatinamente perdiendo presencia.

Esta propuesta reconfigura la organización general del conjunto. Se concentrarán los edificios en una zona de carácter urbano, semejante a los campus universitarios europeos. El resto del terreno se reconvertirá en parque forestal, hacia el que se orientarán los edificios. Varios *corredores naturales* penetrarán en el solar desde los bosques vecinos; los linderos artificiales desaparecerán.

La nueva organización de los edificios extrema el aprovechamiento de las condiciones naturales para caldear, ventilar e iluminar los edificios. El proyecto también integra los edificios a preservar en un nuevo conjunto urbano de calles y plazas, contiguo a la existente ciudad de Ispra. Este paradigma urbano, lejos de aplicar los segregadores principios de zonificación del movimiento moderno, se basa en la mezcla y la diversidad. No obstante, cada edificio asume su propia responsabilidad en la adecuación y el respeto a su entorno, sea éste natural o cultural.

The Joint Research Center of the European Union (JRC-CEC) in Ispra is to be refocused from nuclear to environmental sciences. The complex is now organized as an isolated campus, like a science park, with a derelict garden-city-like atmosphere. What was originally just a few pavilions scattered in the forest has now become a disordered and cluttered array of structures of different periods, sizes and styles. The forest is increasingly losing presence.

The proposal radically reconfigures the arrangement of the complex. The buildings will be concentrated in an urban-like area, akin to European university campuses. The rest of the site will be restored as a forest park which the buildings will face. Several nature corridors reach and penetrate the site from the neighboring woods; artificial boundaries disappear.

The new building organization maximizes the use of natural conditions to heat, ventilate and lit the buildings. The scheme also integrates the buildings to be preserved into a new urban complex of streets and squares, contiguous to the existing city of Ispra. This urban paradigm, contrary to the segregating zoning principles of the Modern Movement, is based on mixture and diversity. Each building, however, holds its own responsibility to fit in and respect its environment, be it natural or cultural.

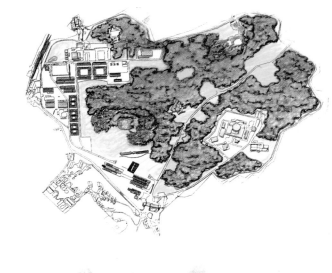

Hasta ahora, el Centro de Investigación Conjunta (JRC) ha estado aislado de su contexto como una isla, tanto en lo referente al tiempo como al espacio. Penetrar en esta isla es como entrar en otro mundo. El principal objetivo del Plan Director del Ecocentro es minimizar su aislamiento mediante la integración gradual de un renovado JRC en su contexto urbano y su entorno natural.

The JRC has until now been like an island, isolated from its context both in terms of time and space. Entering this island is like stepping into a different world. The Ecocenter masterplan's main objective is to reduce such isolation by gradually integrating a renovated JRC within its urban and natural environment.

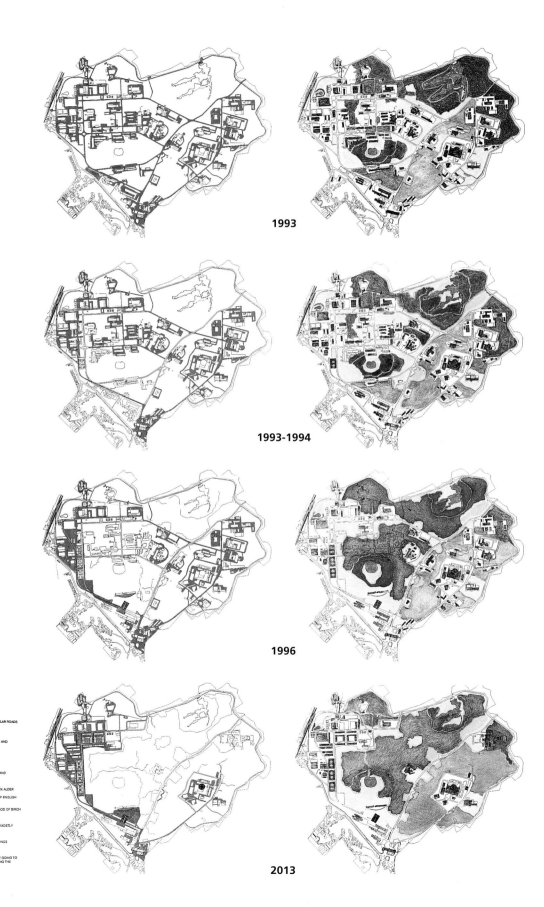

1993

1993-1994

1996

LEGENDA
- NETWORK OF VEHICULAR ROADS MOSTLY
- CYCLE TRACKS
- CIVIC PUBLIC SPACES AND PEDESTRIAN PATHS
- GRASS LAND
- PONDS AND RIVERS
- DAMP ZONE GRASS LAND
- TREE NURSERY
- DAMP WOOD OF BLACK ALDER
- MESOPHILIC WOOD OF ENGLISH OAK
- MESOXEROPHILIC WOOD OF BIRCH AND EXOTIC TREES
- WOOD OF EXOTIC OR ADEVNTITIOUS TYPES MOSTLY
- EXISTING BUILDINGS
- REHABILITATED BUILDINGS
- NEW BUILDINGS
- BUILDINGS WHICH ARE GOING TO BE DEMOLISHED DURING THE CURRENT PHASE

2013

Plan General Hacia una Seattle Sostenible
Seattle, Washington, EE UU, 1994-2014
Ayuntamiento de Seattle

Towards a Sustainable Seattle Comprehensive Plan
Seattle, Washington, USA, 1994-2014
Seattle City Council

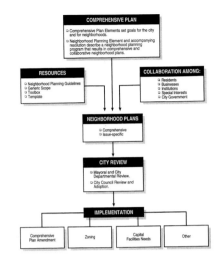

Seattle es conocida en todo el mundo por ser la sede de Boeing y Microsoft, dos compañías de alta tecnología y de influencia realmente global. Pero el aura de la ciudad también proviene de otras fuentes: en 1975, Seattle recibió el título de Ciudad más Habitable de Estados Unidos; en 1990, ocupó el primer lugar (junto a Montreal y Melbourne) en cuanto a buenas condiciones de vida, en una clasificación de las 100 mayores áreas metropolitanas del mundo. Durante más de dos décadas, la ciudad no ha dejado de recibir premios relacionados con la calidad de vida urbana.

También se considera a Seattle como un modelo de desarrollo urbano sostenible, en especial desde que, en 1994, adoptara un plan general llamado "Hacia una Seattle Sostenible. Plan para controlar el crecimiento. 1994-2014". Sus antecedentes hay que buscarlos en los innovadores programas de indicadores de control medioambiental y calidad de vida, de reciclaje y de movilidad en bicicleta. El plan va todavía más allá y propone una Estrategia de Pueblos Urbanos, según la cual los barrios de Seattle se desarrollarán según sus propias características intrínsecas.

En el plan de Seattle, se aborda la sostenibilidad desde cuatro ángulos:
• Enlace: la sostenibilidad implica integración. El desarrollo económico, la vivienda asequible, la seguridad pública, la protección medioambiental y la movilidad están relacionados entre sí y deben ser abordados de un modo integrado. Análogamente, el futuro de la ciudad está indisolublemente vinculado al de la región, el estado, el país y el mundo.
• Inclusión: la sostenibilidad implica reconciliar una variedad de interesados para identificar y alcanzar valores y objetivos comunes.
• Previsión: la sostenibilidad exige considerar los objetivos a largo plazo y sus consecuencias, pensando más allá de los presupuestos anuales o las próximas elecciones.
• Calidad: la sostenibilidad se basa en la calidad y la diversidad, no en la cantidad.

'Desarrollo sostenible' significa "satisfacer las necesidades del presente sin comprometer la capacidad de las generaciones futuras para satisfacer las suyas propias". Seattle, como entidad política, ha adoptado esta definición a efectos de planificación urbanística, e incluso la ha convertido en ley vigente.

Seattle is known worldwide as home to Boeing and Microsoft, two high-profile, high-tech, truly global companies. The city has also developed a special charisma since is was rated in 1975 as the 'Most Livable City in the USA'; in 1990 it received the first place (tied with Montreal and Melbourne) in a ranking of the world's 100 largest metropolitan areas in terms of living standards. For more than two decades, the city has continuously been receiving quality of life-related awards.

Seattle is also recognized as a model for sustainable urban development, in particular since it adopted in 1994 a Comprehensive Plan entitled 'Toward a Sustainable Seattle. A Plan for Managing Growth. 1994-2014'. Its precedents lay in the city's innovative programs for environmental and quality of life indicators, recycling and bicycling. The plan goes further and proposes an 'Urban Village Strategy' by which neighborhoods in Seattle develop characteristically on their own terms.

In Seattle's plan, sustainability is approached from four angles:
• **Linkage: sustainability means integration. Economic development, affordable housing, public safety, environmental protection and mobility are connected and must be addressed in a holistic way. Likewise, the city's future is inextricably linked to that of the region, state, country and world.**
• **Inclusion: sustainability means bringing together a variety of stakeholders to identify and achieve common values and goals.**
• **Vision: sustainability means considering the long-term goals and consequences; thinking past annual budgets or the next election.**
• **Quality: sustainability thrives on quality and diversity, not quantity.**

'Sustainable development' means 'meeting the needs of the present without compromising the ability of future generation to meet their own needs'. Seattle, as a political entity, has embraced this definition for planning purposes, and even written it into law.

El Plan General de Seattle está concebido con una estrategia global a largo plazo, abordando temas tales como el uso del suelo, el transporte público, la vivienda, los espacios libres, el ocio, el patrimonio histórico, los servicios, la administración, y la participación.

Seattle's Comprehensive Plan addresses, within an integrated long-term strategy, issues such as land use, transportation, housing, open space, recreational opportunities, historic preservation, utilities, capital facilities and participation.

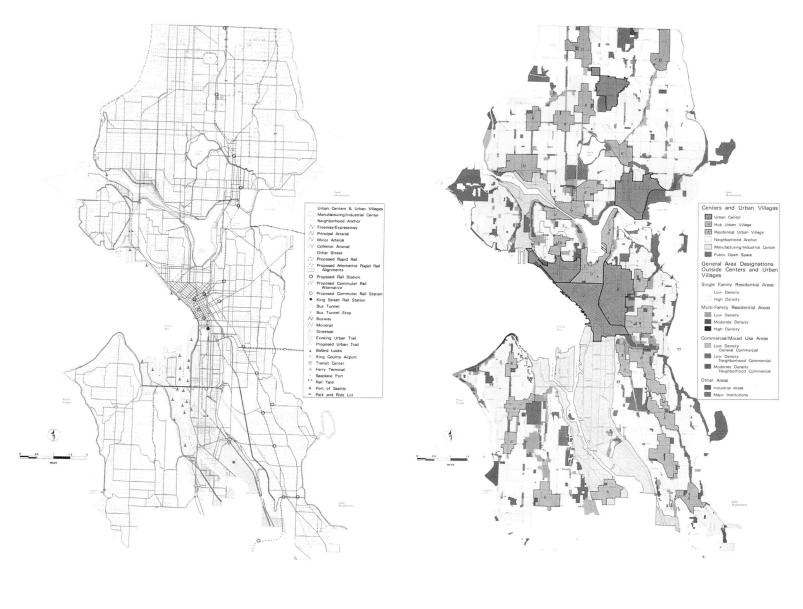

Urban Centers & Urban Villages
Manufacturing/Industrial Center
Neighborhood Anchor
Freeway/Expressway
Principal Arterial
Minor Arterial
Collector Arterial
Other Street
Proposed Rapid Rail
Proposed Alternative Rapid Rail Alignments
Proposed Rail Station
Proposed Commuter Rail Alternative
Proposed Commuter Rail Station
King Street Rail Station
Bus Tunnel
Bus Tunnel Stop
Busway
Monorail
Streetcar
Existing Urban Trail
Proposed Urban Trail
Ballard Locks
King County Airport
Transit Center
Ferry Terminal
Seaplane Port
Rail Yard
Port of Seattle
Park and Ride Lot

Centers and Urban Villages
Urban Center
Hub Urban Village
Residential Urban Village
Neighborhood Anchor
Manufacturing/Industrial Center
Public Open Space

General Area Designations
Outside Centers and Urban
Villages

Single Family Residential Areas
Low Density
High Density

Multi-Family Residential Areas
Low Density
Moderate Density
High Density

Commercial/Mixed Use Areas
Low Density
General Commercial
Low Density
Neighborhood Commercial
Moderate Density
Neighborhood Commercial

Other Areas
Industrial Areas
Major Institutions

Los Pueblos Urbanos son barrios que satisfacen una amplia variedad de modos de vida, de actividades comerciales y de servicios comunitarios. El proyecto fomenta una variada mezcla de gentes, usos, y tipos de vivienda; los desplazamientos a pie, en bicicleta y en transporte público; la correcta integración de los espacios públicos; y los equipamientos comunitarios.

'Urban Villages' are neighborhoods which serve a wide variety of lifestyles, commercial/retail activities and community services. The concept promotes a diverse mix of people, uses, and house types; pedestrian, bicycle and public transportation; well-integrated public open space; and community facilities.

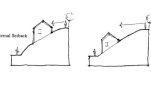

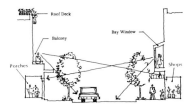

153

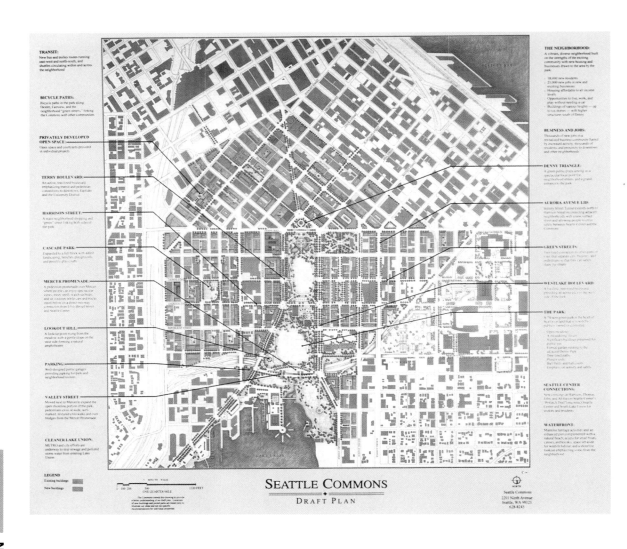

TRANSIT:
New bus and trolley routes running east-west and north-south, and shuttles circulating within and across the neighborhood.

BICYCLE PATHS:
Bicycle paths in the park along Dexter, Fairview, and the neighborhood 'green streets,' linking the Commons with other communities.

PRIVATELY DEVELOPED OPEN SPACE:
Open space and courtyards provided in individual projects.

TERRY BOULEVARD:
An active, tree-lined boulevard emphasizing transit and pedestrian connections to downtown, Eastlake and the University District.

HARRISON STREET:
A main neighborhood shopping and 'green' street linking both sides of the park.

CASCADE PARK:
Expanded to a full-block with added landscaping, benches, playgrounds, and possibly playcourts.

MERCER PROMENADE:
A pedestrian promenade over Mercer where people can enjoy spectacular views, meet, stroll, watch outdoor events, and sit outdoors while cars and trucks travel below in a direct two-way connection from Elliott/Broad Street and Seattle Center.

LOOKOUT HILL:
A lookout point rising from the meadow with a gentle slope on the west side forming a natural amphitheater.

PARKING:
Well-designed public garages providing parking for park and neighborhood visitors.

VALLEY STREET:
Mixed-used to Mercer to expand the open shoreline portion of the park, pedestrian cross at walk, well-marked, textured crosswalks and over bridges from the Mercer Promenade.

CLEANER LAKE UNION:
METRO and city efforts are underway to stop sewage and polluted storm water from entering Lake Union.

LEGEND
Existing buildings
New buildings

SEATTLE COMMONS
DRAFT PLAN

THE NEIGHBORHOOD:
A vibrant, diverse neighborhood built on the strengths of the existing community with new housing and businesses drawn to the area by the park.

BUSINESS AND JOBS:
Thousands of new jobs in a revitalized business community fueled by increased activity, thousands of residents and proximity to downtown and other neighborhoods.

DENNY TRIANGLE:
A green public plaza serving as a spectacular focal point for neighborhood streets, and a grand entrance to the park.

AURORA AVENUE LID:

GREEN STREETS:

WESTLAKE BOULEVARD:

THE PARK:

SEATTLE CENTER CONNECTIONS:

WATERFRONT:

El programa llamado Ejidos de Seattle (izquierda) es un proceso político de iniciativa ciudadana, por el cual los residentes apoyaron la necesidad de un gran parque en la zona central de Seattle. Se formó un comité de voluntarios sin ánimo de lucro, a fin de orquestar la campaña de información pública, el diseño conceptual y la estrategia de ejecución. Este plan fue empleado más adelante como punto de partida para el desarrollo de la zona, de acuerdo con la Estrategia de Pueblos Urbanos.

The 'Seattle Commons' (left) is a citizen-initiated political process in which parties identified the need for a Grand Park in the downtown Seattle area. A non-profit committee of volunteers was formed to orchestrate the public information campaign, conceptual design and implementation strategy. Their plan was eventually used as the point of departure for the development of the area according to the 'Urban Village Strategy'.

Verano **Summer**

Invierno **Winter**

El plan de Calles Verdes (en esta página y en la siguiente) fomenta la creación de itinerarios peatonales para los desplazamientos no motorizados de mercancías y personas, a través de unos derechos de paso públicos. Esos lugares servirán como sitios de reunión y como zonas de paso hacia áreas de actividad, conectando los espacios abiertos con el entorno urbano. También se utilizarán para proteger y enfatizar las líneas visuales y otros rasgos característicos del barrio.

The 'Green Streets' plan (this page and opposite) encourages the creation of pedestrian amenities for non-motorized movement of goods and people along public rights-of-way. They serve as gathering places and corridors for activity areas and connect open spaces within the urban setting. They are also used to protect and accentuate view corridors and other distinct neighborhood features.

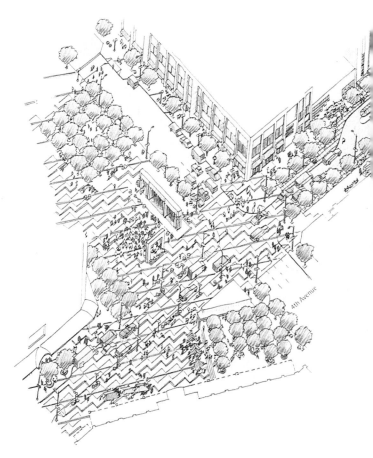

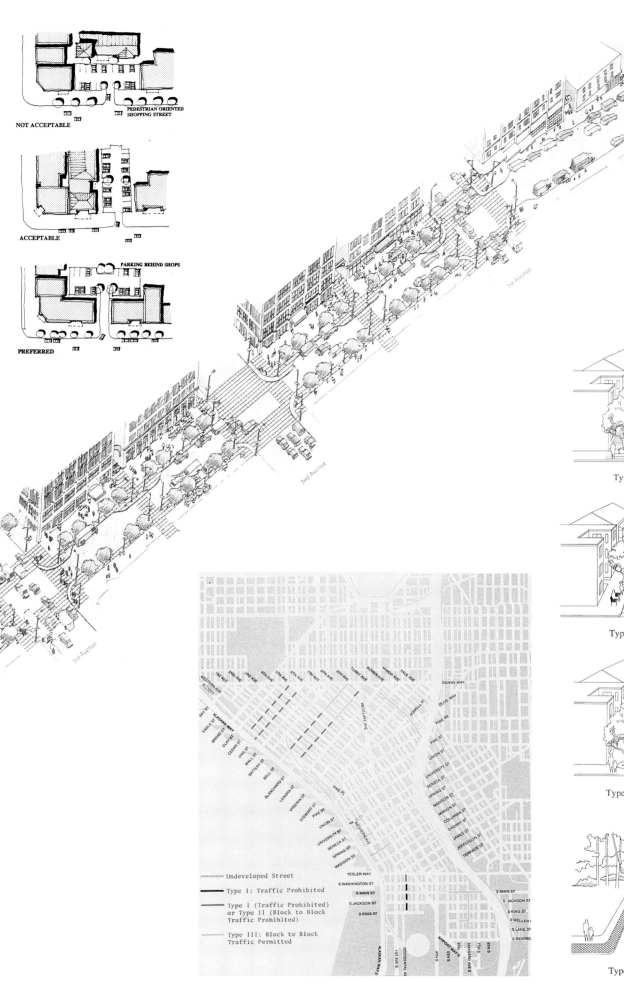

NOT ACCEPTABLE

PEDESTRIAN ORIENTED
SHOPPING STREET

ACCEPTABLE

PARKING BEHIND SHOPS

PREFERRED

Undeveloped Street

Type I: Traffic Prohibited

Type I (Traffic Prohibited)
or Type II (Block to Block
Traffic Prohibited)

Type III: Block to Block
Traffic Permitted

Type I: Traffic Prohibited

Type II: Local Access

Type III: Continuous Traffic

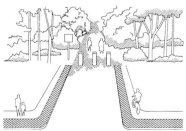

Type IV: Little or No Traffic

Salinas de Ostia Antica
Roma, Italia, 1995-1996
PRAU Srl: F. Sartogo, M. Bastiani,
V. Calderaro, J. Eble

Saline Ostia Antica
Rome, Italy, 1995-1996
PRAU Srl: F. Sartogo, M. Bastiani,
V. Calderaro, J. Eble

Este proyecto piloto tiene como objetivo la revitalización de una zona de 90 hectáreas en los suburbios de Roma que en el pasado ha sufrido un proceso cíclico de sucesivas consolidaciones y abandonos. A raíz de las operaciones de desecación llevadas a cabo durante el siglo XIX, la zona recobró parte de su estructura e identidad pretéritas, pero la crisis de la agricultura y el crecimiento urbano están comprometiendo peligrosamente su continuidad morfológica y estructural.

Se propone un enfoque social para el planeamiento de la zona que un día estuvo ocupada por la infraestructura salinera de los romanos, con una superficie equivalente al 12% del total y actualmente está ocupada por una urbanización espontánea, sin una estructura definida.

El proyecto aspira a recomponer las relaciones entre la ciudad, la agricultura y el entorno histórico y paisajístico, estableciendo además las líneas maestras para una planificación bioclimática, ecológica y orgánica de todo el área comprendida entre el mar y el río Tíber. En el proyecto se identifican un conjunto de elementos característicos que han contribuido a configurar la morfología del lugar, abarcando desde los patrones climáticos, hidrogeológicos, tipológicos y energéticos, hasta los elementos técnicos y constructivos. Con todo ello se ponen las bases para una metodología de proyecto estructurada, encaminada a recuperar las características integradas y ecológicas originales de la urbanización de esta zona y a crear un equilibrio básico entre los elementos existentes y las nuevas tecnologías sostenibles, todo ello en continuidad con un proceso de evolución tipológica consolidado a través de los siglos.

This is a pilot project for the revitalization of a 90-hectare area in the suburbs of Rome which, in the past, has gone through alternating consolidation and abandonment cycles. With the reclamation operations of the 19th century, the area regained structure and identity, but the crisis of agriculture and the spreading of the city are presently compromising its morphological and structural continuity.

A social urban planning approach is proposed for the area which was once occupied by the Roman salt-production infrastructure, which takes 12% of the total area and is currently occupied by a spontaneous and not definitely structured urbanization.

The project aims at the recomposition of the relationships between built city, agriculture and historic and environmental landscape and sets the guidelines for a bioclimatic, ecological and organic planning for a much larger area between the river and the sea. It identifies a repertory of characteristic elements that have constituted the morphology of the area, ranging from the climatic, hydrogeological, typological and energetic matrixes to technical and building components. These form the basis of a structured project methodology aimed at regaining the original holistic and ecological characteristics of the urbanization in this area, and at creating a basic equilibrium between the existing elements and new sustainable technologies, all within the continuity of a typological evolution process consolidated through centuries.

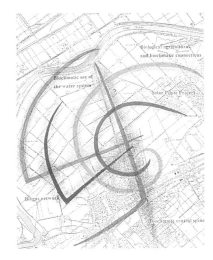

La consideración de las ciudades y territorios humanizados como tipologías orgánicas duraderas e integradas, en constante evolución en cuanto a uso, tecnología y forma, conduce directamente a las principales áreas de investigación del proyecto: recobrar la "sabiduría ambiental" tradicional; recuperar el perdido equilibrio entre los ecosistemas humano y natural; y planificar y diseñar de acuerdo con un modelo integrado de organismo vivo, basado en los procesos cíclicos de los elementos básicos y en su autorregulación.

The recognition that cities and humanized territories are durable, holistic, organic typologies in a constant evolution process regarding their use, technology and form leads to the project's main areas of inquiry: regaining historic 'environmental wisdom' befitting to the specific site; recuperating the now lost balance between the human and the natural ecosystems; and planning and designing in accordance with a holistic living-organism paradigm based on the cyclical processes of primeval elements and their self-regulation.

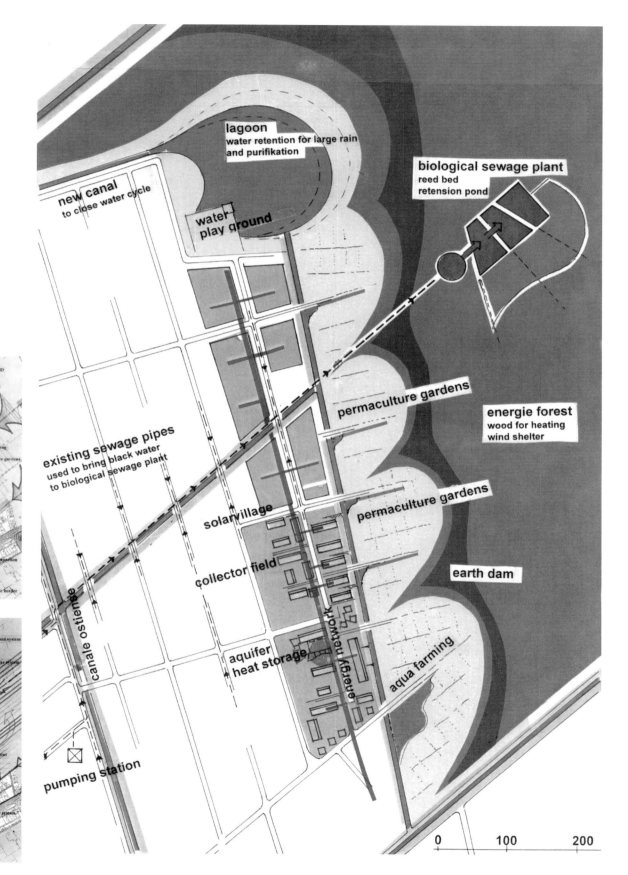

lagoon
water retention for large rain and purifikation

biological sewage plant
reed bed
retension pond

new canal
to close water cycle

water play ground

permaculture gardens

energie forest
wood for heating
wind shelter

existing sewage pipes
used to bring black water
to biological sewage plant

permaculture gardens

solarvillage

collector field

earth dam

canale ostiense

aquifer
heat storage

energy network

aqua farming

pumping station

0   100   200

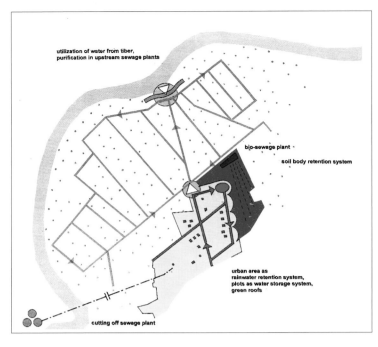

utilization of water from tiber, purification in upstream sewage plants

bio-sewage plant

soil body retention system

urban area as rainwater retention system, plots as water storage system, green roofs

cutting off sewage plant

urban water cycle

agricultural water-system

soilbody as retention system "sponge"

lagoons for storage and purification of water

pumping station (solar pump)

mains-sewage plant

biological sewage plant (2 ha.) with reed bed and ponds

SEEPING SHAFT AND WELL
within private properties

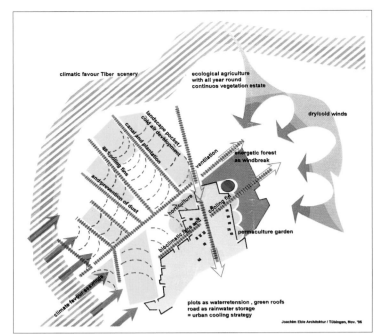

climatic favour Tiber scenery

ecological agriculture with all year round continuos vegetation estate

dry/cold winds

landscape pocket/ cold air development

canal and plantation

as cooling fins

ventilation

andprevention of dust

energetic forest as windbreak

horticulture

cooling fin

bioclimatic lane

permaculture garden

climate favour seabreze

plots as waterretension , green roofs road as rainwater storage = urban cooling strategy

Joachim Eble Architektur / Tübingen, Nov. '96

windshelter energy forest

bioclimatic lanes

planting as "cooling fins"

Tiber - landscape park

urban microclimate countryyard / green roofs

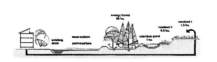

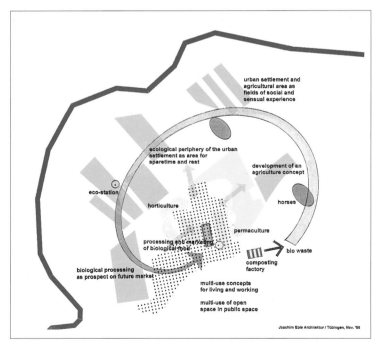

urban settlement and agricultural area as fields of social and sensual experience

ecological periphery of the urban settlement as area for sparetime and rest

development of an agriculture concept

eco-station

horticulture

horses

permaculture

processing and marketing of biological food

bio waste

biological processing as prospect on future market

composting factory

multi-use concepts for living and working

multi-use of open space in public space

Joachim Eble Architektur / Tübingen, Nov. '96

agriculture workshop,developing of existing form to ecological orientated plant

biomarket as part of agricultural workshop to sell ecological and healthy products

eco-station : energy production and consultation (workshops,school, exhibition,information)

agri-urban interaction :,sensual & social experience,exchange of demand & supply,communication

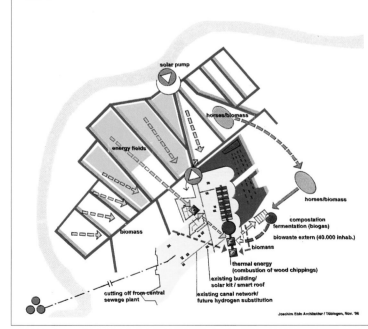

solar pump

horses/biomass

energy fields

horses/biomass

biomass

compostation fermentation (biogas)

biowaste extern (40.000 inhab.)

biomass

thermal energy (combustion of wood chippings)

existing building/ solar kit / smart roof

existing canal network/ future hydrogen substitution

cutting off from central sewage plant

Joachim Eble Architektur / Tübingen, Nov. '96

manue from horses (biogas)

plantation energy forest (60 ha.)

energy field (120 ha.)

biomass canal plantation

decentral/ solar systems

congenerated heat power plant

heating network

heat storage

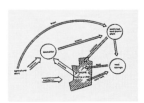

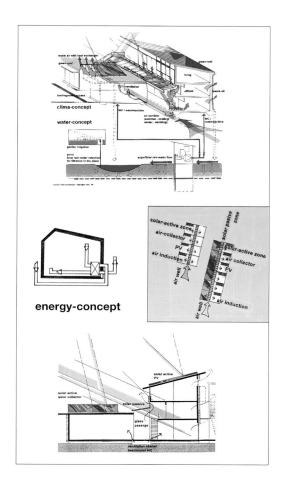

clima-concept

water-concept

garden irrigation

pond
local rain-water retention
for filtration in the place

superficial rain-water flow

energy-concept

solar-active zone
air-collector
PV
air induction

solar-passive zone
solar-active zone
air collector
PV
air induction

air well
air well

solar active
PV
solar active
solar collector
solar passive
glass passage
ventilation chanel
(warm/cool air)

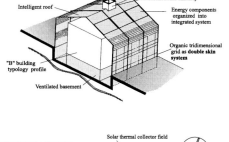

ENERGY ARCHITECTURAL SYSTEM

Intelligent roof
Multifunctional chimney
Energy components organized into integrated system
"B" building typology profile
Organic tridimensional grid as double skin system
Ventilated basement

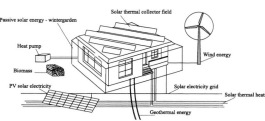

Solar thermal collector field
Passive solar energy - wintergarden
Heat pump
Wind energy
Biomass
PV solar electricity
Solar electricity grid
Solar thermal heating
Geothermal energy

DISTRICT A

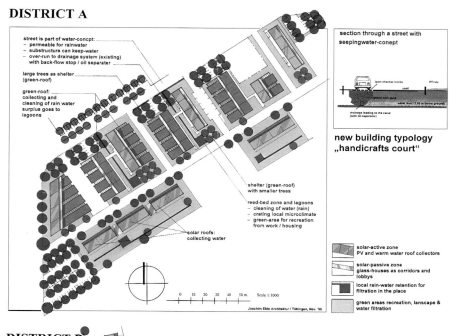

street is part of water-concpt:
– permeable for rainwater
– substructure can keep-water
– over-run to drainage system (existing) with back-flow stop / oil separater

large trees as shelter (green-roof)

green-roof:
collecting and cleaning of rain water surplus goes to lagoons

shelter (green-roof) with smaller trees

reed-bed zone and lagoons
– cleaning of water (rain)
– crating local microclimate
– green-area for recreation from work / housing

solar roofs:
collecting water

section through a street with seepingwater-conept

new building typology „handicrafts court"

solar-active zone
PV and warm water roof collectors

solar-passive zone
glass-houses as corridors and lobbys

local rain-water retention for filtration in the place

green areas recreation, lanscape & water filtration

0 10 20 30 40 50 m.   Scale 1:1000

Joachim Eble Architektur / Tübingen, Nov. '96

DISTRICT B

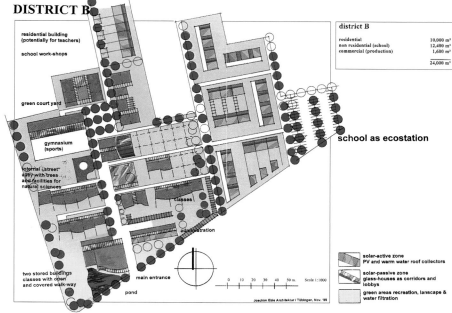

residential building (potentially for teachers)

school work-shops

green court yard

gymnasium (sports)

internal „street" alley with trees and facilities for natural sciences

classes

administration

two stored buildings classes with open and covered walk-way

main entrance

pond

school as ecostation

district B	
residential	10,000 m²
non residential (school)	12,400 m²
commercial (production)	1,600 m²
	24,000 m²

solar-active zone
PV and warm water roof collectors

solar-passive zone
glass-houses as corridors and lobbys

green areas recreation, lanscape & water filtration

0 10 20 30 40 50 m.   Scale 1:1000

Joachim Eble Architektur / Tübingen, Nov. '96

DISTRICT C

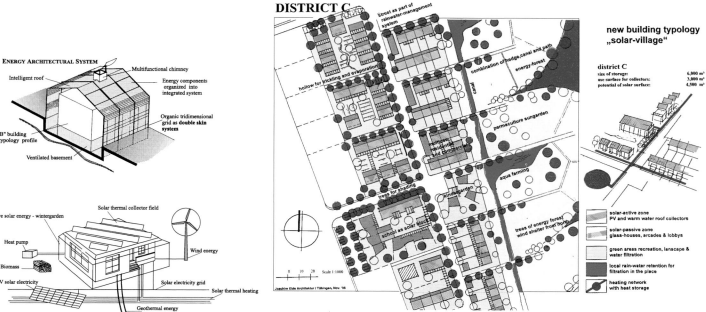

street as part of rainwater-management system

hollow for trickling and evaporation

combination of hedge, canal and path

energy forest

canal

permaculture sungarden

multihouse residential and commercial

aqua farming

trees for shading

kindergarden

school as solar block

trees of energy forest wind shelter from north

new building typology „solar-village"

district C	
size of storage:	6,000 m²
use surface for collectors:	3,000 m²
potential of solar surface:	4,500 m²

solar-active zone
PV and warm water roof collectors

solar-passive zone
glass-houses, arcades & lobbys

green areas recreation, lanscape & water filtration

local rain-water retention for filtration in the place

heating network with heat storage

0 10 20   Scale 1:1000

Joachim Eble Architektur / Tübingen, Nov. '96

Bucuresti 2000

Bucarest, Rumanía, 1996
@ kubik (Marta Borbonet, Javier Creus, Miquel Lacasta, Carmen Santana); Manuel Arenas, Ramón Canals, Mar Reventós y Miguel Ruano, arquitectos y urbanistas

A finales de la década de 1970, el casco antiguo de Bucarest fue sometido a una intervención brutal, en cierto modo al estilo de los *sventramenti* (destripamientos) mussolinianos de la Italia fascista de los años treinta. El régimen autocrático de Ceausescu decidió que el barrio más antiguo y pintoresco de la ciudad debía dar paso a un nuevo y grandioso centro que encarnase los logros de la llamada "edad de oro". Así, unas doscientas hectáreas de uno de los más bellos centros urbanos de Europa, que incluso había llegado a ser conocido como "el París de los Balcanes", fueron demolidas. Hitos históricos y arquitectónicos, antiguas iglesias, parques y plazas fueron borrados del mapa y reemplazados de cualquier modo por sombríos edificios y espacios desolados. Aún hoy, veinte años después, el centro de Bucarest sigue teniendo el aire de un abandonado solar en construcción, pues el proyecto sólo pudo realizarse parcialmente debido a la falta de recursos económicos y a la caída de la dictadura.

Esta propuesta trata de la reconstrucción de un Centro Urbano en el corazón de la ciudad, sacando el mayor partido posible a los restos que quedan del pasado, con vistas a la configuración de un nuevo entorno urbano para un futuro más brillante y humanizado. En el marco de la nueva estructura política, económica y tecnológica de Rumanía, el proyecto erradica aquella concepción colosalista del espacio urbano, lastrada por una excesiva orientación hacia las grandes masas, sustituyéndola por un planeamiento más centrado en los individuos, que propicie la relación de igual a igual entre los ciudadanos y la interdependencia entre las diversas áreas de la ciudad.

Bucuresti 2000

Bucharest, Romania, 1996
@ kubik (Marta Borbonet, Javier Creus, Miquel Lacasta, Carmen Santana); Manuel Arenas, Ramón Canals, Mar Reventós and Miguel Ruano, Architects and Town Planners

In the late seventies, the old center of Bucharest was the object of a brutal intervention, very much along the lines of Mussolini's *'sventramenti'* (disembowelments) in Fascist Italy during the 1930s. Ceacescu's autocratic regime determined that the oldest and most picturesque districts of the city had to give way to a new and grandiose center that would embody the achievements of the so-called 'golden age'. Two hundred hectares of one of Europe's most beautiful urban centers, which used to be known as 'the Paris of the Balkans', were demolished. Historical and architectural landmarks, old churches, parks, and squares were obliterated and haphazardly replaced by desolate buildings and soulless spaces. Twenty years later, central Bucharest looks like an abandoned and derelict construction site, as the scheme was only partially completed due to lack of resources and the overturn of the dictatorship.

This is a proposal to rebuild a 'Civic Center' at the heart of Bucharest, taking the maximum advantage possible of what remains from the past to configure a new urban environment for a brighter and more human future. Within the new political, economical and technological framework of Romania, a gigantic and mass-oriented conception of urban space is now redressed through a people-centered planning approach, propitiating horizontal relationships among citizens and interdependency between diverse city areas.

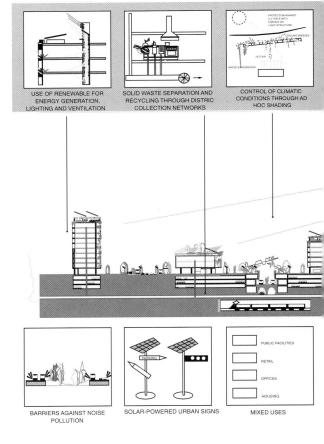

USE OF RENEWABLE FOR ENERGY GENERATION, LIGHTING AND VENTILATION

SOLID WASTE SEPARATION AND RECYCLING THROUGH DISTRIC COLLECTION NETWORKS

CONTROL OF CLIMATIC CONDITIONS THROUGH AD HOC SHADING

BARRIERS AGAINST NOISE POLLUTION

SOLAR-POWERED URBAN SIGNS

MIXED USES
PUBLIC FACILITIES
RETAIL
OFFICES
HOUSING

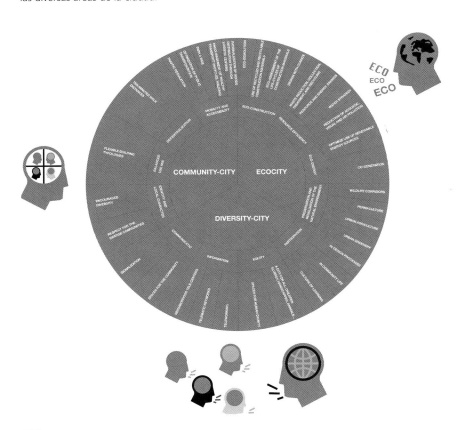

COMMUNITY-CITY ECOCITY

DIVERSITY-CITY

El plan integral Bucaresti 2000 se basa en tres conceptos principales: comunidad, ecología y diversidad. Cada concepto remite a áreas de actuación específicas, que abarcan las políticas correspondientes. Dichas políticas se materializan en la planificación y en unas directrices de proyecto, las cuales se aplican a cada zona problemática de una forma individualizada y sensible a cada contexto.

The integrated masterplan Bucaresti 2000 pivots around three central concepts: community, ecology and diversity. Each concept refers to specific areas of action, which encompass the corresponding policies. Policies materialize into masterplanning and design guidelines, which are applied to individualized problem-areas within a context-sensitive approach.

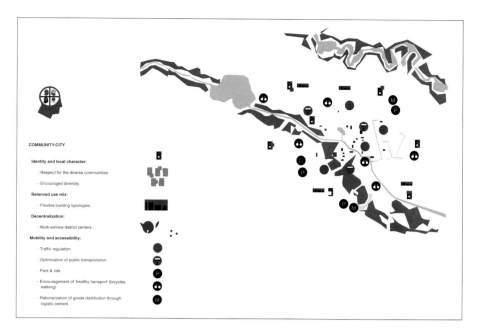

COMMUNITY-CITY

Identity and local character:
- Respect for the diverse communities
- Encouraged diversity

Balanced use mix:
- Flexible building typologies

Decentralization:
- Multi-service district centers

Mobility and accessibility:
- Traffic regulation
- Optimization of public transportation
- Park & ride
- Encouragement of 'healthy transport' (bicycles, walking)
- Rationalization of goods distribution through logistic centers

ECO-CITY

Eco-construction
- Eco-demolition
- Use of recycled and recyclable construction materials
- Eco-assessment of the life-cycles of constructions materials
- Design with climate

Resource efficiency:
- Waste reduction, collection, treatment, and recycling
- Resource and energy savings
- Water strategy
- Reduction of acoustic, visual and air pollution

Eco-energy:
- Optimize use of renewable energy sources

Preservation and revaluation of the natural environment:
- Wildlife corridors
- Permaculture
- Urban agricultur

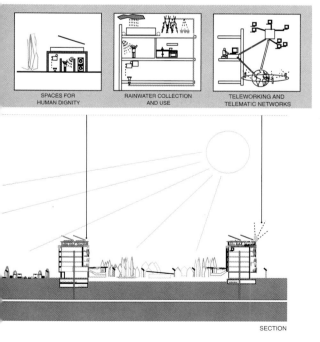

SPACES FOR HUMAN DIGNITY

RAINWATER COLLECTION AND USE

TELEWORKING AND TELEMATIC NETWORKS

SECTION

BUCAREST 2000

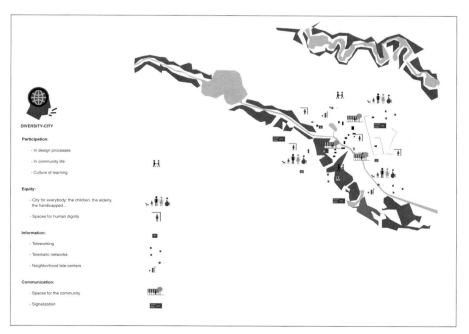

DIVERSITY-CITY

Participation:
- In design processes
- In community life
- Culture of learning

Equity:
- City for everybody: the children, the elderly, the handicapped...
- Spaces for human dignity

Information:
- Teleworking
- Telematic networks
- Neighborhood tele-centers

Communication:
- Spaces for the community
- Signalization

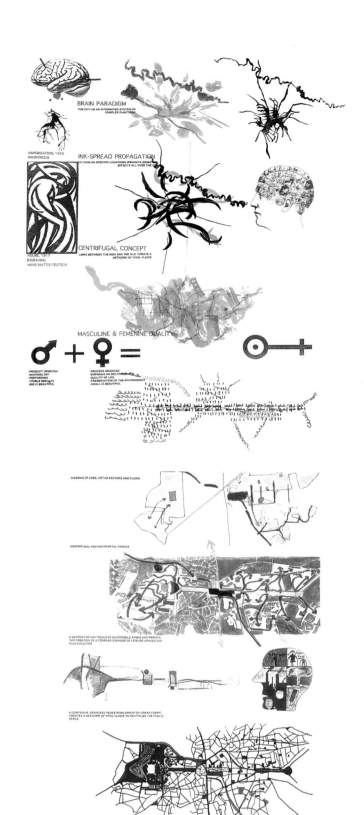

BRAIN PARADIGM
THE CITY AS AN INTEGRATED SYSTEM OF
COMPLEX FUNCTIONS

VAPORISATION, 1945
ANONYMOUS

INK-SPREAD PROPAGATION
ACTIONS ON SPECIFIC LOCATIONS IRRADIATE BENEFICIAL
EFFECTS ALL OVER THE CITY

CENTRIFUGAL CONCEPT
LINKS BETWEEN THE NEW AND THE OLD CREATE A
NETWORK OF VITAL FLOWS

FIGURE, 1917
ENGRAVING
HANS MATTIS-TEUTSCH

MASCULINE & FEMENINE DUALITY

·PRODUCT ORIENTED
·SHOWING OFF
·PERFORMING
·VISIBLE RESULTS
·BIG IS BEAUTIFUL

·PROCESS ORIENTED
·EMPHASIS ON RELATIONS
·QUALITY OF LIFE
·PRESERVATION OF THE ENVIRONMENT
·SMALL IS BEAUTIFUL

DIAGRAM OF USES, URBAN SECTORS AND FLOWS

CENTRIFUGAL AND CENTRIPETAL FORCES

A SERPENTINE WAY REDUCES AUTOMOBILE SPEED AND PERMITS
THE CREATION OF A COMPLEX EXPANSE OF LEISURE SPACES AND
CIVIC FACILITIES

A CONTINOUS, SEAMLESS PEDESTRIAN-ORIENTED URBAN FABRIC
CREATES A NETWORK OF VITAL FLOWS TO REVITALIZE THE PUBLIC
SPACE

CONCEPTUAL DIAGRAM OF CENTRAL CIVIC FLOWS

EXTRATERRITORIAL FUNCTIONS		
PUBLIC FUNCTIONS OF NATIONAL AND MUNICIPAL IMPORTANCE	5-10%	15%
BUSINESS CENTRE FUNCTION	25-25%	45%
DWELLINGS	10-20%	20%

SKETCH VIEW OF THE PARLIAMENT BUILDING, THE MULTI-
FUNCTIONAL LANDMARK BUILDINGS AND THE GREEN PARK

SKETCH VIEW OF THE CENTRAL LAKE AND THE TRANSPORT
INTERCHANGE BUILDING, A PLATFORM FOR CIVIC INTERFACE

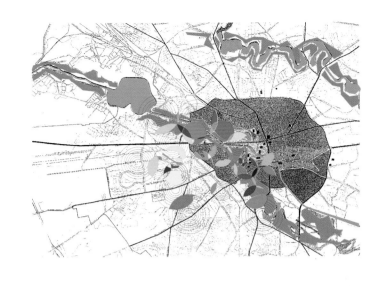

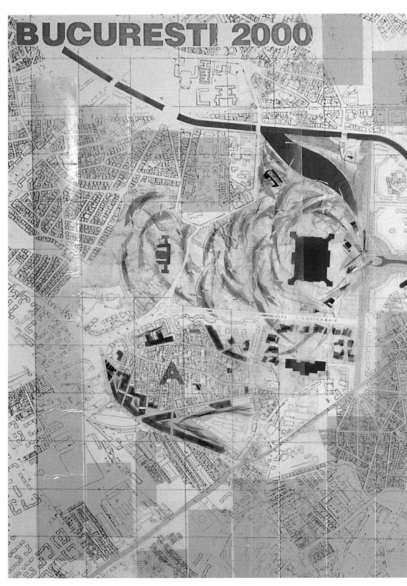

BUCURESTI 2000

Varias imágenes conceptuales (de la naturaleza, el arte y la ciencia) proporcionan un marco de referencia para la aplicación exhaustiva de la estrategia integrada de planificación (página anterior, izquierda). Se remodelan cuatro zonas específicas (debajo). Cerca del parlamento y la universidad, el vacío urbano se llena con un nuevo barrio de uso mixto (A). El inacabado eje formal (B) se utiliza como sustrato para nuevos espacios urbanos y edificios públicos. Se recupera y restaura la zona mejor conservada del antiguo casco urbano de Bucarest (C), revitalizando su tejido urbano tradicional de calles estrechas y pequeñas plazas. En las zonas de viviendas en bloques aislados más recientes (D), se estructura y rejuvenece un sistema de espacios libres desolados mediante nuevos ajardinamientos, agua y senderos peatonales, al tiempo que se añaden algunos edificios, a fin de consolidar un tejido urbano exesivamente disperso y desconectado.

Conceptual images from nature, art and science provide the referential framework for the extensive application of the holistic planning strategy (opposite page, left). Four specific areas are redeveloped (below): near the parliament and university, a new mixed-use district fills the urban void (A); the unfinished formal axis (B) is used as a substratum for new urban spaces and public buildings; Bucharest's old urban fabric best-kept area (C) is restored and retrieved, reviving its traditional pattern of narrow streets and small squares; in the newer open-block residential areas (D), new greenery, water and footpaths provide structure and rejuvenate a neglected open space system, while additional buildings replenish a too-loose urban fabric.

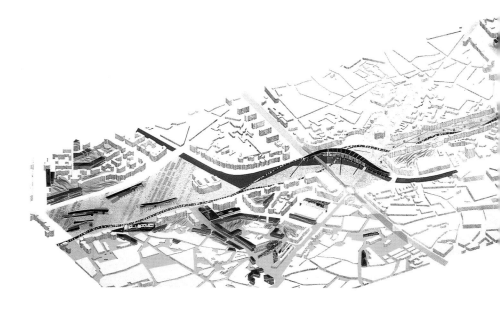

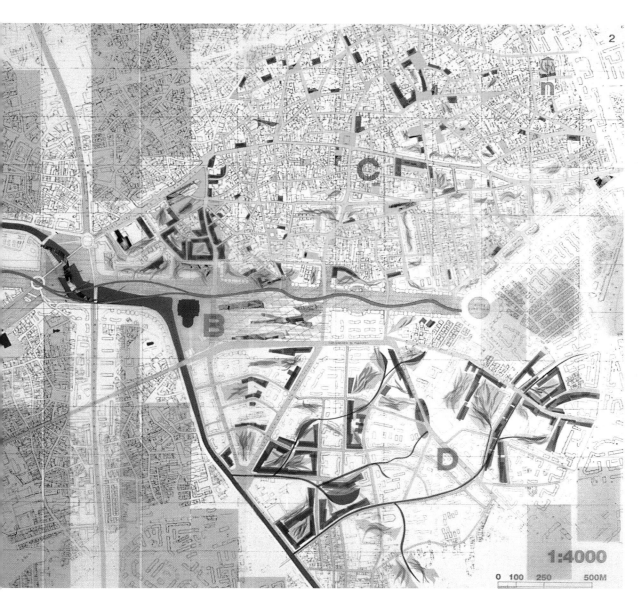

MIXED-USE BUILDINGS TO HEAL THE DAMAGED URBAN FABRIC

REVITALISATION OF PUBLIC SPACE, EMPHASIZING PEDESTRIAN USE AND OPENING UP A DENSE URBAN FABRIC

WATERFLOWS TO STRUCTURE AND HUMANISE THE EXISTING FABRIC

TRANSPORT INTERCHANGE AS A PLATFORM FOR CIVIC INTERFACE

EXISTING PUBLIC BUILDINGS OF STRENGTHENED SYMBOLIC VALUE

MULTI-FUNCTIONAL LANDMARK BUILDINGS AS ANCHORS FOR REJUVENATION

CULTURAL AND CIVIC OPEN SPACES

CIVIC BUILDINGS

GREEN PARK, INCLUDING PARLIAMENT, HOTEL, OPEN-AIR THEATER, SPORT AND CULTURAL FACILITIES, FOLIES, AND W.A.M. CENTER

SERPENTINE WAY REDUCES AUTOMOBILE SPEED AND PROVIDES LEISURE SPACES

1:4000

0   100   250   500M

Eco-estatuto
Gubbio, Italia, 1990-1996
Massimo Bastiani, arquitecto
Ayuntamiento de Gubbio

Ecostatuto
Gubbio, Italy, 1990-1996
Massimo Bastiani, architect
Gubbio City Council

Desde comienzos del siglo XIII, la ciudad de Gubbio ha venido utilizando unos estatutos con fuerza de ley para planificar y regular su crecimiento urbano. Esos estatutos regulaban numerosos aspectos de la vida cotidiana y fueron elaborados con el concurso y la activa participación de los habitantes de la ciudad. En ellos también se establecían los derechos políticos y civiles de los ciudadanos.

Los estatutos medievales típicamente se ocupaban de las condiciones higiénico-sanitarias de la ciudad y de la jurisdicción pública/privada en lo relativo al control y conservación del tejido arquitectónico. La comunidad compartía la responsabilidad sobre ciertas áreas de interés común: por ejemplo, la protección de la tierra y sus productos y el control de las actividades productivas, cuestiones que, por lo general, estaban relacionadas entre sí.

Recientemente, Gubbio ha restaurado el antiguo modelo de estatuto como instrumento de planeamiento urbano, el cual, mediante la participación y el compromiso, refleja los intereses y preocupaciones de los ciudadanos, al tiempo que asegura su puesta en práctica como marco de referencia pactado (no impuesto) para el desarrollo urbano.

El Eco-estatuto aprobado recientemente establece las directrices para el futuro plan para el desarrollo de Gubbio. El Eco-estatuto aborda las siguientes cuestiones clave:
• Valores medioambientales, como base para cualquier plan urbanístico futuro.
• Enfoque regional, con Gubbio como centro de una red territorial de comunidades urbanas que están adquiriendo progresivamente una condición central, gracias a las modernas tecnologías de transporte y telecomunicación.
• Raíces comunitarias, redescubriendo los modelos tradicionales de participación que pueden ser adaptados para el uso actual.
• Reorganización y diversificación de la economía local, que todavía se sigue basando en la agricultura y en la pequeña industria, y carece de zonas comerciales importantes dentro del centro histórico.
• Identificación de nuevas estrategias de desarrollo que sean aceptables, ecocompatibles, sostenibles, y aplicables a distintas unidades territoriales.
• Reconocimiento del carácter multidisciplinar del proceso de planificación urbana, debido a su complejidad.

The city of Gubbio has used statutory by-laws to plan and control its urban development at least since the early 1200s. The by-laws regulated multiple aspects of daily life and were produced through active participation of the city's residents. The by-laws also established the political and civil rights of the citizens.

Typically, the medieval by-laws were concerned with conditions of urban health and the public/private jurisdiction regarding control and preservation of the city's architectural fabric. Areas of concern were shared by the community: protection of the land and its produce and the control of productive activities, usually related to one another.

Gubbio has recently refurbished the by-law model as an instrument for urban planning which, by means of participation and involvement, reflects the residents' interests and concerns while at the same time ensuring its application as an agreed (not imposed) framework of reference for urban development.

The recently approved 'Ecostatuto' (Ecostatute) provides the guidelines for the future plan for the development of Gubbio. The Ecostatute addresses the following key issues:
• **environmental values as the basis for any future development plans;**
• **regional viewpoint, with Gubbio at the center of a territorial network of urban settlements which are increasingly acquiring a central condition by virtue of transportation and telecommunication technologies;**
• **community roots, rediscovering traditional participation models which can be adapted for today's use;**
• **reorganization and diversification of the local economy, which is still based on agriculture and low-impact industry and lacks major commercial areas within the city's historic district;**
• **identification of new development strategies which are acceptable, ecocompatible, sustainable, and applicable to distinct territorial units; and**
• **recognition of the multidisciplinary character of urban planning, due the complexity of the process.**

REAPPROPRIATION PROCESSES OF THE SOCIAL AND ENVIRONMENTAL MATRIXES FOR A LOCAL SUSTAINABLE DEVELOPMENT

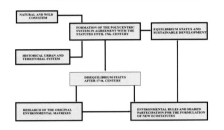

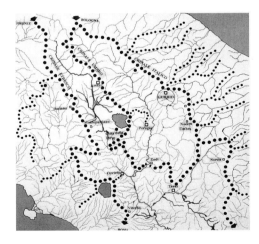

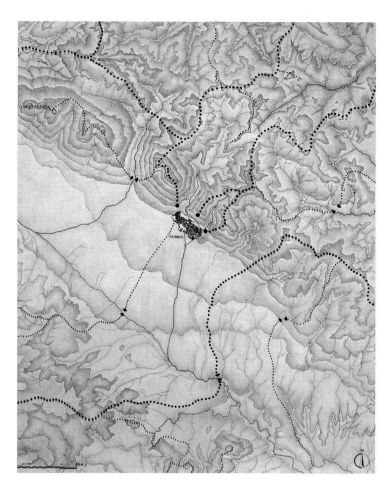

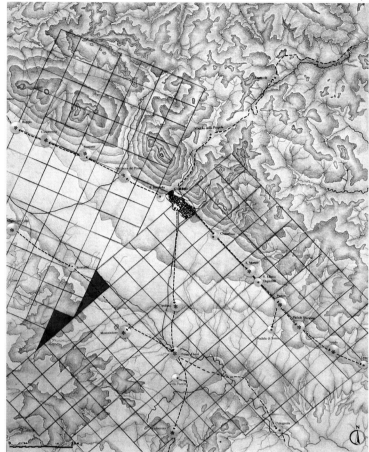

El Eco-estatuto de Gubbio está enraizado tanto en los rasgos físicos de la región, como en las huellas históricas impresas por la actividad humana a lo largo de siglos (caminos, centuriación romana, castillos, pueblos). Sin embargo, el Eco-estatuto no contempla a Gubbio como un antiguo centro urbano a preservar como un museo, sino como una ciudad viva que se propone afrontar y resolver los retos de los tiempos modernos.

The Gubbio Ecostatute is rooted in both the region's physical features and its historic traces (roads, Roman centuriation, castles, hill-towns) left by human activity throughout the centuries. The Ecostatute, however, does not consider Gubbio as an ancient urban center to be preserved in a museum-like fashion, but as a living city that intends to tackle and resolve the challenges of modern times.

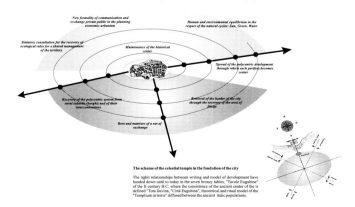

Formative matrixes of the ecostatutory plain

The scheme of the celestial temple in the fondation of the city

The tight relationships between writing and model of development have handed down until to today in the seven bronzy tables, "Tavole Eugubine" of the II century B.C. where the consistence of the ancient center of the is defined "Tota Iiuvina, "Città Eugubina", theoretical and ritual model of the "Templium in terris" diffused between the ancient italic populations.

Le Puy-en-Velay
Francia, 1993
SITE

Le Puy-en-Velay
France, 1993
SITE

Este proyecto, ganador de un concurso, comprende un plan director, un estudio de la reutilización de edificios históricos y un nuevo centro cívico para la ciudad medieval de Le Puy-en-Velay, situada en el sur de Francia. Los objetivos de la propuesta son revitalizar el casco antiguo como atracción turística, crear espacios para oficinas de la administración pública (respetando el carácter de hito de los edificios existentes) y desarrollar un nuevo edificio para el gobierno regional. Además, se prevé la creación de una escuela de música y danza, alojamientos para estudiantes, restaurantes, jardines públicos y aparcamientos subterráneos.

El plan se basa en dos círculos secantes que conectan los centros gubernamentales municipales y los regionales. Cada círculo está dividido por una serie de líneas radiales y círculos concéntricos. La función unificadora de tales círculos es extenderse a través de todo el territorio y proporcionar una matriz temática para una mayor variedad de situaciones paisajísticas, de emplazamiento y arquitectónicas.

El proyecto unifica varias funciones preexistentes y adapta otras nuevas. Se propone una interpretación contemporánea del modelo de la ciudad jardín, extendiendo este tema por doquier mediante jardines-terrario situados en el interior de edificios de vidrio. Con este micropaisaje, en el que el interior se alterna con el exterior, se aspira a captar la esencia de la topografía y la vegetación autóctona de Le Puy.

El plan circular radial está marcado por un fuerte contenido simbólico que evoca la evolución de la ciudad medieval desde sus orígenes romanos, y también ofrece un vínculo de referencia con la historia religiosa de la comunidad.

This competition-winning proposal is for a masterplan, adaptive re-use of historic buildings, and new civic center for the medieval city of Le Puy-en-Velay in the South of France. The purpose of the project is to revitalize the old center as a tourist attraction, create civic office spaces (while respecting the landmark character of the existing structures) and develop a new building for the state government of the region. In addition, there are provisions for a music and dance school, student housing, restaurants, public gardens, and underground parking.

The basis of the plan is two intersecting circles that connect the city and state centers. Each circle is segmented by a series of radiating lines and concentric intersections. The unifying function of these expanding circles is to spread across the entire site and provide a thematic matrix for a great variety of landscape, siting and architectural situations.

The concept is designed to unify a number of old functions and accommodate new ones. It proposes a contemporary version of the garden city by extending this theme throughout, in the form of terrarium gardens situated within the walls of each glass structure. This mini-landscape alternates from inside to outside and is intended to capture the sense of Le Puy's topography and regional vegetation.

The radiating circular plan has a strong symbolic content that refers to the evolution of the medieval city from its original Roman origins and also offers a referential link to the community's religious history.

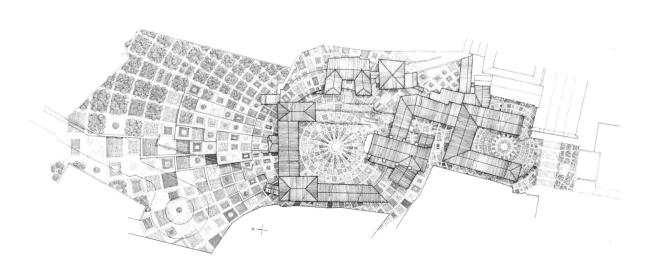

Proyecto Leipzig Ostraum
Leipzig, Alemania, 1989-
Ekhart Hahn, Öko-Stadt

Leipzig Ostraum Project
Leipzig, Germany, 1989-
Ekhart Hahn, Öko-Stadt

Leipzig Ostraum reúne 12 iniciativas de diverso alcance que se iniciaron en los años de la transición 1989-1991, la mayoría de ellas a través de la cooperación entre los ciudadanos y la administración local. En contraste con la mayoría de los planteamientos urbanísticos convencionales, en estos proyectos se ponía el énfasis en el desarrollo de estrategias urbanas sostenibles. En ellos se desarrollarán y comprobarán las respuestas a las crisis ecológica, social y económica del crecimiento urbano moderno, poniendo especial atención a las relaciones entre la ciudad y el campo circundante. Entre los temas tratados en los diferentes proyectos destacan: la agricultura ecológica en las afueras, con comercialización directa en la ciudad; la construcción y el desarrollo ecológicos de los barrios; la creación de un centro ecológico-cultural como foro de la actividad pública y de información.

Los objetivos del proyecto son:
- Renovación de las relaciones urbanorrurales, poniendo el acento en la sostenibilidad y la calidad de vida.
- Implantación de unos criterios modelo para la ejecución de proyectos individuales, si bien identificando y aprovechando posibles efectos sinérgicos a través de la interacción.
- Evaluación de nuevas formas de intervención pública y de cooperación y coproducción entre la administración, los ciudadanos, el mundo empresarial y otros intereses locales.
- Organización de talleres de trabajo internacionales para fomentar el intercambio de experiencias con otras comunidades y para incorporar las ideas más avanzadas en la materia.

Entre 1991 y 1993 se desarrolló el concepto en un taller internacional; en 1993 se obtuvo de la Comisión Europea la garantía de un fondo de partida para la puesta en marcha de este Proyecto Piloto Europeo.

Leipzig Ostraum encompasses twelve individual initiatives that were begun during the transition years between 1989 and 1991, mostly through cooperation between local citizens and the city administration. In contrast to typical urban planning approaches, in these efforts emphasis was placed on sustainable urban development strategies. Responses to the ecological, social, and economic crises of modern urban development are to be developed and tested, giving special attention to the relations between the city and the surrounding countryside. Individual projects range from ecological agriculture in outlying areas with direct marketing in the city, projects for ecological construction and the ecological development of neighborhoods, to an ecological-cultural centre as a forum for relevant public activities and information.

The project's objectives are:
- **A renewal of urban-rural relationships that emphasizes sustainability and quality of life.**
- **Establishing model criteria for the implementation of individual projects while identifying and taking advantage of possible synergistic effects through networking.**
- **Testing new public involvement approaches as well as new forms of cooperation and co-production among public administration, citizens, business and other local interests.**
- **Organization of international workshops to encourage experience exchanges with other communities and to incorporate the most advanced ideas in the field.**

Between 1991 and 1993 an international workshop concept was developed; in 1993 comprehensive start-up funding was guaranteed through the European Commission for the next few years of the realization of this European Demonstration Project.

REVITALIZACIÓN **REVITALIZATION**

Landsberger Allee/Rhinstrasse
Berlín-Lichtenberg, Alemania, 1994
Daniel Libeskind BDA en colaboración con
Joachim Eble Architektur

Landsberger Allee/Rhinstrasse
Berlin-Lichtenberg, Germany, 1994
Daniel Libeskind BDA in collaboration with
Joachim Eble Architektur

Este proyecto para un terreno de 110 hectáreas, situado en una de las principales arterias radiales del Berlín Oriental, ganó el primer premio en un concurso internacional de urbanismo. El concepto supone una ruptura radical respecto a la convencional imposición de manzanas urbanas uniformes, la cual ya no es posible en esta zona debido al tipo de urbanización desarrollado desde la guerra y durante los últimos cincuenta años. El plan se basa en una organización ecológica integrada en la que se tiene particularmente en cuenta el tejido urbano existente. El planteamiento adoptado no es ni convencionalmente mimético con el contexto, ni un fantasioso ejercicio de borrón y cuenta nueva. En cambio, se propone una estrategia urbanística abierta y que propicia intervenciones arquitectónicas de efecto inmediato, junto con transformaciones y mejoras en las zonas de viviendas y oficinas, suministrando así las infraestructuras necesarias para las decenas de miles de personas que allí habitan.

En la propuesta se entremezclan diversos elementos heterogéneos, recogiendo las huellas de la historia y del futuro en una matriz abierta y flexible. Toda la estructura del plan está imbuida de una filosofía ecológica que configura el conjunto desde el punto de vista de densidad, función y carácter. Así, toda la zona se concibe como una puerta hacia el siglo XXI, abierta a las fuerzas del cambio, más que como una preocupación académica por el estilo y los edificios concretos. De este modo, la manera en que el espacio público articula las diversas funciones de vivir, trabajar, comprar y divertirse se convierte en el *tema* del proyecto y adquiere relevancia como motivo central de toda la urbanización futura.

This project for a 110-hectare site located on one of the main radials of eastern Berlin won first prize in an international urban design competition. The scheme is a radical departure from the conventional imposition of rigid urban block structures which can no longer be applied because of the fifty year post-war development in the area. The plan is based on an overall ecological organization that takes into consideration the already existing urban fabric. It is an approach which is neither traditionally contextual or a clean-slate fantasy. It proposes an open urban strategy which will immediately provide dramatic architectural interventions, transformations and improvements in the housing and work areas, thus supplying the necessary infrastructure for the tens of thousands who live there.

The proposal weaves together a number of heterogeneous elements by incorporating the traces of history and of the future into an open and flexible matrix. The entire structure of the plan is connected through the development of an ecological understanding which shapes the whole site in terms of density, function and character. Thus the entire area is conceived as a 21st-century gateway to the forces of change rather than the academic preoccupation with style and individual buildings. In this way, the way public space articulates various functions such as housing, work, shopping and recreation is 'themed' and given prominence as a leitmotif of the entire future development.

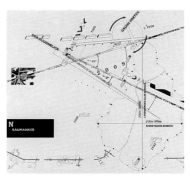

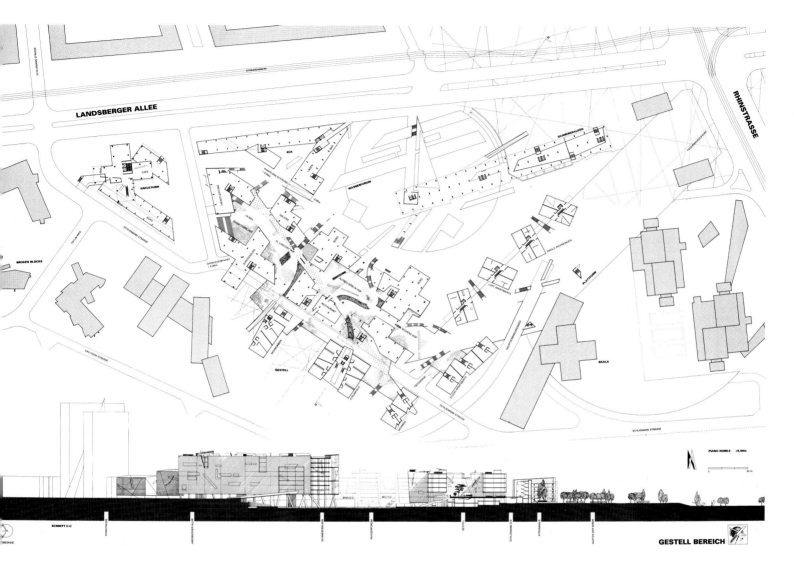

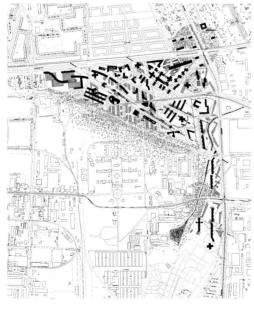

El proyecto propone una interpretación del complejo ciudad que, lejos de ser un instrumento para someter lo individual al conjunto, opere como un mecanismo creado a partir de ideales diversos, formado por componentes heterogéneos definidos y depurados por su misma interdependencia, pluralidad y potencial.

The project proposes an understanding of the city-complex not as an instrument for the subjection of the individual to the homogeneity of the whole, but as a mechanism created from different ideals, made up of heterogeneous components defined and refined by their interdependence, plurality and potential.

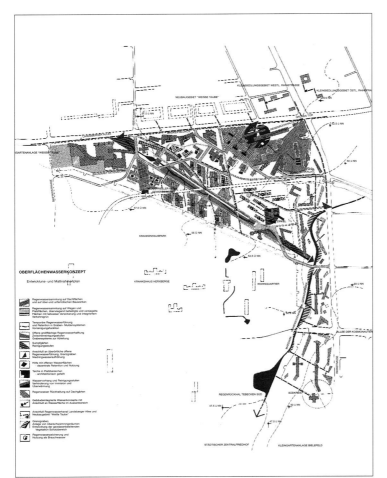

OBERFLÄCHENWASSERKONZEPT

Entwicklungs- und Maßnahmenplan

Regenwassersammlung auf Dachflächen und auf über- und unterirdischen Bauwerken

Regenwassersammlung auf Wegen und Platzflächen, überwiegend befestigte und versiegelte Flächen mit teilweise Versickerung und integriertem Verkehrsgrün

Temporäre Regenwasserführung und Retention in Graben- Muldensystemen Vorreinigungsfunktion

Offene großflächige Regenwasserhaltung Zwischenreinigungsstufen Grabensystemen zur Ableitung

Sumpfgärten Reinigungsstufen

Anschluß an oberirdische offene Regenwasserführung, Grenzgräben Niedrigwasserausführung

Hilfe mit offenen Wasserflächen dezentrale Retention und Nutzung

Teiche in Platzflächen - architektonisch gefaßt

Wasservorhang und Reinigungsstufen Verhinderung von Immision und Überwärmung

Regenwasser Rückhaltung auf Dachgärten

Gebäudeintegrierte Wassernutzung mit Anschluß an Wasserfläche im Aussenbereich

Anschluß Regenwasserkanal Landsberger Alle und Neubaugebiet "Weiße Taube"

Grenzgräben Anlage von Überschwemmungsflächen Entwicklung der gewässerbezogenen Vegetation Schutzbereich

Regenwasserspeicherung und Nutzung als Brauchwasser

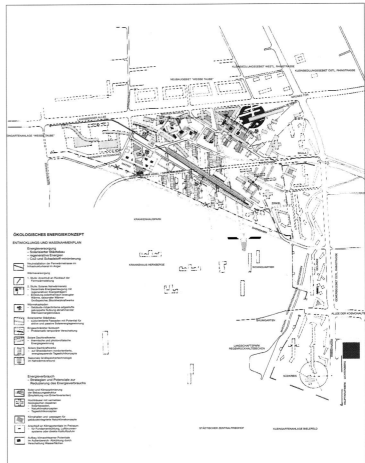

ÖKOLOGISCHES ENERGIEKONZEPT

ENTWICKLUNGS- UND MASSNAHMENPLAN

Energieversorgung
- Solarisierter Städtebau
- regenerative Energien
- CO_2- und Schadstoff-minimierung

Neuinstallation der Fernwärmetrasse im Infrastrukturkanal im Anger

Wärmeversorgung

1. Stufe: Anschluß an Rücklauf der Fernwärmeleitung

2. Stufe: Solares Nahwärmenetz Dezentrale Energieerzeugung mit regenerativen Energieträgern Nutzung solarthermisch erzeugter Wärme, saisonaler Wärme- Großspeicher, Blockheizkraftwerke

Wärmekaskaden
- Gebäude-/objektinterne abgestufte gekoppelte Nutzung abnehmender Wärmeenergieniveaus

Solarisierter Städtebau
- südorientierte Fassaden mit Potential für aktive und passive Solarenergiegewinnung

Eingeschränkter Nutzwert
- Problematik temporärer Verschattung

Solare Dachtragwerke
- thermische und photovoltaische Energiegewinnung

Solare Dachtragwerke
- auf Shed-/Dächern nordorientierte, energiesparende Tageslichtkonzepte

Saisonale Großspeichertechnologie im Nahwärmeverbund

Energieverbrauch
- Strategien und Potenziale zur Reduzierung des Energieverbrauchs

Solar- und Klimaoptimierung der Bebauungsstruktur (Empfehlung von Entwurfsvarianten)

Hochhäuser mit vernetzten ökologischen Aspekten
- Solarfassaden,
- Naturklimakonzepten
- Tageslichtkonzepten

Klimahalten und -passagen für gebäudeintegrierte Naturklimakonzepte

Anschluß an Klimapotentiale im Freiraum für Fundamentkühlung, Luftbrunnen- systeme oder direkte Kaltluftzufuhr

Aufbau klimawirksamer Potentiale im Außenbereich: Abkühlung durch Verschattung Wasserflächen

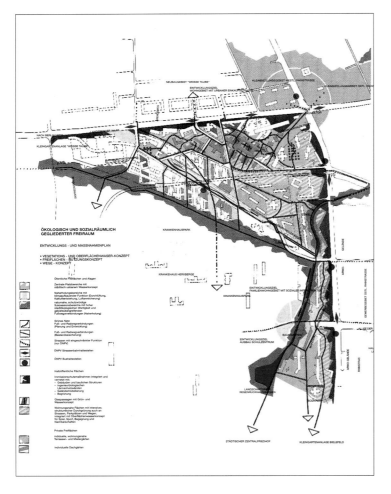

ÖKOLOGISCH UND SOZIALRÄUMLICH GEGLIEDERTER FREIRAUM

ENTWICKLUNGS- UND MASSNAHMENPLAN

• VEGETATIONS- UND OBERFLÄCHENWASSER-KONZEPT
• FREIFLÄCHEN - NUTZUNGSKONZEPT
• WEGE - KONZEPT

Öffentliche Flächen und Anlagen

Zentrale Platzbereiche mit städtisch urbanem Wasserkonzept

Naherholungsbereiche mit klimaufbessernder Funktion (Durchlüftung, Kaltluftentstehung, Luftanreicherung) naturnahe, schutzwürdige Sukzessionsbereiche mit hoher stadtbiologischem Wertigkeit und gebietsübergreifenden Fußwegeverbindungen (Naherholung)

Grünes Netz Fuß- und Radwegverbindungen (Planung und Entwicklung)

Fuß- und Radwegverbindungen (Bestandssicherung)

Strassen mit eingeschränkter Funktion (nur ÖPNV)

ÖPNV Strassenbahnhaltestellen

ÖPNV Bushaltestellen

Halböffentliche Flächen

Immissionsnahe Flächen mit intensiver, strukturreicher Durchgrünung auch an Strassen, Parkplätzen und Wegen, integriert mit Oberflächenwasserkonzept für Spiel, Sport, Begegnung und Nachbarschaften
- Gebäuden und baulichen Strukturen
- Ingenieurbiologischen Lärmschutzwällen
- Geländemodellierung
- Begrünung

Glasspassagen mit Grün- und Wasserkonzept

Wohnungsnahe Flächen mit intensiver, strukturreicher Durchgrünung

Private Freiflächen

individuelle, wohnungsnahe Terrassen- und Mietergärten

individuelle Dachgärten

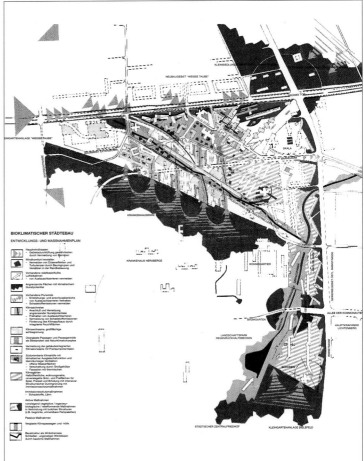

BIOKLIMATISCHER STÄDTEBAU

ENTWICKLUNGS- UND MASSNAHMENPLAN

Hauptwindtrassen
- Gebietsdurchlüftung gewährleisten durch Vermeidung von Barrieren

Windkomfort herstellen
- Vermeiden von Düseneffekten und Turbulenzen durch Baumgruppen und Versätzen in der Randbebauung

Vorhandene reliefbedingte Luftbahnen
- von Austauschbarrieren vermeiden

Angrenzende Flächen mit klimatischem Gunstpotential

Vorhandene Fluvinität
- Entstehungs- und anschlussbereiche von Austauschbarrieren freihalten
- Schadstoffemissionen vermeiden

Kaltluftachse
- Anschluß und Vernetzung angrenzender Gunstpotentiale
- Vermeiden von Austauschbarrieren
- Vermeidung von Schadstoffemissionen
- Förderung des Klimaaufbaus durch integrierte Feuchtflächen

Klimawirksame, großflächige Baumbestände

Übergelagerte Passagen und Passagenhöfe als Bestandteil des Naturklimakonzepts

Vernetzung der gebäudeintegrierten Naturklimakonzepte im Freiraumpotential

Südorientierte Klimahöfe mit klimatischer Ausgleichsfunktion und kleinklimatiger Ventilation
- offene Wasserflächen
- Verschattung durch Großgehölze
- Fassaden mit Wandflächen

Klimagärten
Halböffentliche, wohnungsnahe, lärmgeschützte, unversiegelte Grün- und Freiflächen für Spiel, Freizeit und Erholung mit intensiver Durchgrünung, Immissionsschutzmaßnahmen

Immissionsschutzmaßnahmen
- Schadstoffe, Lärm

Aktive Maßnahmen
vorrangig vegetative / ingenieur- biologische / reliefformende Maßnahmen in Verbindung mit baulichen Strukturen (z.B. begrünte, ummantelte Parkplätze)

Passive Maßnahmen

Verglaste Klimapassagen und -höfe

Baustruktur als Windschadensschutz Schließen ungünstiger Windstärken durch bauliche Maßnahmen

Entre los temas de ecología urbana abordados en el proyecto se incluyen: clima urbano y calidad del aire, estructura urbanística y concepto de edificio, movilidad, vegetación urbana, aguas superficiales, espacios libres socialmente estructurados, concepto energético general, gestión de los recursos y equilibrio ecológico, y estrategias de puesta en práctica.

The urban ecology issues addressed by the project include: urban climate and air quality, development structure and building concept, transportation, urban vegetation, surface water, socially-structured open space, total energy concept, resource management and ecobalance, and implementation strategies.

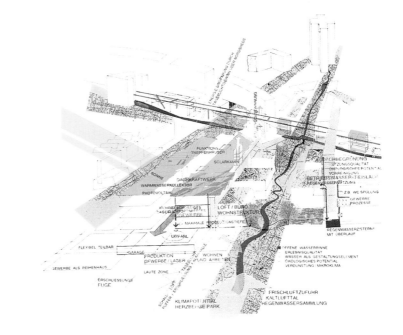

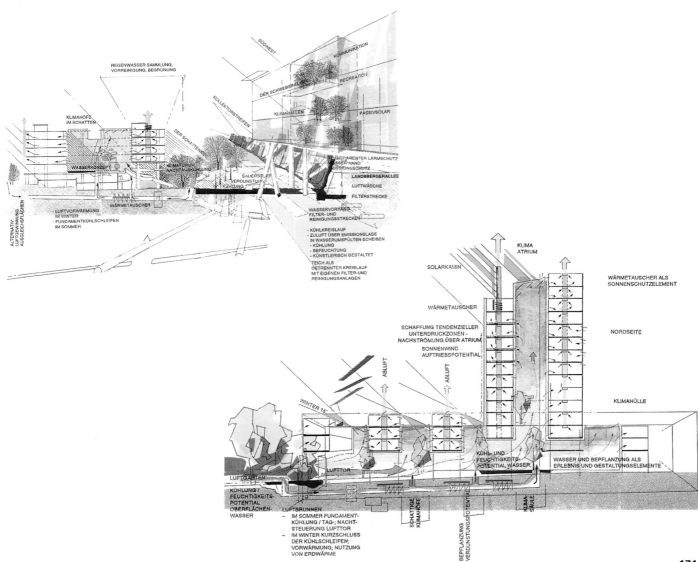

Equipamientos universitarios
Via Torino, Mestre-Marghera,
Venecia, Italia, 1995
Sergio Los, Valeriano Pastor,
Natasha Pulitzer

University Facilities
Via Torino, Mestre-Marghera,
Venice, Italy, 1995
Sergio Los, Valeriano Pastor,
Natasha Pulitzer

Este proyecto aborda la transformación de áreas periféricas dentro de una zona industrial difusa. Una nueva universidad y un complejo cientifico-tecnológico se proponen como medio para sanear un territorio fracturado y proporcionar una nueva fachada urbana a la laguna de Venecia.

El diseño se ha basado en las trazas existentes en el territorio, para darle coherencia con la lógica operativa de la urbanización de la zona. Se proponen redes de circulación separadas para coches y para peatones. El tejido urbano propuesto está formado por edificios aislados dedicados a actividades mixtas (enseñanza, investigación, fabricación). También se propone una sustitución gradual de las instalaciones industriales existentes que en todo caso ha de realizarse de tal manera que no interfiera con el funcionamiento de las nuevas edificaciones. El modelo de urbanización sigue una secuencia típica de desarrollo urbano: urbanización, parcelación, construcción.

Los conceptos básicos del proyecto son:
- Proceso de urbanización basado en pequeñas operaciones, fácilmente asumibles y controlables.
- Organización de las operaciones de tal modo que los componentes existentes no sufran alteraciones funcionales.
- Urbanización por fases *completas,* para evitar que se produzcan cambios más adelante.
- Red urbana de espacios públicos y arquitectura cívica.
- Retícula ortogonal como base de la red de espacios públicos y con capacidad para resistir alteraciones.
- Edificios modulares, capaces de albergar diversas actividades y funciones, bien sea por sí mismos, bien en combinación con otros.
- Sostenibilidad a largo plazo en lo relativo al uso de recursos, mantenimiento y aceptación social de los edificios.
- Técnicas constructivas compatibles con la tradición y con las nuevas funciones.

This project addresses the transformation of peripheral zones within a diffuse industrial area. A new university and interspersed scientific-technological settlement is suggested as the means of healing a fractured territory and of providing Venice's lagoon with a new urban facade.

The existing traces on the territory are the basis for the design, thus connecting it with the operating logic of urbanization in the area. Separate (pedestrian versus cars) circulation networks are proposed. The suggested urban fabric is composed of isolated buildings which house mixed activities (educational, research, manufacturing). Gradual substitution of the existing industrial facilities is also proposed, but in a way that does not disrupt the functioning of the new settlement. The development model is a typically urban sequence: urbanization, land division, construction.

The basic concepts of the project are:
- **Development process based on small operations, thus achievable and controllable.**
- **Operations organized so existing components are not functionally disturbed.**
- **'Completeness' at every stage of development, thus avoiding changes later on.**
- **Urban network of public spaces and civic architecture.**
- **Orthogonal grid to support the network of public spaces and capable of resisting disturbances.**
- **Buildings designed as modular, capable of housing diverse activities and functions, either by themselves or in combination with other buildings.**
- **Long-term sustainability regarding use of resources, maintenance and public acceptance.**
- **Construction techniques compatible with both tradition and new functions.**

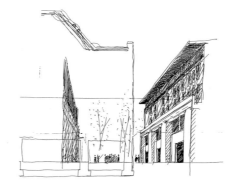

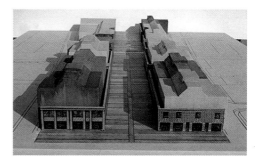

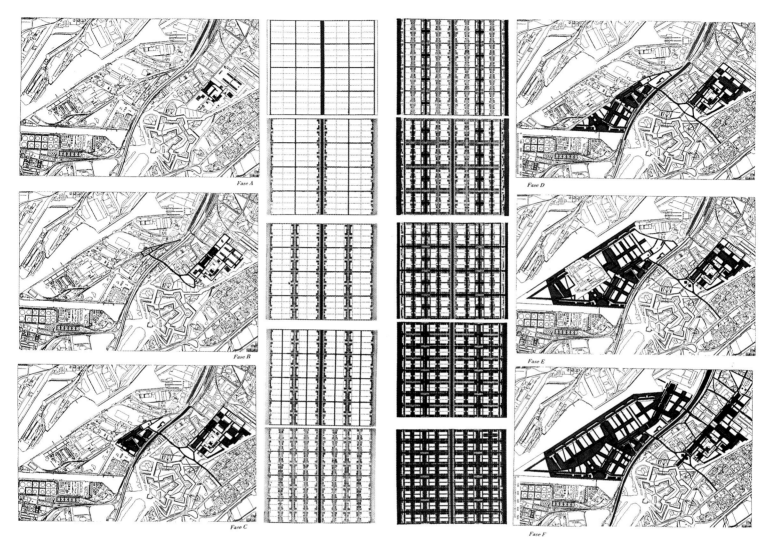

Fase A

Fase B

Fase C

Fase D

Fase E

Fase F

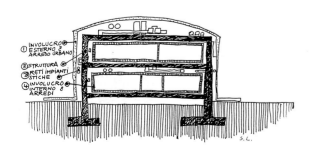

Al tejido urbano actual, demasiado disperso e inconexo, se le superpone una estructura reticular, con un grano progresivamente densificado (arriba). Los edificios existentes serán rehabilitados y reajustados en diferentes *estratos,* según su grado de adaptabilidad (izquierda). Los cuatro componentes principales de la edificación existente sobre los que actuar son: la fachada urbana (1), la estructura (2), las instalaciones (3), y la *fachada interna* y los componentes tecnológicos (4).

A now too-loose urban fabric is furnished with a structure based on a grid pattern with a progressively densified grain (above). The existing buildings are rehabilitated and retrofitted into different 'strata', depending of their degree of adaptability (left). The four main building components to act upon are the urban facade (1), the structure (2), the building services (3), and the 'internal facade' and fittings (4).

La Larga Muralla, Bahía de Falero
Atenas, Grecia, 1989-1990
Gigantes Zenghelis Architects (GZA)
Grupo de estudiantes de la University
of East London

Long Walls, Faliro Bay
Athens, Greece, 1989-1990
Gigantes Zenghelis Architects (GZA)
University of East London Student Group

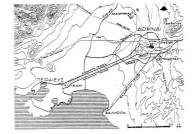

Pese a su nombre cargado de connotaciones históricas, Atenas es una ciudad moderna, reinventada y trazada a mediados del siglo XIX; en la actualidad, es esencialmente una ciudad del siglo XX salpicada de monumentos antiguos. Su fenomenal crecimiento (más de cinco millones de habitantes) ha ido siempre por delante de su infraestructura. Su contaminación es notoria y su continuo desarrollo, inspirado siempre en el beneficio económico como única meta, no contempla la regeneración urbana ni siquiera a título de remota posibilidad.

El equipo de proyecto, convencido de que Atenas tiene potencial suficiente como para convertirse en el "Silicon Valley del Mediterráneo oriental", seleccionó varios emplazamientos clave en la ciudad a fin de restaurar la relación urbana con el mar y como campo de pruebas para la regeneración ecológica y urbana. Las propuestas incluyen:
- Demolición de la autopista elevada de la costa y su sustitución por un bulevar para tráfico lento, con un túnel por debajo para el tráfico más rápido, lo que permitirá recuperar la perdida conexión con la fachada marítima.
- Un parque empresarial combinado con un denso jardín botánico en la "Larga Muralla", para proporcionar un pulmón verde a la zona, con capacidades naturales de refrigeración.
- Un parque científico para investigación industrial y laboratorios de producción, conectando el parque empresarial de la "Larga Muralla" con la fachada marítima, a través de la orilla oeste del río Kifissos.
- Dos zonas de estadios olímpicos, como nuevos hitos urbanos, y una Villa Olímpica adyacente ubicada en un gran solar que, aunque hoy sea un lugar ruidoso y contaminado, se convertirá con el tiempo en un oasis de colinas boscosas.
- Un *parque marítimo* que prolonga las funciones de la ciudad a unas islas artificiales situadas en la bahía y proporciona nuevas áreas para el esparcimiento y el disfrute de la naturaleza.

Se esperaba que este proyecto(s) –por su dinámica, por el cambio infraestructural propuesto y por la inclusión de nuevos programas– generase una amplia respuesta local. Significativamente, este proyecto fue la primera propuesta de regeneración urbana de Atenas. Y, hasta la fecha de impresión, sigue siendo la única.

Despite the long history associated with its name, Athens is a modern city reinvented and laid out in the mid-19th century and, by now, essentially a 20th-century city punctuated with ancient monuments. Its phenomenal growth (more than five million inhabitants) has at every step outstripped its infrastructure. Its pollution is notorious and the permanently ongoing profit-driven development does not contemplate urban regeneration even as a possibility.

The design team, convinced that Athens has the potential to become the 'Silicon Valley of the eastern Mediterranean', chose several key sites within the city to reinstate the urban relationship with the sea, and as testing grounds for ecological and urban regeneration. Proposals include:
- Removal of the coastal elevated expressway to be replaced by a surface-level, slow-speed boulevard with fast traffic tunneled underneath, thus recovering the now lost connection with the sea front.
- A business park combined with a dense arboretum at the 'Long Walls' to provide a green lung for the area with natural cooling capabilities.
- A science park for industrial research and development laboratories, connecting the 'Long Walls' business park to the sea front through the west bank of the Kifissos River.
- Two zones of Olympic stadiums as new urban landmarks and an adjacent new Olympic Village placed on a large, noisy and polluted site which is turned into an oasis of forested hills.
- A 'water park' extending city functions onto artificial islands on the bay and providing new areas for relaxation and enjoyment of nature.

The dynamic of the project(s), infrastructural change and the insertion of new programs were expected to generate, by their own logic, a local response. Remarkably, this project was the first urban regeneration proposal for Athens. At the time of printing, it was still the only one.

La antigua Atenas estaba situada 4 kilómetros tierra adentro de su puerto, El Pireo. Durante el periodo clásico, ambos centros urbanos estaban enlazados por una calzada amurallada de 147 metros de ancho, construida para garantizar la libertad de movimientos de mercancías y tropas (arriba). Esta "Larga Muralla" todavía pervive en el tejido urbano moderno, ahora en forma de zona industrial abandonada, delimitada por la línea del metro y la carretera de El Pireo, ofreciendo una oportunidad única para el desarrollo de estrategias de regeneración urbanística.

Ancient Athens was sited 4 km inland from its port, Piraeus. During the classical era both urban centers were joined by a walled road, 147 meters wide, to ensure the free movement of goods and armies (this page, top). These 'Long Walls' still reverberate in the modern urban fabric as a now-abandoned industrial zone delimited by the metro line and the Piraeus road, offering a unique opportunity for regeneration strategies.

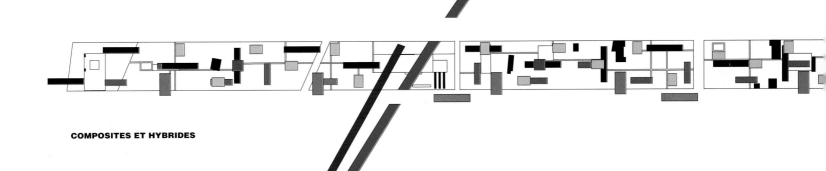

COMPOSITES ET HYBRIDES

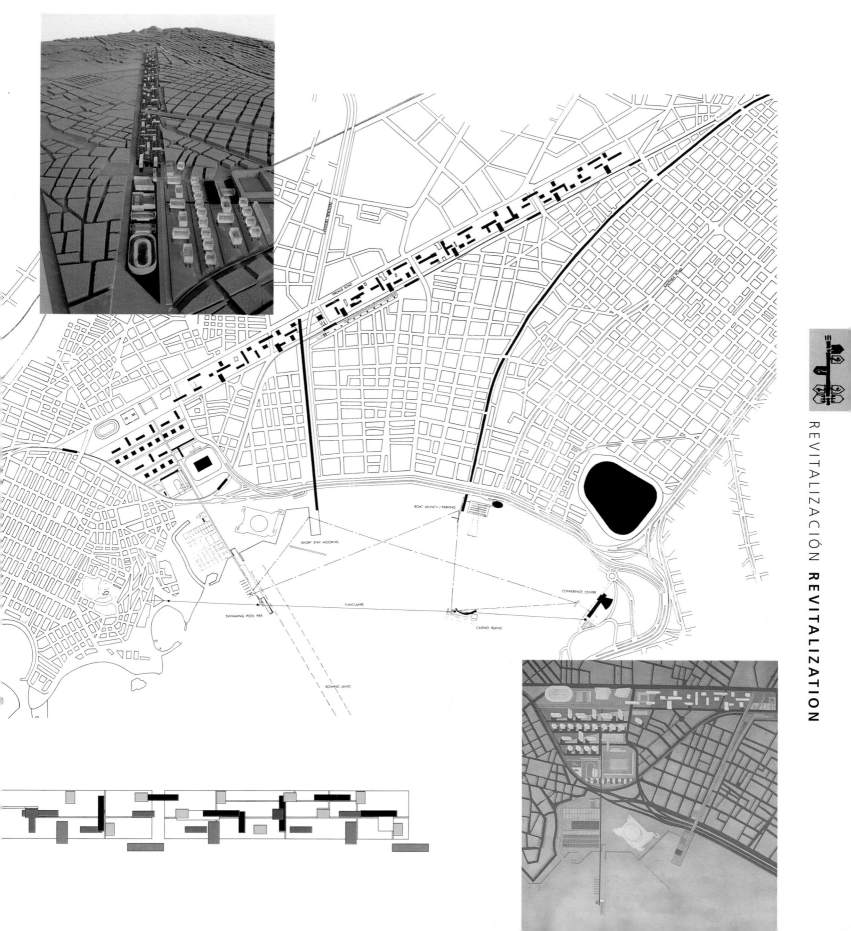

BOAT LAUNCH / PARKING

SHORT STAY MOORING

CONFERENCE CENTRE

FUNICULAIRE

SWIMMING POOL PIER

CASINO ISLAND

ROWING LANES

Telepueblo Colletta di Castelbianco
Savona, Liguria, Italia, 1994-
Giancarlo De Carlo,
Valerio Saggini & Stefania Belloni,
Telesma s.a.s.

Colletta di Castelbianco Televillage
Savona, Liguria, Italy, 1994-
Giancarlo De Carlo,
Valerio Saggini & Stefania Belloni,
Telesma s.a.s.

Este proyecto de rehabilitación de un pueblo abandonado situado en una colina de Liguria, tiene el objetivo de hacerlo habitable de nuevo. Evidentemente, los habitantes no serán ya los que había antiguamente, ni siquiera realizarán el mismo tipo de actividades, ni tampoco tendrán su mismo modo de vida, dado que los motivos por los que el pueblo fue abandonado no han desaparecido. Sin embargo, los nuevos habitantes tampoco serán turistas, al menos en el sentido que comúnmente se aplica al término. La finalidad de esta intervención es la reutilización del pueblo, su restauración para una nueva vida comunitaria sostenible, manteniendo intactos los rasgos que lo caracterizan como un lugar ideal para aquellos que, agobiados por la frenética vida urbana contemporánea, buscan un refugio donde vivir a un ritmo más sosegado, pero sin estar aislados.

El proyecto combina los preciados rasgos de la tradición urbana con las ventajas de la innovación. Tal innovación vendrá definida fundamentalmente por las nuevas tecnologías de la comunicación: en la antigua estructura del pueblo se injertará una especie de ultramoderno sistema nervioso cibernético. Se dotará al pueblo de las infraestructuras de telecomunicación más avanzadas que permitirán a sus habitantes mantenerse permanentemente conectados con el mundo, usando los servicios ofrecidos por Internet, la World Wide Web y otras avanzadas redes de comunicación global. Trabajo, educación, cultura y ocio llegarán al pueblo a través de esas redes de comunicación, inyectando nueva vitalidad y actividad económica a la antigua infraestructura.

This is a rehabilitation project for a now-deserted but otherwise perfectly preserved hilltown in Liguria which will be made habitable again. The inhabitants will not be the same, in the sense that they will not carry on the same activities or the same way of life as those who lived there in ancient times, because the reasons why the village was abandoned have certainly not vanished. The new residents will not be tourists either, at least not in the sense commonly given to the term. The aim is rather to reuse the village, to restore it to a new and sustainable community life while maintaining intact those features which make it an ideal place for those who, oppressed by the frenetic beat of contemporary life, seek a refuge in which to live at a slower pace without becoming isolated.

All the precious features of urban tradition, therefore, will be combined with the advantages of innovation. Such innovation will be achieved mainly by means of new communication technologies: a sort of ultra-modern cybernetic nerve system will be grafted onto the ancient fabric of the village. The most advanced telecommunication infrastructures will be provided to allow future residents to be connected with the world in real time, utilizing the services offered by the Internet, the World Wide Web and other forthcoming worldwide networks. Work, education, culture, and leisure will be carried by the networks, injecting new life and economic activity into an old infrastructure.

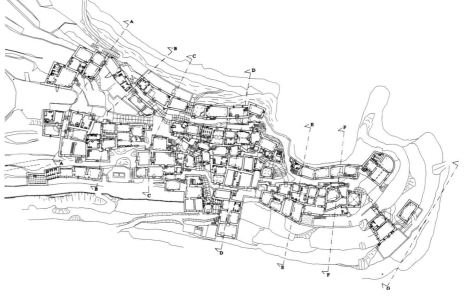

El pueblo es un conglomerado de células de habitación, adaptadas y aferradas tenazmente al terreno, del que brotan como si de una formación coralina se tratase. Cada celda se fusiona con las que la rodean en todas direcciones: horizontalmente, verticalmente, oblicuamente, hacia arriba o hacia abajo. Las viviendas originales estaban compuestas de una configuración flexible de celdas; en el proyecto de reconstrucción se ha mantenido esa flexibilidad, tal como puede apreciarse en las secciones (debajo; a la derecha, estado actual; a la izquierda, cambios propuestos).

The village is an aggregate of dwelling cells, adapted to and growing out of the ground like a coral reef. Each cell merges with those that surround it in all directions: horizontal, vertical, oblique, ascending or descending. Dwellings were made of flexible configurations of cells; such flexibility is maintained by the reconstruction project, as shown by the sections (below; current state to right, proposed changes to left).

TELEPUEBLOS **TELEVILLAGES**

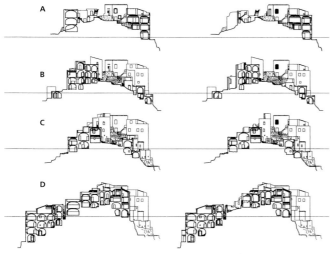

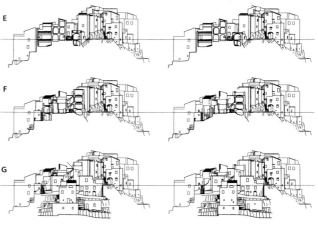

En Colletta, los espacios libres destinados a calles, patios y escaleras tienen dimensiones comparables a las de las células que configuran las viviendas, y de igual manera se juntan de forma orgánica para configurar agrupaciones mayores. Tales correspondencias entre abierto y cerrado, hueco y macizo, tan infrecuentes en la arquitectura actual, se han mantenido y reforzado en todo el conjunto.

At Colletta the open spaces given over to streets, yards and steps all have dimensions comparable to those of the cells which make up the dwellings; they also join up and form clusters in the same organic way. Such correspondence between open and closed, voids and solids, so rare in current architecture, has been maintained and reinforced throughout.

Las opciones alternativas de uso del espacio en el plano horizontal se combinan con diversas estrategias en sección para extremar la flexibilidad de las viviendas (debajo a la derecha). Los edificios existentes se restauran por métodos constructivos tradicionales (página siguiente, debajo). La principal diferencia en fachada es la adición de aberturas para aumentar la iluminación natural, conservándose, no obstante, la relación macizo/hueco y las proporciones generales. Se han desarrollado varios prototipos de plantas de viviendas para contrastar el funcionamiento del sistema compositivo y las técnicas constructivas.

Alternative schemes for horizontal space use can be combined with diverse sectional strategies to maximize dwelling flexibility (bottom right). Existing structures are restored using traditional construction methods (opposite page, bottom). The addition of openings to provide natural lighting is the main external difference, the solid-to-void ratios and proportions being preserved. Prototype dwelling layouts have been developed to test the compositional system and construction techniques.

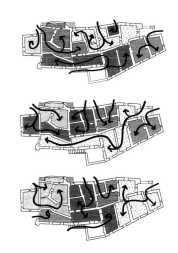

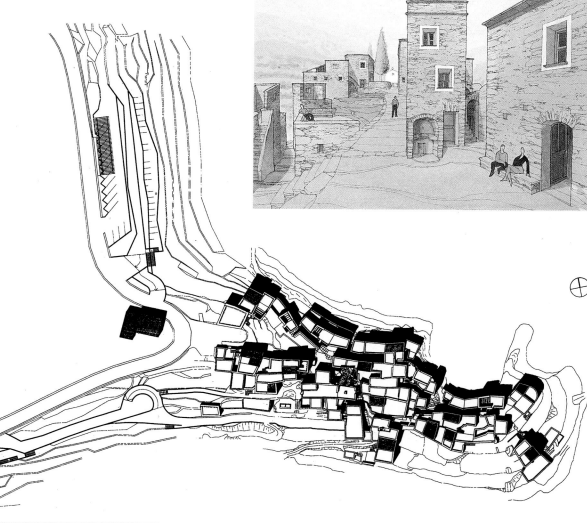

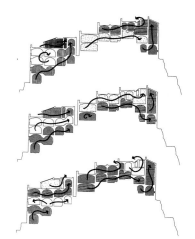

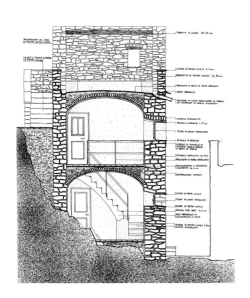

ParcBIT
Mallorca, Islas Baleares, España, 1994-
Richard Rogers Partnership

ParcBIT
Majorca, Balearic Islands, Spain, 1994-
Richard Rogers Partnership

El gobierno autónomo de las islas Baleares está impulsando activamente el proyecto del Parque Balear de Innovación Telemática (ParcBIT). El proyecto es una pieza clave de la estrategia regional para proporcionar a los habitantes de la región una ventaja competitiva de cara al siglo XXI, a fin de superar las limitaciones crónicas de una economía local basada casi exclusivamente en el turismo de masas, el sol y la playa.

ParcBIT se apoya en dos conceptos fundamentales: la telemática y la sostenibilidad. El proyecto pretende ser un prototipo de trabajo y un modelo a escala internacional de una comunidad humana donde vivir y trabajar sacando partido de las ventajas que ofrecen las últimas tecnologías en informática, telecomunicaciones y multimedia, a la par que se ponen en práctica conceptos de reciclaje, energías renovables y planeamiento urbano ecosensible. ParcBIT aspira a ser un ejemplo para las nuevas ecotelecomunidades, un modelo que pueda ser adaptado a otras ubicaciones y condiciones, manteniendo sin embargo sus conceptos subyacentes, de manera que se convierta en un nuevo paradigma de los modos de vida en la sociedad de la información.

Richard Rogers, ganador de la mayoría de galardones en un concurso internacional de ideas celebrado en 1994 (ver página 189), recibió el encargo de llevar el concepto ParcBIT a la siguiente fase de desarrollo del diseño. La propuesta articula el ParcBIT en tres comunidades de uso mixto a escala mediterránea, al estilo de los pueblos en ladera que se desparraman suavemente por la falda de la montaña. Todo el proyecto está imbuido de consideraciones ecológicas que afectan a la arquitectura, la organización urbana, la movilidad, el reciclaje de residuos, el riego y la producción y el uso de energía.

The Autonomous Government of the Balearic Islands Region is actively propelling the 'Balearic Park for Telematic Innovation (ParcBIT)'. The project is a key element in the governmental strategy to provide the Balearics with a competitive advantage into the 21st century, overcoming the limitations of a local economy now based almost exclusively on mass tourism, sun and beach.

ParcBIT's two basic concepts are telematics and sustainability. The project is intended to be a working prototype, as well as a showcase at an international scale, of a community where people will live and work taking advantage of emerging technologies – computing, telecommunications and electronic media, on the one hand, and ecourbanism, the design of sustainable human environments, and the use of recycling and renewable sources of energy, on the other. ParcBIT aims to set an example for new ecotelecommunities, a model that can be adapted to other locations and conditions while still maintaining its underlying concepts, thus becoming a new paradigm for living in the information society.

Richard Rogers, as winner of most awards in a 1994 International Ideas Competition (see p. 189) was commissioned to take the ParcBIT concept into the next stage of design development. The proposal articulates the ParcBIT into three mixed-use, Mediterranean-scale communities, in the style of hilltowns gently cascading down the site's slopes. The scheme is thoroughly pervaded by ecology-conscious considerations, affecting architecture, urban layout, transportation, waste recycling, irrigation and energy management and generation.

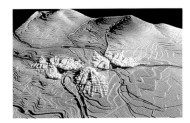

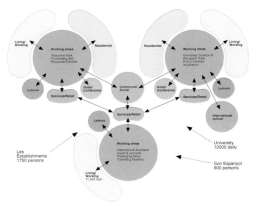

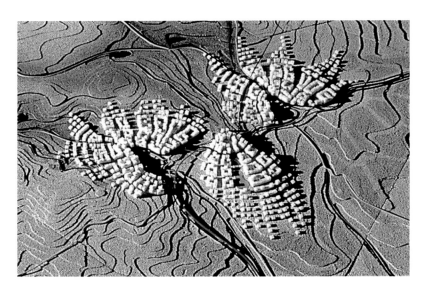

CONCEPT: A TRANSI-
TION IN SCALE FROM
CENTRE TO EDGES
ALLOWS CLOSER INTE-
GRATION OF BUILDINGS
WITH THE SURROUND-
ING LANDSCAPE.

〜 HIGH DENSITY DEVELOPMENT AREAS
〜 MEDIUM DENSITY DEVELOPMENT AREAS
〜 LOW DENSITY DEVELOPMENT AREAS

■ 4 STOREY HIGH DENSITY DEVELOPMENT
■ 3 STOREY MEDIUM DENSITY DEVELOPMENT
▨ 2 STOREY LOW DENSITY DEVELOPMENT
▢ 2 STOREY TOWEST DENSITY DEVELOPMENT

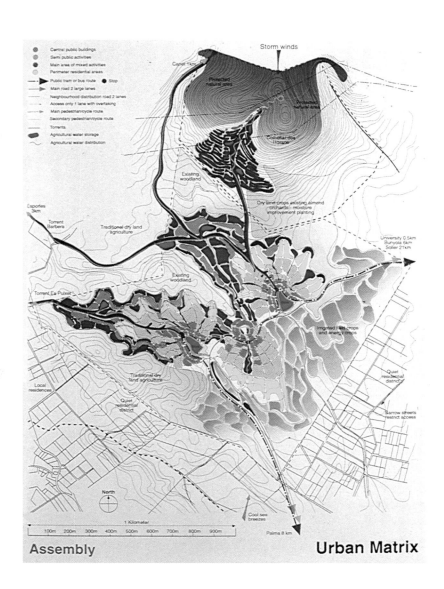

Assembly **Urban Matrix**

Dentro de cada *pueblo* de uso mixto, los espacios más públicos (escuelas, comercio, ocio) están localizados alrededor del centro, mientras que las zonas residenciales más privadas se ubican en la periferia. Zonas más densas de viviendas y oficinas están ubicadas en las zonas intermedias, pero las fronteras se difuminan, ya que los cambios de densidad de tejido urbano y de uso se producen gradual e informalmente.

In each mixed-use 'village', more public uses (schools, retail, leisure) surround the center, whereas more private residential areas are located at the periphery. Denser housing and offices are placed in between, but boundaries are blurred, as changes in urban fabric density and uses occur gradually.

Actividades Mixtas

Espacio		Zona 1		Zona 1 Población	Zona 2		Zona 2 Población	Zona 3		Zona 3 Población	Población existente de los alrededores	
Domicilio/Trabajo	10%	35%	11,403 m²	228	35%	11,403 m²	228	30%	9,774 m²	195		
Residencial	40%										Residencial	
A. Viviendas familiares	25%	25%	8,145	175	35%	11,403	244	40%	13,032	279	Región este	600
B. Viviendas adosadas	40%	45%	23,457	704	35%	18,244	547	20%	10,425	313	Región oeste	1750
C. Pisos	30%	40%	15,638	521	30%	11,729	391	30%	11,729	391		
D. Viviendas sociales	5%	-	-	-	40%	2,606	113	60%	3,910	170		
Zonas comerciales	44%	30%	43,004	1433	40%	57,339	1,911	30%	43,004	1,433	Universidad	12000
Comercial/Ocio Conferencias/Hoteles	6%	15%	2,867	135	27%	5,228	154	59%	11,454	231		
Superficie total edificable			104,514 m²			117,953 m²			103,328 m²			

Superficie total edificable para las zonas 1, 2 y 3 = 325,794 m²

Mix of Activities

Accommodation		Zone 1		Zone 1 Population	Zone 2		Zone 2 Population	Zone 3		Zone 3 Population	Existing Population for catchment area	
Living/Working	10%	35%	11,403 sqm	228	35%	11,403 sqm	228	30%	9,774 sqm	195		
Residential	40%										Residential	
A. Individual housing	25%	25%	8,145	175	35%	11,403	244	40%	13,032	279	Eastern region	600
B. Terraced housing	40%	45%	23,457	704	35%	18,244	547	20%	10,425	313	Western region	1750
C. Apartments	30%	40%	15,638	521	30%	11,729	391	30%	11,729	391		
D. Social housing	5%	-	-	-	40%	2,606	113	60%	3,910	170		
Business Areas	44%	30%	43,004	1433	40%	57,339	1,911	30%	43,004	1,433	University	12000
Commercial/Leisure Conferences/Hotels	6%	15%	2,867	135	27%	5,228	154	59%	11,454	231		
Total building area			104,514 sqm			117,953 sqm			103,328 sqm			

Total building area for zone 1, zone 2 and zone 3 = 325,794 sqm.

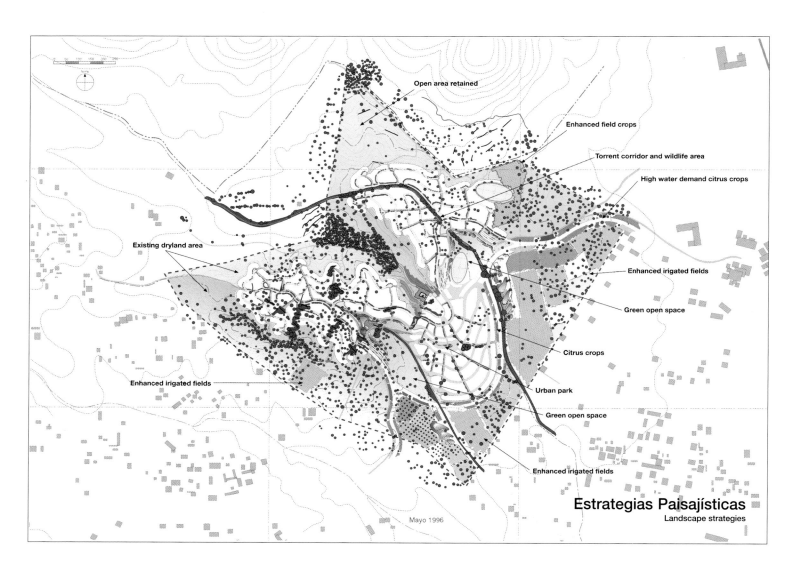

Open area retained

Enhanced field crops

Torrent corridor and wildlife area

High water demand citrus crops

Existing dryland area

Enhanced irrigated fields

Green open space

Citrus crops

Urban park

Green open space

Enhanced irrigated fields

Enhanced irrigated fields

Estrategias Paisajísticas
Landscape strategies

Mayo 1996

El pueblo central está ubicado en la cresta divisoria de la montaña, teniendo a la granja existente como eje. Los otros dos pueblos están emplazados a ambos lados del anterior, en torno a dos lagunas artificiales. El agua de lluvia no se aprovecha solamente para el ocio, sino que también se emplea para beber y para usos agrícolas, siguiendo una vieja tradición local, hoy casi perdida.

The central village is located on the site's dividing hill-crest, with the existing farmhouse as its pivot. The other two villages are located on either side, around two artificial rainwater reservoirs. Rainwater is not used just as an amenity, but also for drinking and agricultural irrigation, following a now all but lost local tradition.

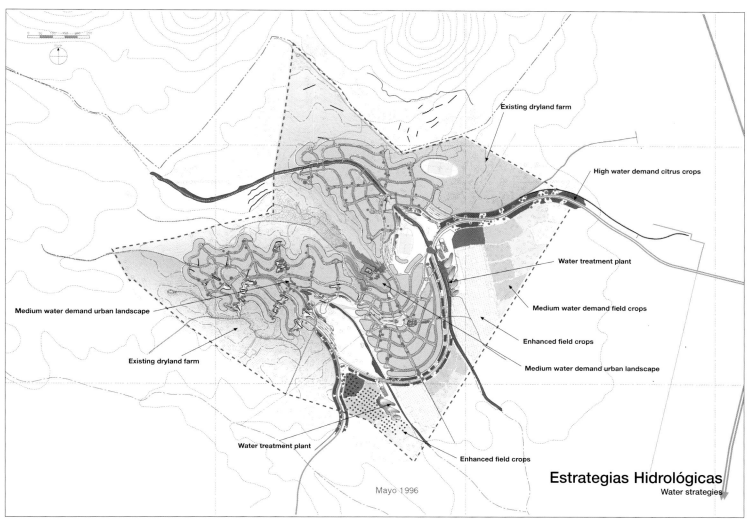

Existing dryland farm

High water demand citrus crops

Water treatment plant

Medium water demand field crops

Enhanced field crops

Medium water demand urban landscape

Medium water demand urban landscape

Existing dryland farm

Water treatment plant

Enhanced field crops

Estrategias Hidrológicas
Water strategies

Mayo 1996

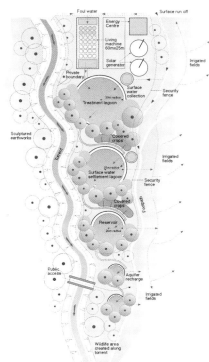

Foul water

Surface run off

Energy Centre

Living machine 60mx25m

Solar generator

Private boundary

Surface water collection

Irrigated fields

Security fence

Treatment lagoon

30m radius

Sculptured earthworks

Covered crops

Irrigated fields

25m radius

Surface water settlement lagoon

Security fence

Covered crops

Reservoir

20m radius

Public access

Aquifer recharge

Irrigated fields

Wildlife area created along torrent

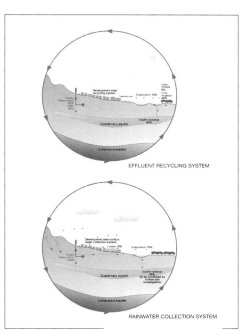

EFFLUENT RECYCLING SYSTEM

RAINWATER COLLECTION SYSTEM

CONCEPT: MAXIMISE REUSE OF WATER WITHIN SITE

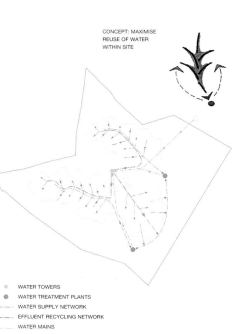

○ WATER TOWERS
● WATER TREATMENT PLANTS
—·— WATER SUPPLY NETWORK
—··— EFFLUENT RECYCLING NETWORK
——— WATER MAINS

TELEPUEBLOS **TELEVILLAGES**

185

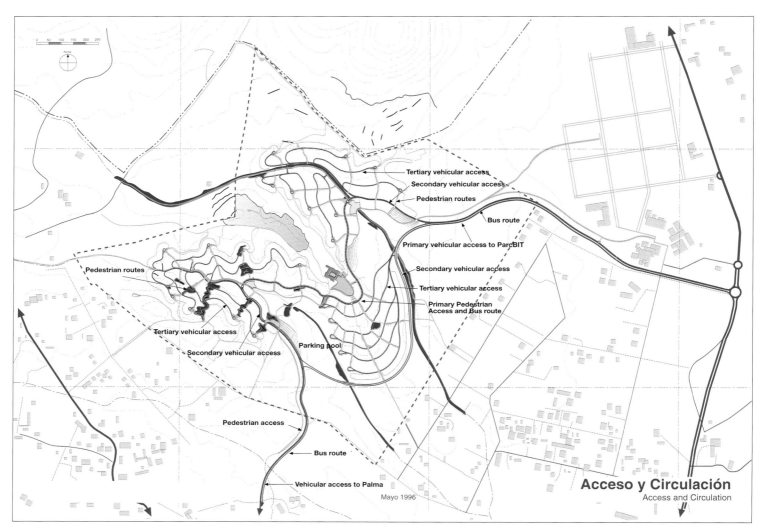

Tertiary vehicular access

Secondary vehicular access

Pedestrian routes

Bus route

Primary vehicular access to ParcBIT

Secondary vehicular access

Tertiary vehicular access

Primary Pedestrian
Access and Bus route

Pedestrian routes

Tertiary vehicular access

Secondary vehicular access

Parking pool

Pedestrian access

Bus route

Vehicular access to Palma

Mayo 1996

Acceso y Circulación
Access and Circulation

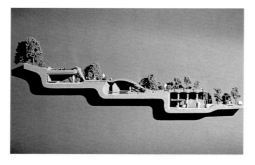

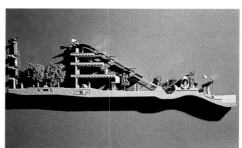

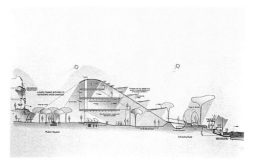

El plan director apoya activamente los medios de transporte
alternativos al coche, como el ir
a pie, en bicicleta, en transporte
público (tranvías y autobuses)
y pequeños cochecitos y motos
eléctricos de pago. Las calles
están diseñadas para el peatón
a la manera tradicional mediterránea; son estrechas y sombrea-
das, proporcionando protección
contra el calor veraniego.

**Non-car transportation is
actively supported by the
masterplan, including walking, bicycles, mass transit
systems (tramways and buses)
and small pay-as-you-go electric cars and scooters. Streets
are designed for pedestrians,
in the Mediterranean tradition; they are narrow and
shaded against the summer
heat.**

TELEPUEBLOS **TELEVILLAGES**

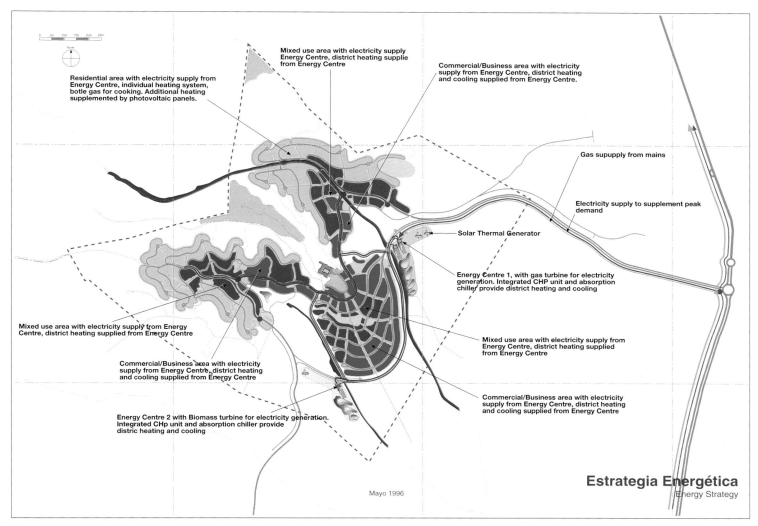

Residential area with electricity supply from Energy Centre, individual heating system, botle gas for cooking. Additional heating supplemented by photovoltaic panels.

Mixed use area with electricity supply Energy Centre, district heating supplie from Energy Centre

Commercial/Business area with electricity supply from Energy Centre, district heating and cooling supplied from Energy Centre.

Gas supupply from mains

Electricity supply to supplement peak demand

Solar Thermal Generator

Energy Centre 1, with gas turbine for electricity generation. Integrated CHP unit and absorption chiller provide district heating and cooling

Mixed use area with electricity supply from Energy Centre, district heating supplied from Energy Centre

Mixed use area with electricity supply from Energy Centre, district heating supplied from Energy Centre

Commercial/Business area with electricity supply from Energy Centre, district heating and cooling supplied from Energy Centre

Commercial/Business area with electricity supply from Energy Centre, district heating and cooling supplied from Energy Centre

Energy Centre 2 with Biomass turbine for electricity generation. Integrated CHp unit and absorption chiller provide distric heating and cooling

Mayo 1996

Estrategia Energética
Energy Strategy

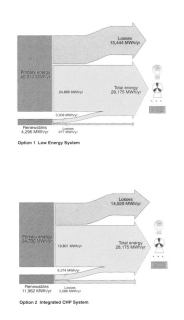

Option 1 Low Energy System

Losses 15,444 MWh/yr
Primary energy 40,310 MWh/yr
24,866 MWh/yr
Total energy 28,175 MWh/yr
3,309 MWh/yr
Renewables 4,296 MWh/yr
Losses 977 MWh/yr

Option 2 Integrated CHP System

Losses 14,929 MWh/yr
Primary energy 34,730 MWh/yr
19,801 MWh/yr
Total energy 28,175 MWh/yr
8,374 MWh/yr
Renewables 11,962 MWh/yr
Losses 3,588 MWh/yr

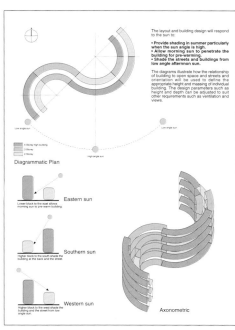

The layout and building design will respond to the sun to:
• Provide shading in summer particularly when the sun angle is high.
• Allow morning sun to penetrate the building for pre-warming.
• Shade the streets and buildings from low angle afternoon sun.

The diagrams illustrate how the relationship of building to open space and streets and orientation will be used to define the appropriate height and massing of individual building. The design parameters such as height and depth can be adjusted to suit other requirements such as ventilation and views.

Diagrammatic Plan

Eastern sun
Lower block to the east allows morning sun to pre-warm building

Southern sun
Higher block to the south shade the building at the back and the street.

Western sun
Higher block to the west shade the building and the street from low angle sun.

Axonometric

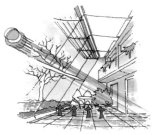

En los edificios se emplean ecotecnologías, dispositivos de control de la ganancia solar, y se aprovechan las brisas naturales. El suministro local de la energía se basa en el aprovechamiento energético del biogás generado por la descomposición de los subproductos de las cosechas (biomasa).

Buildings utilize ecotechnologies, natural breezes and solar gain-controlling devices. Extensive biomass crops are gasified to provide local power.

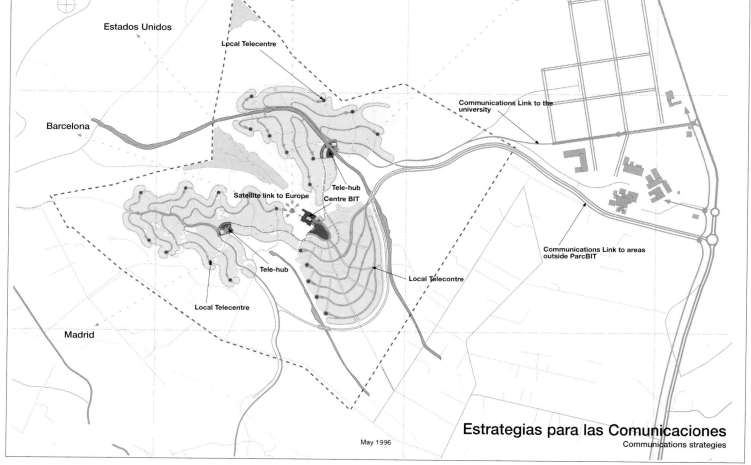

Londres

Tokio

Estados Unidos

Local Telecentre

Communications Link to the university

Barcelona

Satellite link to Europe

Tele-hub
Centre BIT

Communications Link to areas outside ParcBIT

Tele-hub

Local Telecontre

Local Telecentre

Madrid

Estrategias para las Comunicaciones
Communications strategies

May 1996

Los más avanzados sistemas de telecomunicación (fibra óptica, plataformas satélite, redes zonales, etc.) proporcionan vínculos electrónicos en el interior del desarrollo y entre el ParcBIT y las redes de comunicación globales (ISDN, Internet, WWW, TV digital, etc.), asegurando un intercambio de información rápido y fiable para el trabajo, el estudio y el ocio.

State-of-the-art telecommunication systems (fiber optics, satellite dishes, area networks, etc.) provide electronic links both within the site and between ParcBIT and the global communication networks (ISDN, Internet, WWW, digital TV, etc.), securing fast and reliable information interchange for work, study and leisure.

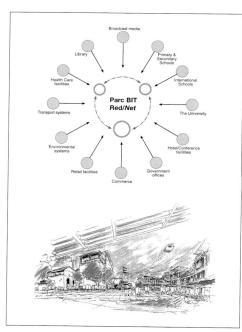

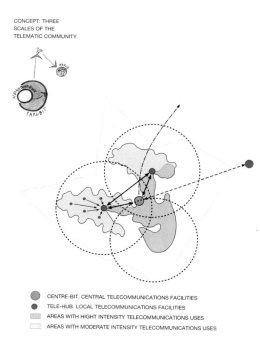

CONCEPT: THREE SCALES OF THE TELEMATIC COMMUNITY

● CENTRE-BIT. CENTRAL TELECOMMUNICATIONS FACILITIES
● TELE-HUB. LOCAL TELECOMMUNICATIONS FACILITIES
▨ AREAS WITH HIGHT INTENSITY TELECOMMUNICATIONS USES
▢ AREAS WITH MODERATE INTENSITY TELECOMMUNICATIONS USES

Otras propuestas del concurso internacional de ideas para el masterplan del ParcBit
Other ParcBit international masterplanning ideas competition entries

Over Arup and Partners

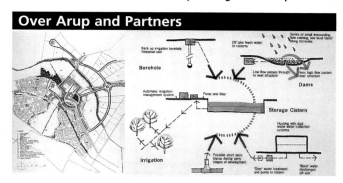

Michael Mossessian+a4A with Desvigne & Dalnoky

Norman Foster and Partners

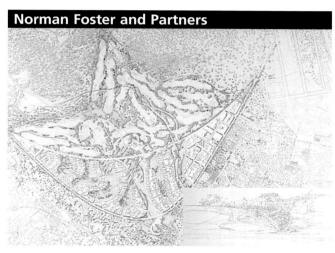

Emili Nadal

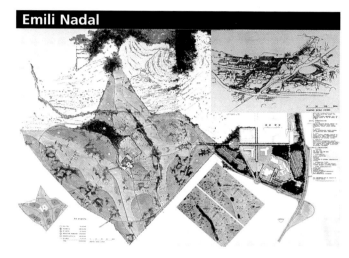

Hiroshi Hara + Atelier Φ

José Miguel de Prada Poole

Koetter, Kim & Associates

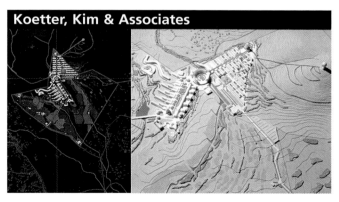

Skidmore, Owings & Merrill

Arenas, Basiana, Gelpi, Mayol, Santos

Elías Torres & José Antonio Martínez Lapeña

Créditos proyectos/*Project credits*

(por orden de aparición/*by order of appearance*)

Ciudad Jardín Puchenau/*Garden City Puchenau*, Austria, 1962-
Roland Rainer, Architekt-Vienna.

Europôle Méditerranéen de l'Arbois, Francia/*France*, 1994-
Norman Foster and Partners, Derek Lovejoy Partnership, Kaiser Bautechnik, Davis Langdon & Everest, Halcrow.

Communications Hill, San José, California, EE UU/ USA, 1991-
Promotor/*Sponsoring Organization:* City of San Jose Planning Department.
Dirección del proyecto/*Masterplanners:* Solomon Architecture and Planning (Daniel Solomon and Kathryn Clarke Albright, directores/*principals*).
Asesores/*Consultants:* Phillips Brandt Reddick, urbanistas/*urban planning*; Nolte & Associates, ingeniería civil/*civil engineering*; Deakin/Harvey/Skabardonis, transporte/*transportation*; The SWA Group, foresta y horticultura/*forestry and horticulture*.
Fotografías/Ilustraciones, *Photo/Illustrations:*
Peter Xiques, p. 32-33 (arriba/*top*), p. 34 (centro/*center*), p. 35 (centro/*center*); Air Flight Service, p. 32 (arriba/*top*); David Horsley, p. 32 (centro y debajo/*center and bottom*), p. 35 (fila superior/*top row*); Kathryn Clarke Albright, p. 33 (debajo/*bottom*), p. 34 (inferior izquierda/*bottom left*); Philip Rossington, p. 34 (arriba/*top*); Thai Nguyen, p. 35 (debajo/*bottom*).

Can Llovera, Sant Feliu de Llobregat, Barcelona, España/*Spain*, 1992-
Miquel Roa, Arquitectura Produccions, SL, Sant Just Desvern, Barcelona, España/*Spain*.

Beethovenpark, Colonia/*Cologne*, Alemania/ Germany, 1989-1994
Cliente/*Client:* Gerling Konzern, Colonia/*Cologne*, Alemania/*Germany*.
Arquitectos paisajistas/*Landscape Architects:* Bödeker, Wagenfeld & Partners, Düsseldorf, Alemania/*Germany*.
Arquitectos/*Architects:* dt8-Planungsgruppe, Colonia/*Cologne*, Alemania/*Germany*; Hentrich, Petschnigg & Partners (HPP), Düsseldorf, Alemania/*Germany*.
Fotografías/*Photographs:* Manfred Hanisch.

Curitiba, Estado de Paraná/*Paraná State*, Brasil/*Brazil*, 1974-
Municipio de Curitiba/*Curitiba City Council*.
Fotografías/*Photographs:* Carlos Ceneviva, p. 38 (arriba/*top*); Aristeu Dias, Sergio Sade, p. 40; Zig Koch, Aristeu Dias, Arquivo IPPUC, p. 41.

Barrio Old Mill/*Old Mill Transit-Oriented Neighborhood ('The Crossings')*, Mountain View, California, EE UU/*USA*, 1994-
Peter Calthorpe Associates, Berkeley, California, EE UU/*USA*.

Barrio solar/*Solar Quarter*, Unterer Wöhrd, Regensburg, Alemania/*Germany*, 1996-
The READ (Renewable Energies in Architecture and Design) Group:
Norman Foster and Partners, Londres/*London*, Reino Unido/*UK*.
Prof. Thomas Herzog, Múnich/*Munich*, Alemania/*Germany*.
Richard Rogers, Londres/*London*, Reino Unido/*UK*.
Norbert Kaiser, Duisburg, Alemania/*Germany*.
Renzo Piano, Génova/*Genoa*, Italia/*Italy*.
Fotógrafo/*Photographer:* Richard Davies.

Propuesta de Plan Director IGA 2003/*IGA Island 2003 Master Plan Submission*, Dresden, Alemania/*Germany*, 1995-
SITE-New York City, EE UU/*USA*.
Toubier & Walmsley-New York City, EE UU/*USA*/ Dresden, Alemania/*Germany*.
Berkhardt Steltzer, Architect-Philadelphia, Pensilvania/*Pennsylvania*, EE UU/*USA*.
Landmarks, GMBh-Dresden, Alemania/*Germany*.
Ohme Van Sweden-Washington DC, EE UU/*USA*.

Hábitat simbiótico/*Symbiotic Housing*, Tokio/*Tokyo*, Japón/*Japan*, 1994-
Bureau of Housing, Tokyo Metropolitan Government, Tokio/*Tokyo*, Japón/*Japan*.
Iwamura Atelier Co. Ltd., Tokio/*Tokyo*, Japón/*Japan*.

Villa Olímpica, Parque Olímpico de Sidney/ *Olympic Village, Sydney Olympic Park*, Sydney, Australia, 1992-
Greenpeace.
Sidney 2000 Planning and Design.

Ecopueblo Anningerblick/*Anningerblick EcoVillage*, Guntramsforf, Austria, 1992-
Atelier für Naturnahes Bauen, Staatlich Befugt und Beeideter Zivil Techniker Mag. Arch. Ing. Helmut Deubner, Gänserndorf-Süd, Austria.

Urbanización ecológica/*Ecological Housing*, Köln-Blumenberg, Alemania/*Germany*, 1989-1991
Architekturgesellschaft Reimund Stewen, Colonia/ *Cologne*, Alemania/*Germany*.

Ciudad solar/*Solar City*, Linz-Pichling, Austria, 1995-
Arquitectos/*Architects:* Norman Foster and Partners, Londres/*London*, Reino Unido/*UK*; Herzog+Partner Architekten, Múnich/*Munich*, Alemania/*Germany*; Richard Rogers Partnership, Londres/*London*, Reino Unido/*UK*.
Ingeniero medioambiental/*Environmental Engineer:* Kaiser Consult Ingenieure, Duisburg, Alemania/*Germany*.
Arquitecto paisajista/*Landscaping Architect:* Latz+ Partner, Ampertshausen, Alemania/*Germany*.
Crítico invitado/*Visiting Critic:* Renzo Piano Building Workshop, Génova/*Genoa*, Italia/*Italy*.
Cliente/*Client:* Ciudad de Linz/*The city of Linz*, Austria.
Fotografías/*Photos:* Richard Davies.

Urbanización bioclimática/*Bioclimatic Dwellings*, Tenerife, Islas Canarias/*Canary Islands*, España/*Spain*, 1995-
Promotor/*Sponsoring Organization:* Instituto Tecnológico y de Energías Renovables (ITER),
Cabildo de Tenerife, Islas Canarias/*Canary Islands*, España/*Spain*.
Ganadores del concurso/*Competition Winners:*
• 1er Premio/*First Prize:* César Ruiz-Larrea, Enrique Álvarez-Sala, Carlos Rubio, Javier Neila, Alberto Monedero, Gonzalo Ortega (Madrid).
• 2° Premio/*Second Prize:* Natasha Pulitzer, Sergio Los, Cristina Boghetto, Enrico Cozza, Sergio Lot, Alberto Miotto, Salvatore Pandolfo, Annamaria Bertazzon (Vicenza).
• 3er Premio/*Third Prize*/1: Marta Adroer, Sergi Serra (Barcelona).
• 3er Premio/*Third Prize*/2: Luc E.G. Eeckhout, Jean Pierre Van Den Broeke (Gante/*Gent*).

Eco-viviendas/*Eco-Housing*, Altötting, Alemania/*Germany*, 1993-
Demmel+Mühlbauer Dipl.-Ing. Architekten BDA, Múnich/*Munich*, Alemania/*Germany*.
Alfons Legdobler, Pfarrkirchen, Alemania/*Germany*.

Centro de Estudios Regeneradores/*Center for Regenerative Studies*, Pomona, California, 1976-
Plan director/*Master Plan*, Concepto y proyecto/ *Conceptual and Schematic Design:* John Tillman Lyle, C.R.S. Design Team.
Desarrollo del proyecto y proyecto de construcción/ *Design Development and Construction Documents* (Phases I and II): Dougherty and Dougherty, Inc., arquitectos/*architects*; Peridian Group, Inc., arquitecto paisajista/*Landscape Architects*.

Ecorrenovación en Tokio/*Tokyo EcoRenewal*, Tokio/*Tokyo*, Japón/*Japan*, 1994-
Jefe de proyecto/*Project Leader:* Yuichiro Kodama, Building Research Institute.
Kenjiro Oomura, Building Research Institute.
Chihiro Saito, Tokyo Institute of Technology.
Tetsuya Saigo, Tokyo Electric Power Company.
Koichiro Nezu. Tosiaki Sawaki. Koji Takemasa.

Pueblo Solar n.° 3/*Solar Village No. 3*, Pefki-Lykovryssi, Atenas/*Athens*, Grecia/*Greece*, 1978-1989
Arquitectos/*Architects:* Meletitiki-Alexandros N. Tombazis & Associates Architects, Ltd.
Asesores en temas energéticos/*Energy Consultants:* Vivian Loftness-Hartkopf, arquitecto/*architect*; D. Daskalakis, M/E ingeniero/*engineer*.
Sistemas activos/*Active Systems:* Interatom GmbH.
Ingenieros estructuras/*Structural Engineers:* K. Mylonas, ingeniería Civil/*Civil Engineer*; ingeniería de instalaciones/*M/E Design:* L.D.K.
Coordinación proyecto/*Project Coordination:* Solar Village, SA.

Parque Morra/*Morra Park*, Smallingerland, Países Bajos/*Netherlands*, 1989-
Architecten-en Ingenieursbureau J. Kristinson, Deventer, Países Bajos/*The Netherlands*.

Barrio diplomático, Riad/*Diplomatic Quarter, Riyadh*, Arabia Saudí/*Saudi Arabia*, 1977-1988
Arquitectos paisajistas/*Landscape Planning:* Bödeker, Wagenfeld & Partners (BW+P); Landschaftsarchitekten.
Arquitectos/*Architects:* Heinle-Wischer GmbH.
Infraestructura/*Infrastructure:* Rhein-Ruhr Ingenieur-Gesellschaft.
Urbanistas/*Urban Planners:* Speerplan.
Cliente/*Client:* High Executive Committee for the Project of the Ministry of Foreign Affairs and Diplomatic Quarter, Riad/*Riyadh*, Arabia Saudí/*Saudi Arabia*.

Potsdamer Platz, Berlin, Alemania/*Germany*, 1991-1998
Proyecto urbanístico/*Urban Plan:* Hans Stimmer.
Plan Director General Potsdamer Platz/*Potsdamer Platz Overall Master Plan:* Hilmer & Sattler.
Urbanistas/*Masterplanners:* Renzo Piano, Christoph Kohlbecker.
Promotor/*Developer:* Debis Immobilienmanagement GmbH (Daimler-Benz AG).
Arquitectos/*Architects:* Arata Isozaki, Hans Kollhoff, Lauber und Wöhr, Rafael Moneo, Renzo Piano+ Christoph Kohlbecker, Richard Rogers.
Fotografías e ilustraciones/*Photos & Illustrations:* p. 78, 79 (maqueta/*model*) Andreas Mums; p. 79, Rudolf Schäfer; p. 80 (derecha/*right*) Michael Denance; p. 81, Eamonn O'Mahony.

Mannheim Wallstadt-Nord, Alemania/*Germany*, 1987-
Joachim Eble Architektur, Tübingen, Alemania/*Germany*.

Tid, människor och hus, Malmö, Suecia/*Sweden*, 1981-
Ettore Nobis, Henrik Johannesson, Jaume Calsapeu.

Urbanización ecológica/*Ecological Housing* Geroldsäcker, Karlsruhe, Alemania/*Germany*, 1990-1994
Planungsgruppe Integrale Architektur (P•I•A) Löffler, Schneider, Schmeling, Leicht-Karlsruhe, Alemania/ *Germany*.

Poblado urbano/*Urban Village*, Blairs College Estate, South Deeside, Aberdeen, Escocia/*Scotland*, Reino Unido/*UK*, 1994-
Organizador del sistema participativo/*Participative Scheme Facilitator:* John Thompson & Partners.

Propietario/*Proprietor:* The Trustees of Blairs
College Estate.
Promotor/*Promoter:* Muir Group plc.
Colaboración/*Support:* Urban Villages Forum.

**Cooperativa ecopueblo/*EcoVillage CoHousing
Cooperative,* Ithaca, Nueva York/*New York,*
EE UU/*USA,** 1991-
Center for Religion, Ethics, and Social Policy,
Cornell University, Ithaca, Nueva York/*New York,*
EE UU/*USA.*
Jerold Weisburd, Housecraft Builders.
Fotografía/*Photography:* Bill Webber.

**Proyecto de ecociudad Halifax/*Halifax EcoCity
Project,* Adelaida/*Adelaide,* Australia,** 1992-
Proyecto/*Design:* Paul Francis Downton RAIA,
Centre for Urban Ecology, Adelaida/*Adelaide,* Australia.
Colaboración/*Support:* Ecopolis Pty Ltd; Alpine
Construction P/L; Pioneer Concrete; State Ministry
for Environment and Natural Resources; Federal Ministry
for the Environment; Urban Ecology Australia Inc;
Wirranendi Inc; University of South Australia; Gas
Company of South Australia; Electricity Trust of South
Australia; Australian Central Credit Union.

**Riesefeld, Friburgo de Brisgovia/*Fribourg-en
Brisgau,* Alemania/*Germany,** 1992-
Plan director/*Masterplanning:* Atelier Lucien Kroll,
Bélgica/*Belgium.*
Proyecto ecológico/*Ecological Design:* John Tillman
Lyle, EE UU/*USA.*
Proyecto paisajismo/*Landscape Design:* Jörn Coppjin,
Países Bajos/*Netherlands.*

**Nueva ciudad de Playa Vista/*Playa Vista New Town,*
Los Ángeles/*Los Angeles,* California, EE UU/*USA,**
1989-
Promotor/*Developer:* Maguire Thomas Partners.
Arquitectos y urbanistas/*Architects and Urbanists:*
Elizabeth Moule & Stephanos Polyzoides; Charles
Moore, John Ruble, Buzz Yudell; Andrés Duany and
Elizabeth Plater-Zyberk; Ricardo Legorreta Arquitectos.
Arquitectos paisajistas/*Landscape Architects:*
Hanna/Olin, Ltd.
Asesores ingeniería/*Civil Engineering Consultants:*
Psomas and Associates.
Asesores movilidad/*Transportation Consultants:*
Barton-Aschman Associates, Inc.,

Otay Ranch, San Diego, California, EE UU/*USA,
1989-
Jefe proyecto/*Joint Project Team General Manager:*
Tony Lettieri.
Equipo del proyecto/*Interjurisdictional Task Force Joint
Project Team:* County of San Diego Planning
Professionals; City of Chula Vista Planning.
Professionals; Retained Planning, Financial and
Environmental Consultants.
Investigación, textos, fotos/*Project Research, Texts,
Pictures:* Nico Calavita, San Diego State University.

**Centro urbano de Glendale/*Glendale Town Center,*
Glendale, California, EE UU/*USA,** 1995-
Arquitectos y urbanistas/*Architects and Urbanists:*
Elizabeth Moule & Stephanos Polyzoides.
Paisaje/*Landscape:* Hanna/Olin.
Movilidad/*Transportation:* Walter Kulash.
Immobiliaria/*Real Estate:* Joe Paggi.
Finanzas/*Finance:* Charles Loveman.
Ingenieros/*Civil Engineering:* Psomas and Asociates.

**Kirchsteigfeld, Postdam-Drewitz,
Alemania/*Germany,** 1992-
Directores del proyecto/*Masterplanners:* Rob
Krier/Christoph Kohl Architekten, Berlín/*Berlin.*
Arquitectos/*Architects:*
Rob Krier/Christoph Kohl Architekten, Berlín/*Berlin.*
Lunetto & Fischer, Berlin.
Moore Ruble Yudell, Santa Mónica, California.
Eyl Weitz Würmle, Berlín/*Berlin.*
Nielebock & Partner, Berlín/*Berlin.*

Krüger Schuberth Vandreike, Berlín/*Berlin.*
Burelli+Gennaro, Venecia/*Venice-Udine.*
Nalbach & Nalbach, Berlín/*Berlin.*
Ferdinad+Gerth, Berlín/*Berlin.*
Faskel & Becker, Berlín/*Berlin.*
Hermann & Valentiny, Viena-Luxemburgo/
Vienna-Luxemburg.
Skidmore, Owings & Merrill, Londres/*London.*
Kohn Pedersen Fox, Nueva York-Londres-Berlín/
New York-London-Berlin.
Dewey & Muller, Colonia-Berlín/*Cologne-Berlin.*
Feddersen, von Herder, Berlín/*Berlin.*
Benzmüller und Wörner, Berlín/*Berlin.*
Foellbach Architekten, Múnich-Berlín/*Munich-Berlin.*
Steinebach & Weber, Berlín/*Berlin.*
Wilhelm Holzbauer, Viena/*Vienna.*
Karnmann und Hummel, Berlín/*Berlin.*
Jürgens+Mohren, Berlín/*Berlin.*
Fischer, Krüder, Rathai, Berlín/*Berlin.*
Arquitectos Paisajistas/*Landscape Architects:*
Müller, Knippschild, Wehberg, Berlín/*Berlin.*
Fotografías/*Photos:* Luftbild & Pressefoto/Robert
Grahn, p. 100 & 102.

**Plan General para el Desarrollo Urbanístico/
Urban Development Plan, Washington,
Misuri/*Missouri,* EE UU/*USA,** 1995-
Urbanista/*Planner:* Tim T. Franke, Washington
University School of Architecture, Third Land-St.
Louis, Misuri/*Missouri,* EE UU/*USA.*

**Ecolonia, Alphen aan der Rijn, Holanda/
*Netherlands,** 1989-1993
Urbanistas/*Masterplanners:* Atelier Lucien Kroll.
Arquitectos y temas/*Architects and Topics:*
• Bakker, Boots, Van Haaren, Van der Donk-Schagen,
  Superaislamiento/*Hyperinsulation.*
• J.P. Moehrlein-Groninge, Energía Solar/*Solar Energy.*
• Hopman bv-Delft, Ahorro energético en
  construcciones y viviendas/*Energy Savings in
  Constructions and Housing.*
• BEAR-Architects-Gouda, Ahorro de materiales/
  Economy of Materials.
• Alberts & Van Huut, Amsterdam, Durabilidad y
  mantenimiento de los materiales/*Durable and
  Maintenance-free Materials.*
• Lindeman c.s.-Cuijk, Adaptación y flexibilidad/
  Flexibility and Adaptation.
• WEB TU Eindhoven-Eindhoven, Aislamiento
  acústico/*Acoustic Insulation.*
• Peter van Gerwen-Amersfoot, Higiene y seguridad/
  Health and Safety.
• Archi-Service-s'Hertogenbosch, Investigación
  bioecológica/*Bio-ecological Research.*
Fotografías/*Photos:* Hans Pattist, pp. 106, 108, 109,
110, 111.

**Volcano Cliffs, Alburquerque, Nuevo México/
New Mexico, EE UU/*USA,** 1996-
Sim Van Der Ryn Architects, Eco-Logic in Architecture
and Planning, Sausalito, California, EE UU/*USA.*
DESIGNWORKSHOP, Inc., Landscape Architecture,
Land Planning, Urban Design, Tourism Planning-
Santa Fe, Nuevo México/*New Mexico,* EE UU/*USA.*
Legacy Group, Albuquerque, Nuevo México/
New Mexico, EE UU/*USA.*

**Celebration, condado de Osceola/*Osceola County*,
Florida, EE UU/*USA,** 1987-
Promotor/*Developer:* The Disney Development Company.
Urbanistas/*Masterplanners:* Cooper, Robertson &
Partners; Gwathmey, Siegel & Associates, Architects;
HOH Associates, Inc.; Robert A.M. Stern Architect.
Proyecto inicial/*Initial Schemes* ('Disney Prototype Towns'):
DPZ-Andrés Duany & Elizabeth Plater-Zyberk.
Arquitectos/*Architects:* Michael Graves; Philip Johnson;
Charles Moore, Moore/Anderssen Architects; Cesar Pelli;
William Rawn; Jaquelin Robertson, Cooper, Robertson
& Partners; Aldo Rossi; Robert A.M. Stern Architect;
Robert Venturi & Denise Scott-Brown.
Ilustraciones/*Pictures:* Miguel Ruano, Masterplan:
© The Walt Disney Company.

Subic Bay, Filipinas/*The Philippines, 1994-
Arquitectos/*Architects:* Koetter, Kim and Associates-
Boston, Massachusetts, EE UU-Londres/*USA-London,*
Reino Unido/*UK.*
Asesor/*Advisor:*Tony Coombes.
Ingeniero climático/*Climate Engineer:* Jim Axley.
Cliente/*Client:* Subic Bay Metropolitan Authority.

**Nueva ciudad de Williamsburg/*Williamsburg New
Town,* Williamsburg, Virginia, EE UU/*USA,** 1995-
Manuel Arenas, Miguel Ruano, Arquitectos y
urbanistas/*Architects & Masterplanners,* Barcelona,
España/*Spain.*

**Middle Farm, Poundbury, Dorchester, Reino
Unido/*United Kingdom,** 1988-1996
Dirección del proyecto/*Masterplan:* Leon Krier.
Desarrollo/*Development Director:* Andrew Hamilton.
Arquitecto del distrito de West Dorset/*West Dorset
District Architect:* David Oliver.
Coordinación/*Coordinating Architect:* Peter John
Smyth (Percy Thomas Partnership).
Ingeniería/*Planning and Infrastructural Engineer:* Alan
Baxter Associates.
Arquitectos de la 1ª fase de edificios individuales/
Architects for Phase I Individual Buildings: Trevor Harris,
Clive Hawkins, Ken Morgan, David Oliver, Graham
Saunders, Siddel-Gibson, Peter John Smyth.
Patrocinador/*Sponsor:* H.R.H The Prince of Wales's Duchy
of Cornwall Organization.

Torsted Vest, Horsens, Dinamarca/*Denmark, 1990-
Urbanistas/*Urban Planning:* Gruppen for by-og
landskabsplanlægning a/s.
Promotor/*Initiator:* Ayuntamiento de Horsens/
The Town of Horsens (en colaboración con grupos de
ciudadanos/*in collaboration with a citizen's action group*).
Arquitectos/*Architects:* Faellestegnestuen Falch
& Volden ApS (1ª fase/*1st Phase*).
Ingenieros/*Engineers:* Birch & Krogboe (1ª fase/*1st Phase*).
Clientes/*Clients:* Kuben Administration;
Wohnungsgenossenschaft Axel Hoyer.

**Nuevo centro urbano/*New City Center,*
Ho Chi Minh City (Saigon), Vietnam,** 1994-
Arquitectos/*Architects:* Koetter, Kim and Associates-
Boston, Massachusetts, EE UU-Londres/*USA-London,*
Reino Unido/*UK.*
Regional Planers: Skidmore, Owings & Merril,
San Francisco, EE UU/*USA.*
Cliente/*Client:* Central Trading and Development
Corporation, Taipei, Taiwan.
Artista/*Artist:* Kelly Wilson.

Prairie Crossing, Grayslake, Illinois, EE UU/*USA,
1987-
Arquitectos paisajistas/*Landscape Architects/Land
Planning:* Peter Walker•William Johnson & Partners,
Berkeley, California; The Lannert Group, St. Charles,
Illinois; Frank Edward Haas, ASLA, Lake Forest, Illinois;
Peter Lindsay Schaudt Landscape Architecture Inc.,
Chicago, Illinois; The Natural Garden and Eco Logic.
Consultoría medioambiental/*Gestión de recursos/
Consultores para marismas/*Environmental Consulting/
Resource Management/ Wetlands Consultants:*
Applied Ecological Services, Brodhead, Wisconsin.
Ingenieros/*Engineers:* P&D Technologies, Oak Brook,
Illinois.
Asesor granja/*Farm Consultant:* John Callewaert,
Chicago, Illinois.
Jefe de equipo medioambiental/*Environmental Team
Leader:* Michael Sands.
Director desarrollo/*Development manager:* The Shaw
Company, Chicago, Illinois.
Cliente/*Client:* Prairie Holdings Corporation, Chicago,
Illinois.
Fotografías/*Photographs:* Steven Arazmus; Bruce Van
Inwegen; Terry Evans; Margaret McCuny's Halsey.

Ecoísla/*EcoIsland,* Barcelona, España/*Spain, 1993-
Javier Barba, Estudio BC Arquitectos, Barcelona,
España/*Spain.*

Centro turístico Las Terrenas/*Las Terrenas Resort,* República Dominicana/*Dominican Republic,* 1989-
Gigantes Zenghelis Architects (GZA)-Athens, Brussels, Düsseldorf.

Seven Spirit Wilderness, Arnhem Land, Territorio del Norte/*Northern Territory,* Australia, 1988-1990
Arquitectos paisajistas/*Lanscape Architects:* EcoSystems, Landscape Architects and Environmental Planners.
Cliente/*Client:* Cobourg Peninsula Sanctuary Board.
Contratistas/*Main Contractor:* Barclay Mowlen.
Contratista paisajismo/*Landscaping Contractor:* Darwin Plant Wholesalers.
Ingeniería eléctrica y mecánica/*Mechanical and Electrical Engineering:* MGF Consultants.
Arquitectura/*Architecture:* MLE&D.
Ingeniería civil, estructuras e instalaciones/*Civil, Structural and Sanitation Engineering:* Acer Vaughan.
Iluminación/*Lighting:* MGF Consultants.
Fotografías/*Photos:* Wayne Miles, Ian Mezies.

Puerto Escondido, Baja California, México/*Mexico,* 1985-
Proyecto/*Designer:* François Spoerry Architecte D.P.L.G Urbaniste S.F.U.-Port Grimaud, Francia/*France.*
Cliente/*Client:* Fonatur, México/*Mexico.*

Nueva ciudad Feng Shui/*New Feng Shui City,* Nara, Prefactura de Nara/*Nara Prefecture,* Japón/*Japan,* 1994-
Tsutomu Shigemura & Team Zoo.
Grupo investigador estudiantil de la Universidad de Kobe/*Kobe University Student Research Group.*

Plan Director Ecocentro de Ispra/*EcoCenter Ispra Masterplan,* Ispra, Italia/*Italy,* 1993-
Equipo proyecto/*Design Team:* Sergio Los, Natasha Pulitzer, Arquitectos/*Architects;* Severpaolo Tagliasacchi, Planificación medioambiental/*Environmental Planner.*
Asesores/*Consultants:* Augusto Pirola, fitosociólogo/*Fitosociologist;* Bernardino Ragni, zoólogo/*Zoologist;* Isabella della Raggione, ingeniera agrícola/*Agricultural Engineer;* C. Serra Zannetti, naturalista/*Naturalist;* G. Dal Signore, físico/*Physicist;* Roberto Zecchin, físico técnico/*Technical Physics;* Lorenzo Fellin, ingeniería eléctrica/*Electrical Engineering;* Giorgio Clemente, sistemas operativos/*Operating Systems.*

Plan General "Hacia una Seattle sostenible"/*Toward a Sustainable Seattle,* Comprehensive Plan, Seattle, Washington, EE UU/USA, 1994-2014
Planificación/*Planning:* Seattle City Council; Office for Long-Range Planing, City of Seattle; Seattle Planning Department; City of Seattle Department of Construction and Land Use; Capitol Hill Chamber of Commerce; Pine Street Advisory Task Force; Committee for the Seattle Commons; The Cascade Neighborhood Council; et al.
Casos de estudios/*Case Studies:* W. Cory Crocker and Rumi Takahashi; Center for Sustainable Communities; Department of Architecture and Urban Planning, University of Washington, Washington, USA.
Colaboradores/*Contributors:* Tom Paladino, Environmental Works, Seattle; Karen Ross, Office of the Commissioner, The Port of Seattle; Paul Schell, Commissioner, The Port of Seattle; Center for Sustainable Communities; Dennis Meier, Office of Management and Planning, City of Seattle; Cliff Marks, Office of Management and Planning, City of Seattle; Denice Hunt, Office of Economic Development, City of Seattle; John Stamets, Photographer, Department of Architecture, University of Washington.
Fotografías/*Photos:* Committee for the Seattle Commons, p. 152 & 154; City of Seattle, p. 153 & p.155, Dennis Muer, Rumi Takahashi p. 154; Pine Street Task Force, pp. 154-155.

Salinas de/*Saline* Ostia Antica, Roma/*Rome,* Italia/*Italy,* 1995-1996
Equipo proyecto/*Project Team:* F. Sartogo, M. Bastiani, V. Calderaro, J. Eble.
Patrocinador/*Sponsor:* European Commission, Directorate General XII, APAS RENA Program.

Socios/*Partnership:* ACEA, contratista coordinador/*coordinating contractor;* Municipality of Rome, ACEA, contratista asociado/*associated contractor;* PRAU s.r.l., contratista/*contractor;* Legambiente, contratista/*contractor;* J. Eble Architektur, contratista/*contractor.*
Asesores/*Consultants:* G. Binachi, M.G. Gisotti, W. Stahl, K. Steemers.
Colaboradores/*Collaborators:* M. Piazzo, E. Pattuelli, V. Venerucci.

Bucuresti 2000, Bucarest/*Bucharest,* Rumanía/*Romania,* 1996-
Urbanistas/*Masterplanners:* @ kubik (Marta Borbonet, Javier Creus, Miquel Lacasta, Carmen Santana); Manuel Arenas, Ramón Canals, Mar Reventós y Miguel Ruano, arquitectos y urbanistas/*architects and urbanists,* Barcelona, España/*Spain.*

Ecostatuto, Gubbio, Italia/*Italy,* 1990-1996
Scientific Coordinator: Arch. Massimo Bastiani, PRAU srl, Roma/*Rome,* Italia/*Italy.*
Promotor/*Promoter:* Assesorato Urbanistica e Ambiente, Dip. Assetto del Territorio, Comune di Gubbio.
Colaboradores/*Collaborators:* P. L. Menichetti, V. Venerucci, S. Passeri, S. Giaquinto, G. Marchetti, G. Gisotti, M. Fabbri.

Le Puy-en-Velay, Francia/*France,* 1993-
SITE-New York City, EE UU/*USA.*
Jean-Pierre Canivet-Paris.
Governor-Paris.
Georges Berger, Architecte D.P.L.G.-Loudes.
Alain Salomon, Architecte-Paris.

Proyecto Leipzig Ostraum/*Leipzig Ostraum Project,* Leipzig, Alemania/*Germany,* 1989-
Director del proyecto/*Project Director:* Ekhart Hahn, Öko-Stadt, Gesellschaft für Ökologischen Städtebau und Stadtforschung, Berlin, Alemania/*Germany.*
Colaboradores/*Contributors:* Hinrich Baller, Berlín/*Berlin,* Alemania/*Germany;* Joachim Eble, Tübingen, Alemania/*Germany;* Dietmar Hunger, Dresden, Alemania/*Germany;* Lucien Kroll, Bruselas/*Brussels,* Bélgica/*Belgium;* Louis LeRoy, Heerenveen, Países Bajos/*Netherlands;* Dirk Seelemann, Leipzig, Alemania/*Germany;* Christoph Richter, Leipzig, Alemania/*Germany;* Torsten Zech, Leipzig, Alemania/*Germany.*

Landsberger Allee/Rhinstrasse, Berlín/*Berlin-Lichtenberg,* Alemania/*Germany,* 1994-
Arquitecto/*Architect:* Daniel Libeskind, BDA.
Equipo proyecto/*Project Team:* R. Slinger, M. Maschmeier.
Proyecto ecológico/*Ecological Planner:* Joachim Eble Architektur.
Fotografías e ilustraciones/*Photos & illustrations:* Chris Duisberg, Christian Weidmann, Udo Hesse.

Equipamientos universitarios/*University Facilities,* Via Torino, Mestre-Marghera, Venecia/*Venice,* Italia/*Italy,* 1995-
Proyecto/*Design:* Sergio Los, Valeriano Pastor.
Coordinación/*Coordination:* Natasha Pulitzer, Synergia Progetti.
Colaboradores/*Collaborators:* S. Los, B. Pastor, P. Salotto, G. Siard, M. Trevisan, A. Centurato, D. Voltolina.
Fotografías/*Photos:* F. Orsenigo

La Larga Muralla/*Long Walls,* Bahía de Falero/*Faliro Bay,* Atenas/*Athens,* Grecia/*Greece,* 1989-1990
Gigantes Zenghelis Architects (GZA)-Athens•Brussels•Düsseldorf.
University of East London Grupo de estudiantes/*Student Group.*

Telepueblo Colleta di Castelbianco/*Colletta di Castelbianco Televillage,* Savona, Liguria, Italia/*Italy,* 1994-
Giancarlo De Carlo.
Valerio Saggini & Stefania Belloni.
Telesma s.a.s.

Ilustraciones/*Illustrations:* RADIA-T. Bosin, imágenes por ordenador/*Computer-Generated Images;* Studio De Carlo, ilustraciones del proyecto en b/n/*B&W Project Images;* Guido Zibordi, dibujos a color/*Color Drawings;* Martiradonna, fotografías en color/*Color Photographs.*

ParcBIT, Mallorca, Islas Baleares, España/*Majorca, Balearic Islands, Spain,* 1994-
Dirección del proyecto/*Masterplanner:* Richard Rogers Partnership.
Promotor/*Sponsoring Organization:* Balearic Government-Jaume Matas, President.
Coordinación del proyecto/*Project Coordinator:* Andrés Font.
Asesor del proyecto/*Project Consultant:* Miguel Ruano.
ParcBIT Masterplan International Ideas Competition Concursantes/*Entrants:*
• Ove Arup and Partners, Londres/*London.*
• Norman Foster and Partners, Londres/*London.*
• Hiroshi Hara+Atelier F, Tokio/*Tokyo.*
• Koetter, Kim & Associates, Boston.
• Arenas, Basiana, Mayol, Santos, Gelpí, Mallorca y Barcelona/*Majorca & Barcelona.*
• Michel Mossessian+a4A and Desvigne & Dalnoky, París/*Paris.*
• Emili Nadal, Mallorca/*Majorca.*
• José Miguel de Prada Poole, Madrid.
• Richard Rogers Partnership, Londres/*London.*
• Skidmore, Owings & Merrill, Inc., Londres/*London.*
• Elías Torres & José Antonio Martínez Lapeña, Ibiza-Barcelona.
Asesor concurso/*Competition Advisor:* Miguel Ruano.
Fotografías/*Photos:* L. Cortes p. 182, Eamonn O'Mahony.